Italien

guide de conversation

Guide de conversation *Italien 8*
Traduit de l'ouvrage *Italian Phrasebook 3, March 2008*
© Lonely Planet Publications Pty Ltd 2016

Traduction française : © Lonely Planet 2016
12 avenue d'Italie, 75627 Paris cedex 13
📞 01 44 16 05 00
📧 lonelyplanet@placedesediteurs.com
@ www.lonelyplanet.fr

Dépôt légal
Février 2016
ISBN 978-2-81615-595-2

Illustration de couverture
Éric Giriat

texte © Lonely Planet Publications Pty Ltd 2016

Imprimé par
SEPEC, Péronnas, France

En Voyage Éditions | un département place des éditeurs

Ce guide de conversation *Italien* est l'œuvre de Lonely Planet et d'Annelies Mertens et Piers Kelly, secrétaires d'édition. Karina Coates, Pietro Iagnocco et Susie Walker se sont chargés des traductions en italien.

Direction éditorial : Didier Férat
Coordination éditoriale : Cécile Bertolissio
Responsable prépresse : Jean-Noël Doan

Traduction et adaptation en français : Marylène Di Stefano
Adaptation graphique : Alexandre Marchand
Illustrations : Éric Giriat

La maquette de ce guide et de la couverture a été créée par Yukiyoshi Kamimura, Patrick Marris et Nicholas Stebbing. Christian Deloye a réalisé la maquette pour l'édition française, Annabelle Henry a adaptée la couverture.

Natasha Velleley, Paul Piaia et Wayne Murphy ont créé la carte de répartition de la langue. David Guittet l'a adaptée en français.

Un grand merci à Françoise Blondel pour sa contribution au texte. Nos plus vifs remerciements vont à Émilie Esnaud, à Branka Grujic, Jean-Noël Doan et Dominique Spaety, à Clare Mercer, Tracy Kislingbury et Mark Walsh du bureau londonien, ainsi qu'à Glenn van der Knijff, Chris Love et Craig Kilburn du bureau australien.

Sachez tirer parti de votre guide ...

Nous pouvons tous parler une langue étrangère ! Tout est question de confiance en soi. Peu importe si vous n'avez rien gardé de vos cours de langue à l'école. Si vous assimilez aujourd'hui ne serait-ce que les expressions de base reproduites sur la couverture de ce guide, votre voyage en sera métamorphosé. N'hésitez pas, profitez de cette porte ouverte sur l'Italie, lancez-vous dans l'aventure de la communication !

comment se repérer

Ce guide est divisé en sections, matérialisées par des onglets de couleur. Le chapitre **basiques** expose les bases de l'italien. Il sera votre référence permanente. La partie **pratique** présente les situations de la vie quotidienne. Celle intitulée **en société** vous offre les clés des rapports sociaux : comment engager une conversation, tester son pouvoir de séduction ou exprimer une opinion. Une section entière, **à table**, est consacrée à l'alimentation, avec des rubriques gastronomie, plats végétariens et spécialités locales. La partie **urgences** aborde les problèmes de sécurité en voyage et de santé. Un index détaillé, situé en fin d'ouvrage, répertorie les différentes questions abordées. Il est précédé d'un dictionnaire bilingue.

pour vous exprimer

Chaque phrase et expression de ce guide est présentée en italien, accompagnée de sa transcription phonétique (matérialisée par des phrases de couleur dans la partie droite de chaque page) et de sa traduction en français. Notre système de transcription est expliqué en détail dans le chapitre **prononciation** de la partie **basiques**. Il ne requiert pas d'apprentissage spécifique.

les petits plus

Les encadrés *expressions courantes* vous offrent un aperçu de l'italien tel qu'il est parlé dans la rue. N'hésitez pas à vous en inspirer. Ceux intitulés *parler local* réunissent des phrases qui reviennent souvent dans une situation spécifique. Pour faciliter votre compréhension, la phonétique est alors employée avant l'italien.

sommaire

italien

Bern
Suisse

Slovénie
Ljubljana
Zagreb

Croatie

Saint-Marin

ITALIE

Rome

Mer Adriatique

Sardaigne

Mer Tyrrhénienne

0   100 km

Sicile

M E R   M É D I T E R R A N É E

■ langue nationale
■ nombreux locuteurs

EUROPE

Pour plus de détails, voir l'**introduction**.

INTRODUCTION

L'italien – comme l'espagnol, le portugais ou le roumain – est une langue romane. Restée très proche du latin, elle présente de nombreuses similitudes avec le français, dans sa grammaire comme dans son vocabulaire. La plupart d'entre nous, parfois sans même le savoir, possèdent déjà des connaissances en italien. Songez, par exemple, à des mots comme *ciao*, *pasta* et *bello*, pour ne citer que les plus courants. Vous aurez du mal à rester insensible aux charmes d'une langue où chaque phrase sonne comme une *aria*, et à ne pas engager la conversation !

On estime à environ 65 millions le nombre d'italophones dans le monde. Essentiellement parlée en Italie, elle est utilisée en Suisse, en France et en Slovénie, mais aussi en Australie, en Argentine et aux États-Unis, où vivent de nombreux migrants italiens depuis le début du XXᵉ siècle. L'italien est fréquemment parlé en Istrie, presqu'île de la Croatie, où est implantée une importante communauté italienne depuis la colonisation d'une partie de la côte dalmate par les Vénitiens au XIIᵉ siècle. On parle italien en Érythrée, pays d'Afrique de l'Est et colonie italienne de 1880 à 1941.

Il existe beaucoup de dialectes dans la Péninsule. On en recense

en bref...
langue : italien
en italien : *italiano* i·ta·*lya*·no
groupe linguistique : langue romane
pays principal : Italie
nombre de locuteurs : 65 millions
langues apparentées : espagnol, français, portugais, roumain
emprunts à l'italien : nombreux emprunts dans le domaine de la cuisine (spaghettis, brocolis, macaronis, etc.), de la musique (virtuoso, opera, soprano), de l'architecture (studio, stucco, etc.) ou de l'art (maestro, fresco).

sur tout le territoire et certains d'entre eux sont si différents de l'italien standard qu'on les considère comme des langues à part entière. Ce n'est en effet qu'à partir du XIXᵉ siècle que le toscan – la langue de Dante, Boccace, Pétrarque et Machiavel – est devenu la langue de la nation. L'italien standard est parlé à l'école, et utilisé par les médias et l'administration. C'est lui qui vous accompagnera dans vos pérégrinations. Toutes les phrases que nous présentons ici sont celles que les Italiens utilisent tous les jours.

Ce guide vous fournira tous les mots dont vous aurez besoin en chemin, ainsi qu'une série de phrases idiomatiques. Vous n'êtes toujours pas décidés ? Souvenez-vous que les contacts que vous nouerez dans la langue de Dante rendront votre voyage unique. Les habitudes locales, de nouveaux amis et une grande satisfaction sont sur le bout de votre langue, alors ne restez pas plantés là, dites quelque chose !

> abréviations utilisées dans ce guide :

f	féminin
fam	familier
m	masculin
sing	singulier
pl	pluriel
pol	formule de politesse

Le système phonétique italien vous semble probablement familier : en effet, une grande partie des sons que vous entendez existent déjà en français. Vous noterez certainement de légères différences, mais cela ne vous empêchera ni de démarrer ni d'être compris. Ce guide fournit la prononciation de l'italien courant – celui qu'on utilise partout, dans les médias et à l'école.

voyelles

symbole	équivalent français	exemple italien
a	p**a**r	p**a**ne
è / é	p**è**re / mus**é**e	l**e**tto / pr**e**nd**e**re
i	jeud**i**	v**i**no
o	p**o**t	m**o**lo
ou	m**ou**le	fr**u**tta

L'alphabet italien compte 5 voyelles (a, e, i, o, u). Les voyelles **a**, **i** et **o** se prononcent comme en français. Le **e**, qui n'est jamais muet, peut se prononcer fermé, comme dans "musée", ou ouvert, comme dans "lettre". Quant au **u**, il se prononce "ou" comme dans "chou".

L'italien possède également une série de diphtongues. Reportez-vous au tableau suivant :

symbole	équivalent français	exemple italien
eille	os**eille**	vorr**ei**
aille	bat**aille**	m**ai**
oï	langue d'**oïl**	p**oi**

consonnes

symbole	équivalent français	exemple italien
b	**b**ien	*bello*
tch	**tch**in-tchin	*centro/cioccolato*
d	**d**emain	*denaro*
dz	**Z**ingaro	*zaino/ mezzo* (son dur dû au redoublement de la consonne)
f	**f**amilier	*fare*
g/gu	**g**olfe/**gu**i	*gomma/ghiza*
dj	**j**azz	*cugino/giorno*
k	**k**araté	*cambio/quanto/chiesa*
l	**l**undi	*linea*
ly	mi**lli**on	*figlia*
m	**m**aison	*madre*
n	**n**on	*numero*
ny	can**y**on	*bagno*
p	**p**etit	*pronto*
r	**r**ire (en roulant le r)	*ristorante*
s	**s**oir	*sera/posso*
ch	**ch**oisir	*scena, sci, shopping*
t	**t**oile	*teatro*
ts	**ts**é-tsé	*grazie/ sicurezza* (son dur dû au redoublement de la consonne)
v	**v**oyage	*viaggio*
w	**ou**ate	*uomo*
y	**y**o-yo	*italiano/juventus*
z	ro**s**e	*casa*

Le système consonantique italien, outre les règles de prononciation présentées ci-dessus, possède une particularité : contrairement au français, les doubles consonnes se prononcent. Le son émis est alors plus long et plus dur que celui d'une simple consonne, et la voyelle précédente est prononcée ouverte. Cette différence de prononciation, qui confère également à la phrase sa force expressive, suffit à changer le sens de mots graphiquement très proches.

Les exemples reportés ci-dessous illustrent la différence qu'il existe entre ces deux prononciations, due au redoublement de la consonne :

sonno	*son*·no	**sommeil**
sono	*so*·no	**je suis**
pappa	*pap*·pa	**bouillie**
papa	*pa*·pa	**pape**

Quand vous rencontrerez une double consonne, vous l'allongerez en la durcissant avec insistance. Toutefois, même si votre prononciation reste imprécise, ne vous inquiétez pas, le contexte éclairera votre phrase.

accent tonique

En italien, on accentue généralement l'avant-dernière syllabe d'un mot. Lorsqu'un mot est écrit avec une voyelle accentuée (comme dans *città*), l'accent tombe sur cette syllabe. La mélodie caractéristique de la phrase italienne dérive ainsi de la prononciation rythmée et régulière des syllabes, suivie d'une baisse de ton sur le dernier mot.

Dans ce guide, la syllabe accentuée est toujours marquée en italique ; vous ne pourrez donc pas vous tromper, même si vous avez oublié la règle générale !

lancez-vous !

Ne vous en faites pas trop au sujet de la prononciation. Écoutez les gens parler. La phonétique vous indiquera la place de l'accent et la bonne prononciation de chaque phrase.

orthographe et prononciation

Le rapport entre l'italien écrit et sa prononciation est simple et cohérent. Les règles suivantes vous aideront à lire l'italien que vous rencontrerez dans vos voyages :

an, on, in, en/ am, om, im, em	les nasales n'existent pas en italien. Les prononcer comme dans "bonne" ou "pomme"	*pronunciare/ cambiare*
c, g, sc	avant *a, o, u* et *h*, le son est guttural comme le "k" de "koala", le "g" de "gourmand" et le "sc" de "scooter"	*bianco, dischetto, gomma, fresco*
	avant *e* et *i*, le son est plus doux comme le "tch" de "tchin", le "dj" de "jazz" ou le "ch" de "chemin"	*centro, gelato, ascensore*
ci, gi sci	avant *a, o, u*, on ne prononce pas le *i*	*ciao, giallo* et *prosciutto*
h	le *h* est toujours muet	*traghetto, ho*
j, w, k, x et *y*	on ne les rencontre que dans des mots d'origine étrangère	*jogging, weekend, kosher, fax* et *yogurt*
z	prononcé "dz" ou, selon les cas, "ts"	*zaino grazie*
s	on le prononce comme un "z" quand il est placé entre 2 voyelles, comme un "s" dans les autres cas	*casa* *sì, essere* et *scatola*
gli, gn	prononcé respectivement comme "lyi" de "million" et "ny" de "canyon"	*figlia, bagno*

adjectifs

Comme en français, les adjectifs s'accordent en genre et en nombre avec le nom auquel ils se rapportent :

un chat noir
   un gatto nero   ounn *gat*·to *nè*·ro
   (litt : un chat noir)

Le pluriel des adjectifs en -*o* est généralement en -*i* ; celui des adjectifs en -*a* est en -*e*. Les adjectifs en -*co*, -*go*, -*ca*, -*ga* ont toutefois un pluriel en -*chi*, -*ghi*, -*che*, -*ghe* ; et certains adjectifs placés devant le nom (*bello*, *buono*, *grande*) suivent la règle de l'article :

	singulier	pluriel
masculin	-*o*	-*i*
féminin	-*a*	-*e*

Les adjectifs qui finissent par -*e* au singulier, comme *felice* (heureux), prennent un -*i* au pluriel, sans distinction entre masculin et féminin :

	singulier	pluriel
masculin/féminin	-*e*	-*i*

les chats heureux
   i gatti felici   i *gat*·ti fé·*li*·tchi
   (litt : les chats heureux)

article indéfini

En italien, l'article indéfini se traduit par *un/una* et, comme en français, s'accorde en genre avec le nom auquel il se rapporte (voir la rubrique **genre**).

Je voudrais un sandwich et une pomme.

> *Vorrei un panino e*   vor·*reille* ounn pa·*ni*·no é
> *una mela.*   *ou*·na *mè*·la
> (litt : voudrais un sandwich et une pomme)

Il existe deux autres formes, *uno* et *un'*, qui dépendent chacune de la première lettre du mot qui suit :

	avec la plupart des substantifs	exceptions	
masculin	*un*	*uno*	noms commençant par un s "impur" (suivi d'une consonne) ou par *z, gn, pn, ps, x* or *y*
féminin	*una*	*un'*	noms commençant par une voyelle

Le pluriel se construit sans l'article.

Lire des livres.

> *Leggere libri.*   lé·djè·ré *li*·bri
> (litt : lire livres)

L'italien comme le français recourt parfois à l'article partitif (*dei, degli, delle*). Voir la rubrique **article partitif** (ci-dessous).

article défini

L'article défini, comme en français, s'accorde en genre et en nombre avec le nom auquel il se rapporte. Les formes **lo** et **gli** sont utilisées avec des mots masculins qui commencent par un *s* impur (suivi d'une consonne), ou par *z, gn, pn, ps, x* ou *y*.

il treno	*il trè·no*	**le train**
i treni	*i trè·ni*	**les trains**
lo zaino	*lo dza·i·no*	**le sac à dos**
gli zaini	*lyi dza·i·ni*	**les sacs à dos**
la ricevuta	*la ri·tché·vou·ta*	**le reçu**
le ricevute	*lé ri·tché·vou·té*	**les reçus**
l'uscita	*lou·chi·ta*	**la sortie**
le uscite	*lé ou·chi·té*	**les sorties**

Voir également les rubriques **genre** et **pluriel des noms**.

article partitif

Les articles définis "le", "la", "les" précédés de la préposition "de" se contractent en "du", "de la", "des", et s'accordent en genre et en nombre avec le substantif auquel ils se rapportent :

	singulier					pluriel		
	masculin			féminin		masculin		féminin
le/la/ les	*il*	*lo*	*l'*	*la*	*l'*	*i*	*gli*	*le*
du/de la/des	*del*	*dello*	*dell'*	*della*	*dell'*	*dei*	*degli*	*delle*

Je voudrais des antibiotiques.
> *Vorrei degli*   vor·*reille* dè·lyi
> *antibiotici.*   ann·ti·*byo*·ti·tchi
> (litt : voudrais des antibiotiques)

Donnez-moi de l'eau.
> *Mi porti dell'aqua.*   mi *por*·ti dèl·*la*·kwa
> (litt : qu'elle me porte de l'eau)

avoir

Il est possible d'exprimer l'idée de possession de plusieurs façons en italien. La plus facile est d'utiliser le verbe *avere* (avoir) :

j'	ai	un billet	io	ho	un biglietto
tu sing fam	as	une montre	tu	hai	un orologio
vous sing pol	avez	l'addition	Lei	ha	il conto
il/elle	a	un problème	lei/lui	ha	un problema
nous	avons	la clef	noi	abbiamo	la chiave
vous pl	avez	un horaire	voi	avete	un orario
ils	ont	des enfants	loro	hanno	dei bambini

c'est...

Vous pouvez mettre quelque chose en relief en utilisant *È* ... (C'est ...) :

C'est une tradition locale.
È una tradizione locale.   è *ou·*na tra·di·*tsyo·*né lo·*ka·*lé
(litt : est une tradition locale)

Pour poser une question, vous pouvez utiliser la même construction, mais pensez à monter le ton de votre voix.

Consultez aussi la rubrique **démonstratifs** et **questions**.

comparaison

Pour comparer une chose et l'autre, utilisez les mots *più* (plus) et *meno* (moins) de la façon suivante :

più/meno … di   pyou/*mè*·no … di
    (litt : plus/moins … que)

Tu es moins fatigué que moi.
    Sei meno stanco di me.   *seille mè*·no *stann*·ko di mé
    (litt : es moins fatigué de moi)

il/la … più/meno …   il/la … pyou/*mè*·no …
    (litt : le/la … plus/moins …)

Tu es la plus belle femme du monde.
    Sei la donna più   *seille* la *don*·na pyou
    bella del mondo.   *bèl*·la dèl *monn*·do
    (litt : es la femme plus belle du monde)

démonstratifs

Pour désigner une personne ou un objet, utilisez l'un des mots suivants :

singulier		pluriel	
masculin	**féminin**	**masculin**	**féminin**
questo	*questa*	*questi*	*queste*
quel/quello	*quella*	*quei/quegli/quelli*	*quelle*

Cette place est-elle libre ?

    È libero questo posto?   è *li*·bé·ro *kwè*·sto *pos*·to
    (litt : est libre cette place)

Quelle est la spécialité de cette région ?
    Qual'è la specialità   kwa·*lè* la spé·tcha·li·*ta*
    di questa regione?   di *kwè*·sta ré·*djo*·né
    (litt : quelle est la spécialité
      de cette région)

Les adjectifs démonstratifs employés seuls correspondent à "ça" :

Comment ça s'appelle ?
    Come si chiama questo?   *ko*·mé si *kya*·ma *kwè*·sto
    (litt : comment s'appelle ça)

Combien ça coûte ?
Quanto costano questi/
queste? m/f
(litt : combien coûtent ces)

kwann·to kos·ta·no kwè·sti/
kwè·sté

être

Il existe deux façons d'exprimer le verbe "être" en italien : *essere* et *stare*.

Essere est généralement utilisé pour décrire un état durable :

je	suis	content(e)	io	sono	felice
tu sing fam	es	italien(ne)	tu	sei	italiano/a
vous sing pol	êtes	artiste	Lei	è	artista
il/elle	est	riche	lui/lei	è	ricco/a
nous	sommes	tristes	noi	siamo	tristi
vous pl	êtes	jeunes	voi	siete	giovani
ils	sont	étudiants	loro	sono	studenti

Stare décrit un état temporaire :

je	vais	bien	io	sto	bene
tu sing fam	es	chez toi	tu	stai	a casa
vous sing pol	êtes	malade	Lei	sta	male
il/elle	va	mieux	lui/lei	sta	meglio
nous	sommes	en train de voyager	noi	stiamo	viaggiando
vous pl	êtes	en vacances	voi	state	in vacanza
ils	sont	en train de manger	loro	stanno	mangiando

futur

Le futur se construit avec le verbe à l'infinitif + la terminaison (*-ò, -ai, -à, -emo, -ete, -anno*). Les verbes en *-are* subissent une légère modification. Voici l'exemple du verbe *viaggiare* (voyager).

je	voyagerai	io	viaggerò
tu sing fam	voyageras	tu	viaggerai
vous sing pol	voyagerez	Lei	viaggerà
il/elle	voyagera	lui/lei	viaggerà
nous	voyagerons	noi	viaggeremo
vous pl	voyagerez	voi	viaggerete
ils/elles	voyageront	loro	viaggeranno

Vous pouvez aussi exprimer le futur en utilisant le présent et des indications temporelles qui concernent le futur :

Demain, nous allons à Rome.
Domani andiamo   do·*ma*·ni ann·*dya*·mo
a Roma.   a *ro*·ma
(litt : demain allons à Rome)

Je reviens dans 3 jours.
Torno fra tre giorni.   *tor*·no fra tré *djor*·ni
(litt : reviens dans trois jours)

genre

Comme le français, l'italien différencie masculin et féminin. Vous déduirez facilement le genre d'un nom en utilisant cet aide-mémoire :

masculin	féminin
· noms se terminant en *-o*	· noms se terminant en *-a*
· noms se terminant en *-ore*	· noms se terminant en *-essa*
· noms se terminant par une consonne	· noms se terminant en *-ione*
	· noms se terminant en *-trice*

négation

Pour faire une phrase négative, il suffit d'ajouter le mot *non* (non) avant le verbe :

Je parle italien.
   Parlo italiano.   *par*·lo i·ta·*lya*·no
   (litt : parle italien)

Je ne parle pas italien.
   Non parlo italiano.   nonn *par*·lo i·ta·*lya*·no
   (litt : ne parle italien)

ordre des mots

L'ordre des mots est généralement le même qu'en français (sujet-verbe-complément) :

Nous attendons le bus.
   Noi aspettiamo l'autobus.   noï a·spét·*tya*·mo la·*ou*·to·bous
   (litt : nous attendons le bus)

pluriel des noms

En général, les mots qui se terminent par *-a* au singulier, finissent par *-e* au pluriel, et les mots qui finissent par *-o* ou *-e* au singulier, finissent par *-i* au pluriel :

singulier			pluriel		
une personne	*una persona*	*ou*·na pér·*son*·na	trois personnes	*tre persone*	tré pér·*so*·né
un billet	*un biglietto*	ounn bi·*lyèt*·to	deux billets	*due biglietti*	*dou*·é bi·*lyè*·ti
un pays	*un paese*	ounn pa·è·zé	cinq pays	*cinque paesi*	tchinn·kwé pa·è·zi

BASIQUES

Souvenez-vous que les articles et les adjectifs s'accordent en genre et en nombre au nom (voir les rubriques **adjectifs**, **article défini**, **article indéfini** et **article partitif**).

L'italien possède des pluriels irréguliers :

pluriels irréguliers

Noms féminins dont le pluriel est en -i :

la ala	la *a*-la	l'aile
le ali	le *a*-li	les ailes

Noms masculins au singulier et féminins au pluriel :

il labbro	il *lab*-bro	la lèvre
le labbra	lé *lab*-bra	les lèvres

Noms invariables :

la città	la tchit-*ta*	la ville
le città	lé tchit-*ta*	les villes

Noms dont la graphie change entre le singulier et le pluriel :

il dio	il *di*-o	le dieu
i dei	i *dèi*	les dieux

possessifs

Les adjectifs possessifs s'accordent en genre et en nombre au nom auquel ils se rapportent, et sont, sauf exception, précédés de l'article :

	singulier		pluriel	
	masculin "billet"	féminin "chambre"	masculin "livres"	féminin "chaussures"
mon/ma/ mes	*il mio biglietto*	*la mia camera*	*i miei libri*	*le mie scarpe*

ton/ta/tes sing fam	*il tuo biglietto*	*la tua camera*	*i tuoi libri*	*le tue scarpe*
votre/vos sing pol	*il Suo biglietto*	*la Sua camera*	*i Suoi libri*	*le Sue scarpe*
son/sa/ses	*il suo biglietto*	*la sua camera*	*i suoi libri*	*le sue scarpe*
notre/nos	*il nostro biglietto*	*la nostra camera*	*i nostri libri*	*le nostre scarpe*
votre/vos pl	*il vostro biglietto*	*la vostra camera*	*i vostri libri*	*le vostre scarpe*
leur(s)	*il loro biglietto*	*la loro camera*	*i loro libri*	*le loro scarpe*

Si le contexte le permet, il est possible d'écourter la phrase à l'aide d'un pronom possessif :

C'est mon billet.
  È il mio biglietto.   è il *mi·*o bi·*lyèt·*to
  (litt : est le mon billet)

C'est le mien.
  È il mio.   è il *mi·*o
  (litt : est le mien)

possession

Voir également les rubriques avoir, article partitif et possession.

Il existe plusieurs façons d'exprimer l'idée de possession en italien. La plus facile consiste à utiliser le verbe *avere* (voir la rubrique **avoir**). Vous pouvez également avoir recours à l'emploi de l'adjectif possessif (voir la rubrique **possessifs**) ou du complément du nom. ce dernier se compose de la préposition *di* (de) suivie du nom :

C'est le sac à dos de Lorenzo.
È lo zaino di Lorenzo.   è lo *dza*·i·no di lo·*rènn*·tzo
(litt : est le sac de Lorenzo)

Pour savoir qui est le propriétaire d'un objet, vous pouvez poser l'une des questions suivantes : *Di chi è ...?* (à qui est ... ?) pour un seul objet, ou *Di chi sono ...?* (à qui sont ... ?) pour plusieurs objets :

À qui est cette place ?
Di chi è questo posto?   di ki è *kwè*·sto *po*·sto
(litt : de qui est cette place)

pronoms personnels sujets

Les pronoms personnels correspondant à "je", "tu", "il/elle", "nous", "vous" et "ils/elles" sont souvent omis, car la terminaison des verbes permet d'en connaître le sujet. Utilisez-les si vous voulez insister sur le sujet (moi, je ...).

singulier		pluriel	
je	*io*	**nous**	*noi*
tu fam	*tu*	**vous** fam	*voi*
vous pol	*Lei*	**vous** pol	*loro*
il/elle	*lui/lei*	**ils/elles**	*loro*

Le pluriel de politesse "vous" (*Lei*) s'utilise lorsque l'on s'adresse à des inconnus, des personnes agées ou des gens importants. Lorsque vous parlez à votre famille, à vos amis intimes ou à des enfants, vous utiliserez la forme familière *tu* ("tu").

Vous vivez/tu vis ici ?
Lei è di qui? pol   *leille* è di kwi
(litt : il/elle est d'ici)
Tu sei di qui? fam   tou *seille* di kwi
(litt : tu es d'ici)

questions

La forme interrogative peut emprunter la construction de la phrase affirmative, en employant un ton ascendant à la fin de la phrase, comme c'est le cas en français.

Tu parles français ?
Parli francese? *par*·li frann·*tchè*·zé
(litt : parles français)

Vous entendrez souvent des questions qui commencent par *C'è* ... ou *Ci sono* ... (il y a ...).

Y a-t-il de l'eau chaude ?
C'è acqua calda? tchè *a*·kwa *kal*·da
(litt : il y a de l'eau chaude)

Y a-t-il des chambres ?
Ci sono camere? tchi *so*·no *ka*·mé·ré
(litt : il y a des chambres)

D'autres phrases interrogatives se construisent à l'aide de pronoms ou d'adverbes interrogatifs et d'une inversion du sujet. Elles engendrent généralement une réponse plus élaborée.

pronoms et adverbes interrogatifs		
qui	*chi*	ki
Qui est-ce ?	*Chi è?*	ki è
que	*che* *cosa*	ké *ko*·za
Quel métier faites-vous/fais-tu ? Qu'étudiez-vous/qu'étudies-tu ?	*Che lavoro fa/fai?* pol/fam *Cosa studia/studi?* pol/fam	ké la·*vo*·ro fa/faille *ko*·za stou·dya/stou·di
quel(le)/quel(le)s	*quale/i* sg/pl	*kwa*·lé/*kwa*·li
Quel autobus va à Pise ? Quels sont les prix ?	*Quale autobus va a Pisa?* *Quali sono le tariffe?*	*kwa*·lé a·*ou*·to·bous va a *pi*·sa *kwa*·li *so*·no lé ta·*rif*·fé
quand à quelle heure	*quando* *a che ora*	*kwann*·do a ké *o*·ra
Quand fut construit ? À quelle heure passe le prochain bus ?	*Quando fu costruito?* *A che ora passa il prossimo autobus?*	*kwann*·do fou ko·strou·*i*·to a ké *o*·ra *pa*·sa il *pros*·si·mo a·*ou*·to·bous

où	dove	do·vé
Où est-ce que je peux acheter un billet ?	Dove posso comprare un biglietto?	do·vé pos·so komm·pra·ré ounn bi·lyèt·to
comment	come	ko·mé
Comment vas-tu ?	Come stai?	ko·mé staille
combien	quanto/a m/f quanti/e m/f	kwann·to/a kwann·ti/é
Combien ça coûte ? Combien de jours ?	Quanto costa? Quanti giorni?	kwann·to kos·ta kwann·ti djor·ni
pourquoi	perché	pèr·ké
Pourquoi est-ce fermé ?	Perché sta chiuso?	pèr·ké sta kyou·zo

verbes

Je parle, écris et comprends l'italien.

Parlo, scrivo   *par·*lo *skri·*vo
e capisco l'italiano.   é ka·*pi·*sko li·ta·*lya·*no
(litt : parle, écris et comprends l'italien)

Il existe trois types de verbes : ceux qui se terminent par *-are* (par exemple : *parlare*, ''parler''), ceux qui se terminent par *-ere* (par exemple : *scrivere*, ''écrire'') et ceux qui se terminent par *-ire* (par exemple : *capire*, ''comprendre''). Les désinences des verbes des trois groupes sont quasiment identiques :

singulier		pluriel	
je	*-o*	**nous**	*-iamo*
tu fam	*-i*	**vous**	*-ate*, *-ete* ou *-ite*
vous pol il/elle/on	*-a* (verbes en *-are*) *-e* (verbes en *-ere* et *-ire*)	**ils/elles**	*-ano* (verbes en *-are*) *-ono* (verbes en *-ere* et *-ire*)

Comme toutes les langues, l'italien possède des verbes irréguliers. Les plus courants sont *essere*, *stare* et *avere* (voir les rubriques **être** et **avoir**).

l'alphabet italien		
A *a* a	B *b* bi	C *c* tchi
D *d* di	E *e* é	F *f* è·fé
G *g* dji	H *h* *a*·ka	I *i* i
L *l* è·lé	M *m* è·mé	N *n* è·né
O *o* o	P *p* pi	Q *q* kou
R *r* è·ré	S *s* è·sé	T *t* ti
U *u* ou	V *v* vou	Z *z* *d*sè·ta

Vous parlez/Tu parles (français) ?
Parla/Parli (francese)? **pol/fam**   *par*·la/*par*·li (frann·*tchè*·zé)

Quelqu'un parle (français/anglais) ?
C'è qualcuno che parla   tchè kwal·*kou*·no ké *par*·la
(francese/inglese)?   (frann·*tchè*·zé/inn·*glè*·zé)

Vous comprenez/tu comprends ?
Capisce/Capisci? **pol/fam**   ka·*pi*·ché/ka·*pi*·chi

Je comprends.
Capisco.   ka·*pi*·sko

Je ne comprends pas.
Non capisco.   nonn ka·*pi*·sko

Je parle (italien).
Parlo (italiano).   *par*·lo (i·ta·*lya*·no)

Je ne parle pas (italien).
Non parlo (italiano).   nonn *par*·lo (i·ta·*lya*·no)

Je parle (anglais).
Parlo (inglese).   *par*·lo (inn·*glè*·zé)

Je parle un peu.
Parlo un po'.   *par*·lo ounn po

Comment ... ?   *Come si ...?*   *ko*·mé si ...
  ça se prononce   *pronuncia*   pro·*nounn*·tcha
     questo   *kwè*·sto
  écrit-on   *scrive*   *skri*·vé
    "arrivederci"   *"arrivederci"*   a·ri·vé·*dèr*·tchi

Pouvez-vous/peux-tu   *Può/Puoi ... per*   pwo/pwoï ... pér
... s'il vous/te plaît ?   *favore?* **pol/fam**   fa·*vo*·ré
  répéter   *ripeterlo*   ri·*pè*·tér·lo
  parler plus   *parlare più*   par·*la*·ré pyou
    lentement   *lentamente*   lènn·ta·*mènn*·té
  l'écrire   *scriverlo*   *skri*·vér·lo

Que signifie "*vietato*" ?
Che cosa vuol dire   ké *ko*·za vwol *di*·ré
"vietato"?   vyé·*ta*·to

La musicalité de la langue italienne donne lieu à une pléiade de virelangues ou *scioglilingue*. Épatez donc vos amis italiens en prononçant nonchalamment l'un d'entre eux :

O schiavo con lo schiaccianoci che cosa schiacci?
Schiaccio sei noci del vecchio noce con lo schiaccianoci.
o *skya*·vo konn lo skya·tcha·*no*·tchi ké *ko*·za *skya*·tchi
skya·tcho seille *no*·tchi dèl *vè*·kyo *no*·tché konn lo
skya·tcha·*no*·tchi
("Oh, esclave, avec le casse-noix que casses-tu ?
Je casse six noix du vieux noyer avec le casse-noix")

Orrore, orrore, un ramarro verde su un muro marrone!
o·*ro*·ré o·*ro*·ré ounn ra·*ma*·ro vèr·dé sou ounn *mou*·ro
ma·ro·né
("Horreur, horreur, un lézard vert sur un mur marron !")

Trentatre Trentini entrarono a Trento, tutti e trentatre
trotterelando.
trènn·ta·*tré* trènn·*ti*·ni ènn·*tra*·ro·no a *trènn*·to *tou*·ti
é·trènn·ta·*tré* trot·té·ré·*lann*·do
("Trente-trois habitants de Trente entrèrent dans Trente,
les trente-trois trottinant.")

nombres cardinaux

0	*zero*	*dzè*·ro
1	*uno*	*ou*·no
2	*due*	*dou*·é
3	*tre*	tré
4	*quattro*	*kwat*·tro
5	*cinque*	*tchinn*·kwé
6	*sei*	seille
7	*sette*	*sè*·té
8	*otto*	*ot*·to
9	*nove*	*no*·vé
10	*dieci*	*dyè*·tchi
11	*undici*	*ounn*·di·tchi
12	*dodici*	*do*·di·tchi
13	*tredici*	*tré*·di·tchi
14	*quattordici*	kwa·*tor*·di·tchi
15	*quindici*	*kwinn*·di·tchi
16	*sedici*	*sé*·di·tchi
17	*diciassette*	di·tchas·*sè*·té
18	*diciotto*	di·*tchot*·to
19	*diciannove*	di·tchan·*no*·vé
20	*venti*	*vènn*·ti
21	*ventuno*	vènn·*tou*·no
22	*ventidue*	vènn·ti·*dou*·é
30	*trenta*	*trènn*·ta
40	*quaranta*	kwa·*rann*·ta
50	*cinquanta*	tchinn·*kwann*·ta
60	*sessanta*	sés·*sann*·ta
70	*settanta*	sét·*tann*·ta
80	*ottanta*	ot·*tann*·ta
90	*novanta*	no·*vann*·ta
100	*cento*	*tchènn*·to
200	*duecento*	dou·é·*tchènn*·to
1 000	*mille*	*mil*·lé
2 000	*duemila*	dou·é·*mi*·la
1 000 000	*un milione*	ounn mi·*lyo*·né

nombres ordinaux

1er	*primo/a* **m/f**	pri·mo/a
2^e	*secondo/a* **m/f**	sé·konn·do/a
3^e	*terzo/a* **m/f**	tèr·tso/a
4^e	*quarto/a* **m/f**	kwar·to/a
5^e	*quinto/a* **m/f**	kwinn·to/a

fractions

un quart	*un quarto*	ounn *kwar*·to
un tiers	*un terzo*	ounn *tèr*·tso
un demi	*mezzo*	*mè*·dzo
trois quarts	*tre quarti*	tré *kwar*·ti
tout/toute	*tutto/a* **m/f** sing	*tout*·to/a
tous/toutes	*tutti/e* **m/f** pl	*tout*·ti/é
rien	*niente*	*nyènn*·té

expression de la quantité

Combien ?	*Quanto/a?* **m/f**	*kwann*·to/a
Combien ?	*Quanti/e?* **m/f**	*kwann*·ti/é
Pouvez-vous	*Può*	pwo
m'en donner…	*darmi …,*	*dar*·mi …
s'il vous plaît.	*per favore.*	pèr fa·*vo*·ré
(juste) un peu	*(solo) un po'*	(*so*·lo) ounn po
certain(e)s	*alcuni/e* **m/f** pl	al·*kou*·ni/é
beaucoup	*molto/a* **m/f** sing	*mol*·to/a
beaucoup	*molti/e* **m/f** pl	*mol*·ti/é
moins	*di meno*	(di) *mè*·no
plus	*di più*	(di) pyou

heure

Indiquer l'heure en italien est très simple, même si c'est un peu différent du français. "Il est (...)." se traduit en effet par *Sono le* (...). "Il est 1h." se traduit par *È l'una*, "Il est midi." par *È mezzogiorno* et "Il est minuit." par *È mezzanotte*.

Quelle heure est-il ?	Che ora è?	ké *o*·ra è
Il est 1h.	*È l'una.*	è *lou*·na
Il est (2h).	*Sono le (due).*	*so*·no lé (*dou*·é)
(1h) cinq.	*(L'una) e cinque.*	(*lou*·na) é *tchinn*·kwé
(1h) un quart.	*(L'una) e un quarto.*	(*lou*·na) é ounn *kwar*·to
(1h) et demie.	*(L'una) e mezza.*	(*lou*·na) é *mè*·dza
(8h) moins le quart.	*(Le otto) meno un quarto.*	(lé *ot*·to) *mè*·no ounn *kwar*·to
(8h) moins vingt.	*(Le otto) meno venti.*	(lé *o*·to) *mè*·no *vènn*·ti

le matin	di mattina	di mat·*ti*·na
l'après-midi	di pomeriggio	di po·mé·*ri*·djo
le soir	di sera	di *sè*·ra
la nuit	di notte	di *not*·té
midi	mezzogiorno	mé·dzo·*djor*·no
minuit	mezzanotte	mé·dza·*no*·té
À quelle heure... ?	*A che ora...?*	a ké *o*·ra...
À 1h.	*All'una.*	al·*lou*·na
À (6h).	*Alle (sei).*	*al*·lé (seille)
À (19h57).	*Alle (19.57).*	*al*·lé (di·tcha·*no*·vé é tchinn·kwann·ta·sè·té)

jours de la semaine

lundi	*lunedì*	lou·né·*di*
mardi	*martedì*	mar·té·*di*
mercredi	*mercoledì*	mér·ko·lé·*di*
jeudi	*giovedì*	djo·vé·*di*
vendredi	*venerdì*	vé·nér·*di*
samedi	*sabato*	*sa*·ba·to
dimanche	*domenica*	do·*mè*·ni·ka

calendrier

il calendario

> mois

janvier	*gennaio*	djén·*na*·yo
février	*febbraio*	féb·*bra*·yo
mars	*marzo*	*mar*·tso
avril	*aprile*	a·*pri*·lé
mai	*maggio*	*ma*·djo
juin	*giugno*	*djou*·nyo
juillet	*luglio*	*lou*·lyo
août	*agosto*	a·*go*·sto
septembre	*settembre*	sét·*tèmm*·bré
octobre	*ottobre*	ot·*to*·bré
novembre	*novembre*	no·*vèmm*·bré
décembre	*dicembre*	di·*tchèmm*·bré

> dates

Quel jour sommes-nous ?
Che giorno è oggi?   ké d*jor*·no è *o*·dji
Nous sommes le (18) octobre.
È (il diciotto) ottobre.   è (il di·*tchot*·to) ot·*to*·bré

> saisons

été	*estate*	é·*sta*·té
automne	*autunno*	a·ou·*toun*·no
hiver	*inverno*	inn·*vèr*·no
printemps	*primavera*	pri·ma·*vè*·ra

présent

maintenant	*adesso*	*a·dès·so*
ce/cet(te) ...		
après-midi	*oggi pomeriggio*	*o·dji po·mé·ri·djo*
matin	*stamattina*	*sta·mat·ti·na*
week-end	*fine settimana*	*fi·né sét·ti·ma·na*
mois	*questo mese*	*kwè·sto mè·zé*
semaine	*questa settimana*	*kwè·sta sét·ti·ma·na*
année	*quest'anno*	*kwè·stan·no*
aujourd'hui	*oggi*	*o·dji*
cette nuit	*stasera*	*sta·sè·ra*

passé

avant-hier	*l'altro ieri*	*lal·tro yè·ri*
le mois dernier	*il mese scorso*	*il mè·zé skor·so*
la nuit dernière	*ieri notte*	*yè·ri not·té*
la semaine dernière	*la settimana scorsa*	*la sét·ti·ma·na skor·sa*
l'année dernière	*l'anno scorso*	*lan·no skor·so*
depuis (le mois de mai)	*da (maggio)*	*da (ma·djo)*
il y a (3 jours)	*(tre giorni) fa*	*(tré djor·ni) fa*
hier...	*ieri ...*	*yè·ri ...*
après-midi	*pomeriggio*	*po·mé·ri·djo*
soir	*sera*	*sè·ra*
matin	*mattina*	*mat·ti·na*

futur

après-demain	*dopodomani*	*do·po·do·ma·ni*
dans (6 jours)	*fra (sei giorni)*	*fra (seille djor·ni)*
le mois prochain	*il mese prossimo*	*il mè·zé pros·si·mo*

la semaine prochaine	la settimana prossima	la sét·ti·*ma*·na *pros*·si·ma
l'année prochaine	l'anno prossimo	*la*·no *pros*·si·mo
demain	domani	do·*ma*·ni
demain soir	domani sera	do·*ma*·ni sè·ra
demain après-midi	domani pomeriggio	do·*ma*·ni po·mé·*ri*·djo
demain matin	domani mattina	do·*ma*·ni mat·*ti*·na
jusqu'au mois de (juin)	fino a (giugno)	*fi*·no a (*djou*·nyo)

dans la journée

aube	alba f	*al*·ba
lever du jour	alba f	*al*·ba
jour	giorno m	*djor*·no
matin	mattina f	mat·*ti*·na
midi	mezzogiorno m	mé·dzo·*djor*·no
après-midi	pomeriggio m	po·mé·*ri*·djo
coucher du soleil	tramonto m	tra·*monn*·to
soir	sera f	sè·ra
nuit	notte f	*not*·té
minuit	mezzanotte f	mé·dza·*no*·té

cent ans

Il existe deux façons d'indiquer les siècles. Comme en français (*il tredicesimo secolo*) ou par un nom propre (*il Duecento*) :

Il Duecento (lit : le 200) il dou·é·*tchènn*·to	**XIIIe siècle**
Il Trecento (lit : le 300) il tré·*tchènn*·to	**XIVe siècle**
Il Quattrocento (lit : le 400) il kwa·tro·*tchènn*·to	**XVe siècle**
Il Cinquecento (lit : le 500) il tchinn·kwé·*tchènn*·to	**XVIe siècle**

C'est combien ?
Quant'è? kwann·tè

Combien ça coûte ?
Quanto costa questo? *kwann*·to *ko*·sta *kwè*·sto

C'est gratuit.
È gratuito. è gra·tou·*i*·to

Ça coûte ... euros.
È ... euro. è ... è·ou·ro

Pouvez-vous écrire le prix ?
Può scrivere il prezzo? pwo *skri*·vé·ré il *prè*·tso

On peut changer de l'argent ici ?
Si cambiano i soldi qui? si *kamm*·bya·no i *sol*·di kwi

Acceptez-vous ... ? *Accettate ...?* a·tché·*tat*·té ...
  les cartes de crédit *la carta di* la *kar*·ta di
    credito/debito *krè*·di·to/*dè*·bi·to
  les chèques *gli assegni di* lyi as·*sè*·nyi di
   de voyage *viaggio* *vya*·djo

Je voudrais ... *Vorrei ...* vo·*reille* ...
  encaisser un chèque *riscuotere* ri·*skwo*·té·ré
    un assegno ou·nas·*sè*·nyo
  changer de l'argent *cambiare* kamm·*bya*·ré
    i soldi i *sol*·di
  changer un chèque *cambiare* kamm·*bya*·ré
   de voyage *un assegno* ou·nas·*sè*·nyo
    di viaggio di *vya*·djo
  retirer de l'argent *fare prelievi* *fa*·ré pré·*lyè*·vi

À combien s'élève ... ? *Quant'è ...* kwann·tè
  la commission *la commissione?* la kom·mi·*syo*·né
  le taux de change *il cambio?* il *kamm*·byo

Je voudrais ...   *Vorrei ...,*   vor·*reille* ...
   s'il vous plaît.   *per favore.*   pér fa·*vo*·ré
   un reçu   *una ricevuta*   *ou*·na ri·tché·*vou*·ta
   la monnaie   *il mio resto*   il m*i*·o *rè*·sto
   être remboursé(e)   *un rimborso*   ounn rimm·*bor*·so

Il y a une erreur dans l'addition.
   C'è un errore nel conto.   tché ounn ér·*ro*·ré nèl *konn*·to

Je ne veux pas payer plein tarif.
   Non voglio pagare il   nonn *vo*·lyo pa·*ga*·ré il
   prezzo intero.   *prè*·tso inn·*tè*·ro

Je dois payer d'avance ?
   Devo pagare   *dè*·vo pa·*ga*·ré
   in anticipo?   inn·ann·*ti*·tchi·po

Où est le distributeur de billets le plus proche ?
   Dov'è il Bancomat più   do·*vè* il *bann*·ko·mat pyou
   vicino?   vi·*tchi*·no

circuler

andare in giro

À quelle heure	A che ora	a ké *o*·ra
part/arrive... ?	parte/arriva ...?	par·té/ar·ri·va ...
le bateau	la nave	la *na*·vé
le bus	l'autobus	laou·to·bou·se
le bac	il traghetto	il tra·*ghè*·to
l'hydrofoil	l'aliscafo	la·li·*ska*·fo
le métro	la metropolitana	la mé·tro·po·li·*ta*·na
l'avion	l'aereo	la·è·ré·o
le train	il treno	il *trè*·no

À quelle heure	A che ora	a ké *o*·ra
passe ...	passa ...	*pa*·sa ...
bus/bateau ?	autobus/nave? m/f	aou·to·bous/*na*·vé
le/la premier/ère	il/la primo/a m/f	il/la *pri*·mo/a
le/la dernier/ère	l'ultimo/a m/f	loul·ti·mo/a
le/la prochain/e	il/la	il/la
	prossimo/a m/f	*pros*·si·mo/a

parler local

tché *ou*·no cho·pé·ro	
C'è uno sciopero.	**Il y a une grève.**
dè·vé kamm·*bya*·ré a (*par*·ma)	
Deve cambiare a (Parma).	**Vous devez changer à (Parme).**
il *trè*·no é kann·tchél·*la*·to	
Il treno è cancellato.	**Le train a été annulé.**
la·è·ré·o è inn ri·*tar*·do	
L'aereo è in ritardo.	**L'avion a du retard.**

transports

À quelle heure part le prochain vol pour (Cagliari) ?
A che ora parte il   a ké o·ra *par*·té il
prossimo volo per   *pros*·si·mo *vo*·lo pér
(Cagliari)?   (*ka*·lya·ri)

Savez-vous à quelle heure nous arrivons à (Taranto) ?
Mi sa dire quando   mi sa *di*·ré *kwann*·do
arriviamo a (Taranto)?   ar·ri·*vya*·mo a (*ta*·rann·to)

Je veux descendre ici.
Voglio scendere qui.   *vo*·lyo *chenn*·dé·ré kwi

Cette place est-elle libre ?
È libero questo posto?   è *li*·bé·ro *kwè*·sto *po*·sto

C'est ma place.
Quel posto è mio.   kwél *po*·sto è *mi*·o

billets

i biglietti

Où est-ce que je peux acheter un billet ?
Dove posso comprare   *do*·vé *pos*·so komm·*pra*·ré
un biglietto?   ounn bi·*lyè*·to

Il faut réserver ?
Bisogna prenotare   bi·*zo*·nya pré·no·*ta*·ré
(un posto)?   (ounn *po*·sto)

Est-ce que vous pouvez me mettre sur la liste d'attente ?
Posso essere messo/a in   *pos*·so ès·sé·ré *mès*·so/a inn
lista d'attesa? m/f   *li*·sta dat·tè·za

Je voudrais ...	*Vorrei ...*	vo·*reille* ...
mon billet,	*il mio biglietto,*	il *mi*·o bi·*lyèt*·to
s'il vous plaît.	*per favore.*	pér fa·*vo*·ré
annuler	*cancellare*	kann·tchél·*la*·ré
changer	*cambiare*	kamm·*bya*·ré
confirmer	*confermare*	konn·fér·*ma*·ré

Deux billets ...	*Due biglietti ...*	*dou*·é bi·*lyèt*·ti ...
(pour Rome),	*(per Roma),*	(pér *ro*·ma)
s'il vous plaît.	*per favore.*	pér fa·*vo*·ré
en 1ʳᵉ classe	*di prima classe*	di *pri*·ma *kla*·sé
en 2ᵉ classe	*di seconda classe*	di sé·*konn*·da *kla*·sé
tarif enfant	*per bambini*	pér bamm·*bi*·ni
aller simple	*di sola andata*	di *so*·la ann·*da*·ta
aller-retour	*di andata e ritorno*	di ann·*da*·ta é ri·*tor*·no
tarif étudiant	*per studenti*	pér stou·*dènn*·ti
Je voudrais une place..., s'il vous plaît.	*Vorrei un posto ..., per favore.*	vo·*reille* ounn *po*·sto ... pér fa·*vo*·ré
côté couloir	*sul corridoio*	soul ko·ri·*do*·yo
non-fumeur	*per non fumatori*	pér nonn fou·ma·*to*·ri
fumeur	*per fumatori*	pér fou·ma·*to*·ri
côté fenêtre	*vicino al finestrino*	vi·*tchi*·no al fi·né·*stri*·no
Y a-t-il... ?	*C'è ...?*	tchè ...
l'air conditionné	*l'aria condizionata*	*la*·rya konn·di·tsyo·*na*·ta
une couverture	*una coperta*	ou·na ko·*pèr*·ta
des toilettes	*un gabinetto*	ounn ga·bi·*nè*·to
un magnétoscope	*un video-registratore*	ounn *vi*·dé·o·ré·dji·stra·*to*·ré

Je voudrais une couchette, s'il vous plaît.		
	Vorrei una cuccetta, per favore.	vo·*reille* ou·na kou·*tchè*·ta pér fa·*vo*·ré
Combien ça coûte ?		
	Quant'è?	kwann·*tè*
Est-ce que je dois payer un supplément ?		
	Devo pagare un supplemento?	*dè*·vo pa·*ga*·ré ounn soup·plé· *mènn* to
Il faut combien de temps ?		
	Quanto ci vuole?	*kwann*·to tchi *vwo*·lé

C'est direct ?
È un itinerario diretto?   è ou·ni·ti·né·*ra*·ryo dir·*rè*·to

À quelle heure dois-je me présenter à l'enregistrement ?
A che ora devo   a ké *o*·ra *dè*·vo
presentarmi per   pré·zènn·*tar*·mi pér
l'accettazione?   la·tché·ta·*tsyo*·né

Pour les problèmes de douane et d'immigration, voir la rubrique
passer la frontière, p. 49.

bagages

i bagagli

Mon bagage n'est pas arrivé.
Non è arrivato il mio   nonn è ar·ri·*va*·to il *mi*·o
bagaglio.   ba·*ga*·lyo

Mon bagage a	*Il mio bagaglio è*	il *mi*·o ba·*ga*·lyo
été ...	*stato ...*	è *sta*·to ...
abîmé	*danneggiato*	dan·né·*dja*·to
perdu	*perso*	*pèr*·so
volé	*rubato*	rou·*ba*·to

Je voudrais ...	*Vorrei ...*	vor·*reille* ...
un casier	*un armadietto*	ounn ar·ma·*dyé*·to
pour mon bagage	*per il bagaglio*	pér il ba·*ga*·lyo
de la monnaie	*della moneta*	*dè*·la mo·*nè*·ta
des jetons	*dei gettoni*	deille djét·*to*·ni

bus, tram et métro

autobus, tram e metropolitana

Quel bus va à (Rome) ?
Quale autobus va   *kwa*·lé *aou*·to·bous va
a (Roma)?   a (*ro*·ma)

Bus/Tram numéro (3).
Autobus/Tram   *aou*·to·bous/tram
numero (tre).   *nou*·mé·ro (tré)

Combien y a-t-il d'arrêts avant (le musée) ?

Quante fermate   kwann·té fér·*ma*·té
mancano (al museo)?   mann·ka·no (al mou·zè·o)

Pouvez-vous m'avertir quand nous arrivons (au marché), s'il vous plaît.

Mi dica per favore   mi *di*·ka pér fa·*vo*·ré
quando arriviamo   kwann·do ar·ri·*vya*·mo
(al mercato).   (al mér·*ka*·to)

---

panneaux		
Fermata del tram	fér·*ma*·ta dèl tram	**Arrêt de tram**
Fermata	fér·*ma*·ta	**Arrêt**
dell'autobus	dè·*laou*·to·bous	**de bus**
Metropolitana	è·mé	**Métro**
Stazione della	sta·*tsyo*·né *dè*·la	**Station**
metropolitana	mé·tro·po·li·*ta*·na	**de métro**
Uscita	ou·*chi*·ta	**Sortie**

train

Quelle est cette gare ?
Che stazione è questa? ké sta·*tsyo*·né è *kwè*·sta

Quelle est la prochaine gare ?
Qual'è la prossima stazione? kwa·*lè* la *pros*·si·ma sta·*tsyo*·né

Ce train s'arrête à (Milan) ?
Questo treno si ferma a (Milano)? *kwè*·sto *trè*·no si *fèr*·ma a (mi·*la*·no)

Je dois changer (de train) ?
Devo cambiare (treno)? *dè*·vo kamm·*bya*·ré (*trè*·no)

Où est le wagon-restaurant ?
Dov'è il vagone ristorante? do·*vè* il va·*go*·né ri·sto·*rann*·té

Quel est le wagon ... ?	*Quale carrozza è ...?*	*kwa*·lé kar·*ro*·tsa è ...
de 1re classe	*di prima classe*	di *pri*·ma *klas*·sé
de 2e classe	*di seconda classe*	di se·*con*·da *klas*·sé
pour (Rome)	*per (Roma)*	pér (*ro*·ma)

---

coup d'œil sur les trains

diretto di·*rèt*·to
signifie que vous n'avez pas besoin de changer de train pour arriver à destination

espresso é·*sprès*·so
ne s'arrête que dans les principales gares

Eurostar Italia (ES) é·ou·ro·*star* i·*ta*·lya
très rapide, l'équivalent du TGV

Inter City *inn*·tér *si*·ti
circule d'une grande ville à l'autre

locale lo·*ka*·lé
s'arrête dans toutes les gares et peut être très lent

rapido *ra*·pi·do
circule entre les grandes villes ; plus rapide que l'*espresso*

bateau

la nave

Y a-t-il des gilets de sauvetage ?
Ci sono giubbotti di   tchi *so*·no djoub-*bo*·ti di
salvataggio?   sal·va·*ta*·djo

Comment est la mer aujourd'hui ?
Com'è il mare oggi?   ko·*mè* il *ma*·ré o·dji

J'ai le mal de mer.
Ho il mal di mare.   o il mal di *ma*·ré

taxi

il tassì

Je voudrais un taxi... *Vorrei un tassì ...* vor·*reille* ounn ta·*si* ...
  maintenant   *adesso*   a·*dès*·so
  demain   *domani*   do·*ma*·ni
  à (9h du matin)   *alle (nove di*   a·lé (*no*·vé di
    mattina)   mat·*ti*·na)

Ce taxi est libre ?
È libero questo tassì?   é *li*·bé·ro *kwè*·sto tas·*si*

Combien ça coûte pour... ?
Quant'è per ...?   kwann·*tè* pér ...

Utilisez le taximètre, s'il vous plaît.
Usi il tassametro,   *ou*·zi il tas·*sa*·mé·tro
per favore.   pér fa·*vo*·ré

Conduisez-moi à (cette adresse), s'il vous plaît.
Mi porti a (questo   mi *por*·ti a (*kwè*·sto
indirizzo), per piacere.   inn·di·*ri*·tso) pér pya·*tchè*·ré

... , s'il vous plaît *..., per favore.* ... pér fa·*vo*·ré
  Ralentissez   *Rallenti*   ral·*lènn*·ti
  Attendez-moi ici   *Mi aspetti qui*   mi a·*spèt*·ti kwi

Arrêtez-vous... *Si fermi ...* si *fèr*·mi ...
  au coin   *all'angolo*   al *lann*·go·lo
  ici   *qui*   kwi

transports

Borgo (B.go)	*bor*·go	**bourg**
Corso (C.so)	*kor*·so	**cours/boulevard**
Largo (L.go)	*lar*·go	**allée**
Piazza (P.za)	*pya*·tsa	**place**
Strada (Str.)	*stra*·da	**route**
Via (V.)	*vi*·a	**rue**
Viale (V.le)	*vya*·lé	**avenue/boulevard**
Vicolo (V.lo)	*vi*·ko·lo	**ruelle**

à Venise :		
Calle	*kal*·lé	**rue**
Campiello	kamm·*pyèl*·lo	**petite place**
Fondamenta	fonn·da·*mènn*·ta	**rue (le long des canaux)**
Riva	*ri*·va	**rue (litt : rivage/bord)**

à Gênes :		
Carrugio	kar·*rou*·djo	**ruelle**

dans les villes moyenâgeuses :		
Contrà	konn·*tra*	**rue**
Contrada	konn·*tra*·da	**rue**

voiture et moto

la macchina e la moto

> location de voitures et de motos

Je voudrais louer ...	*Vorrei noleggiare ...*	vor·*reille* no·lé·*dja*·ré ...
un 4x4	*un fuoristrada*	ounn fwo·*ri*·*stra*·da
une voiture automatique	*una macchina automatica*	*ou*·na *ma*·ki·na a·ou·to·*ma*·ti·ka
une voiture	*una macchina*	*ou*·na *mak*·ki·na
une voiture manuelle	*una macchina manuale*	*ou*·na *mak*·ki·na ma·nou·*a*·lé
une moto	*una moto*	*ou*·na *mo*·to

avec/sans ...	con/senza ...	konn/*sènn*·tsa ...
(l')air conditionné	aria	*a*·rya
	condizionata	konn·di·tsyo·*na*·ta
(de l')antigel	anticongelante	ann·ti·konn·djé·*lann*·té
(un) conducteur	un'autista	ou·na·ou·*ti*·sta
(des) chaînes	le catene da neve	lé ka·*tè*·né da *nè*·vé

Combien ça coûte ... ?	Quanto costa ...?	*kwann*·to *ko*·sta ...
par jour	al giorno	al *djor*·no
de l'heure	all'ora	a·*lo*·ra
par semaine	alla settimana	*a*·la sét·ti·*ma*·na

> sur la route

Quelle est la limite de vitesse en ville/hors agglomération ?

Qual'è il limite di   kwa·*lè* il *li*·mi·té di
velocità in   vé·lo·tchi·*ta* inn
città/campagna?   tchi·*ta*/kamm·*pa*·nya

C'est la route pour ... ?

Questa strada porta a ...?   *kwè*·sta *stra*·da *por*·ta a ...

Où y a-t-il une station-service ?

Dov'è una stazione   do·*vè ou*·na sta·*tsyo*·né
di servizio?   di sér·*vi*·tsyo

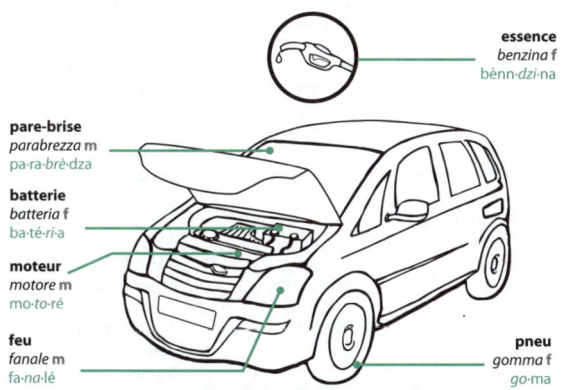

essence
benzina f
bènn·*dzi*·na

pare-brise
parabrezza m
pa·ra·*brè*·dza

batterie
batteria f
ba·té·*ri*·a

moteur
motore m
mo·*to*·ré

feu
fanale m
fa·*na*·lé

pneu
gomma f
go·ma

Le plein, s'il vous plaît.
Il pieno, per favore.   il *pyè*·no pér fa·*vo*·ré

Je voudrais (30) litres.
Vorrei (trenta) litri.   vo·*reille* (*trènn*·ta) *li*·tri

gas-oil/diesel	*gasolio/diesel* m	ga·*zo*·lyo/*di*·zèl
essence normale	*benzina* f con	bènn·*dzi*·na konn
	piombo	*pyomm*·bo

panneaux

Accesso	a·*tchè*·so	**Ouvert**
permanente	pér·ma·*nènn*·té	**24h/24**
Alt	alt	**Stop**
Attenzione	a·tènn·*tsyo*·né	**Attention**
Autostrada	a·ou·to·*stra*·da	**Autoroute**
Dare la	*da*·ré la	**Laisser la**
precedenza	pré·tché·*dènn*·tsa	**priorité**
Deviazione	dé·vya·*tsyo*·né	**Déviation**
Divieto di	di·*vyè*·to di	**Accès**
accesso	a·*tchè*·so	**interdit**
Divieto di	di·*vyè*·to di	**Dépassement**
sorpasso	sor·*pa*·so	**interdit**
Divieto	di·*vyè*·to	**Stationnement**
di sosta	di *so*·sta	**interdit**
Entrata	ènn·*tra*·ta	**Entrée**
Lavori in corso	la·*vo*·ri inn *kor*·so	**Travaux**
Parcheggio	par·*kè*·djo	**Parking**
Passo carrabile	*pa*·so ka·ra·bi·lé	**Sortie de**
		voitures
Pedaggio	pé·*da*·djo	**Péage**
Pericolo	pé·*ri*·ko·lo	**Danger**
Rallentare	ra·lènn·*ta*·ré	**Ralentir**
Rimozione	ri·mo·*tsyo*·né	**Enlèvement**
forzata	for·*tsa*·ta	**immédiat**
Senso unico	*sènn*·so ou·ni·ko	**Sens unique**
Stop	stop	**Stop**
Uscita	ou·*chi*·ta	**Sortie**

GPL	*gasauto* m	ga·*za·ou·*to
essence sans plomb	*benzina* f *senza*	bènn·*dzi·*na
	piombo	sènn·tsa *pyomm·*bo

Pouvez-vous contrôler,	*Può controllare*	pwo konn·tro·*la·*ré
s'il vous plaît ...	*..., per favore?*	... pér fa·*vo·*ré
l'huile	*l'olio*	*lo·*lyo
la pression	*la pressione*	la pré·*syo·*né
des pneus	*delle gomme*	dè·lé *go·*mé
l'eau	*l'acqua*	*la·*kwa

Je peux me garer ici (pendant combien de temps) ?
(Per quanto tempo) Posso   (pér *kwann·*to *tèmm·*po) *po·*so
parcheggiare qui?   par·ké·*dja·*ré kwi

Où dois-je payer ?
Dove si paga?   do·vé si *pa·*ga

> problèmes

J'ai besoin d'un mécanicien.
Ho bisogno di un   o bi·*zo·*nyo di ounn
meccanico.   mék·*ka·*ni·ko

La voiture/moto est tombée en panne (au croisement).
La macchina/moto si è   la *mak·*ki·na/*mo·*to si è
guastata (all'incrocio).   gwa·*sta·*ta (al·linn·*kro·*tcho)

J'ai eu un accident.
Ho avuto un incidente.   o a·*vou·*to ounn inn·tchi·*dènn·*té

La voiture/moto ne démarre pas.
La macchina/moto non parte.   la *mak·*ki·na/*mo·*to nonn *par·*té

Mon pneu est crevé.
Ho una gomma bucata.   o *ou·*na *gom·*ma bou·*ka·*ta

J'ai perdu mes clés (de voiture).
Ho perso le chiavi della   o *pèr·*so lé *kya·*vi dè·la
macchina.   *mak·*ki·na

J'ai fermé la voiture avec les clés à l'intérieur.
Ho chiuso la macchina con   o *kyou·*zo la *mak·*ki·na konn
le chiavi dentro.   lé *kya·*vi *dènn·*tro

Je n'ai plus d'essence.
Ho esaurito la benzina.   o é·za·ou·*ri*·to la bènn·*dzi*·na

Pouvez-vous la réparer (aujourd'hui) ?
La può aggiustare   la pwo a·djou·*sta*·ré
(oggi)?   (o·dji)

Ça va prendre combien de temps ?
Quanto ci vuole?   *kwann*·to tchi *vwo*·lé

---

parler local

dè·vo or·di·*na*·ré il *pè*·tso di ri·*kamm*·byo
    Devo ordinare   **Je dois commander**
    il pezzo di ricambio.   **la pièce de rechange.**

ké *ti*·po di *mak*·ki·na/*mo*·to è
    Che tipo di macchina/   **Quel type de voiture/**
    moto è?   **moto est-ce ?**

---

vélo

la bicicletta

Où puis-je... ?   *Dove posso ...?*   *do*·vé *po*·so ...
  louer un vélo   *noleggiare una*   no·lé·*dja*·ré *ou*·na
                      bicicletta   bi·tchi·*klèt*·ta
  acheter   *comprare*   komm·*pra*·ré
    un vélo   *una bicicletta*   *ou*·na bi·tchi·*klè*·ta
    d'occasion   *di seconda mano*   di sé·*konn*·da *ma*·no

Combien ça coûte... ?   *Quanto costa ...?*   *kwann*·to *ko*·sta ...
  pour un après-midi   *per un pomeriggio*   pér ounn po·mé·*ri*·djo
  par jour   *al giorno*   al *djor*·no
  par heure   *all'ora*   a·*lo*·ra
  pour la matinée   *per una mattina*   pér *ou*·na ma·*ti*·na

Mon pneu est crevé.
Ho una gomma bucata.   o *ou*·na *go*·ma bou·*ka*·ta

PRATIQUE

Je suis ici ...	Sono qui ...	*so*·no kwi ...
de passage	in transito	inn *trann*·si·to
pour affaires	per affari	pér af·*fa*·ri
en vacances	in vacanza	inn va·*kann*·tsa
pour rendre visite	per visitare	pér vi·zi·*ta*·ré
à ma famille	parenti	pa·*rènn*·ti

Je reste ici ...	Sono qui per ...	*so*·no kwi pér ...
(21) jours	(ventuno) giorni	(vènn·*tou*·no) djor·ni
(2) mois	(due) mesi	(*dou*·é) mè·zi
(3) semaines	(tre) settimane	(tré) sét·ti·*ma*·né

J'ai un	Ho un	o ounn
permis de ...	permesso di ...	pér·*mès*·so di ...
séjour	soggiorno/lavoro	so·*djor*·no/la·*vo*·ro
séjour étudiant	studio	*stou*·dyo
étranger		

il *sou*·o ...	Il Suo ...,	Votre ...,
pér fa·*vo*·ré	per favore.	s'il vous plaît.
pas·sa·*por*·to	passaporto	passeport
vi·sto	visto	visa
vya·dja ...	Viaggia ...?	Vous voyagez ... ?
da *so*·lo/a	da solo/a m/f	seul/e
inn *group*·po	in gruppo	en groupe
konn fa·*mi*·lya	con famiglia	avec votre
		famille

Je n'ai rien à déclarer.

Non ho niente da dichiarare.   nonn o *nyènn*·té da di·kya·*ra*·ré

J'ai quelque chose à déclarer.

Ho delle cose da dichiarare.   o *dèl*·lé *ko*·zé da di·kya·*ra*·ré

Je ne savais pas que je devais le déclarer.

Non sapevo che dovevo dichiararlo.   nonn sa·*pè*·vo ké do·*vè*·vo di·kya·*rar*·lo

Avez-vous ce formulaire en français ?

Avete questo modulo in francese?   a·*vè*·té *kwè*·sto *mo*·dou·lo inn frann·*tchè*·zé

panneaux		
Controllo passaporti	konn·*trol*·lo pas·sa·*por*·ti	**Contrôle des passeports**
Dogana	do·*ga*·na	**Douanes**
Immigrazione	im·mi·gra·*tsyo*·né	**Immigration**

trouver un hébergement

trovare alloggio

Où pourrais-je trouver... , s'il vous plaît ?

Dov'è..., per favore?   do·*vè*... pér fa·*vo*·ré

une chambre	*un bed e*	ounn bèd é
chez l'habitant	*breakfast*	*brèk*·fast
un camping	*un campeggio*	ounn kamm·*pè*·djo
une pension	*una pensione*	*ou*·na pènn·*syo*·né
un hôtel	*un albergo*	ou·nal·*bèr*·go
une auberge	*una locanda*	*ou*·na lo·*kann*·da
une chambre	*una camera*	*ou*·na ka·*mé*·ra
une auberge de jeunesse	*un ostello della gioventù*	ounn·o·*stè*·lo *dè*·la djo·vènn·*tou*

Pouvez-vous me conseiller un endroit... , s'il vous plaît ?

Può consigliarmi qualche   pwo konn·si·*lya*·ré *kwal*·ké
posto ..., per favore?   po·sto... pér fa·*vo*·ré

animé	*animato*	a·ni·*ma*·to
bon marché	*economico*	é·ko·*no*·mi·ko
bon	*buono*	*bwo*·no
calme	*tranquillo*	trann·*kwil*·lo
luxueux	*di lusso*	di *lou*·so
proche	*vicino*	vi·*tchi*·no
romantique	*romantico*	ro·*mann*·ti·ko

Quelle est l'adresse ?

Qual'è l'indirizzo?   kwa·*lè* linn·di·*ri*·tso

Pour formuler les réponses à ces questions, voir la rubrique
orientation, p. 61.

réservation

Avez-vous une	Avete una	a·vè·té ou·na
chambre… ?	camera …?	ka·mé·ra …
double	doppia con letto	dop·pya konn lè·to
	matrimoniale	ma·tri·mo·nya·lé
simple	singola	sinn·go·la
à deux lits	doppia a due letti	dop·pya a dou·é lè·ti

Combien ça coûte	Quanto costa	kwann·to ko·sta
pour … ?	per …?	pér …
une nuit	una notte	ou·na not·té
une personne	persona	pér·so·na
une semaine	una settimana	ou·na sét·ti·ma·na

Je voudrais réserver une chambre, s'il vous plaît.
Vorrei prenotare una   vot·reille pré·no·ta·ré ou·na
camera, per favore.   ka·mé·ra pér fa·vo·ré

J'ai une réservation.
Ho una prenotazione.   o ou·na pré·no·ta·tsyo·né

Je m'appelle …
Mi chiamo …   mi kya·mo …

Pour (3) nuits/semaines.
Per (tre) notti/settimane.   pér (tré) not·ti/sét·ti·ma·né

Du (2 juillet) au (6 juillet).
Dal (due luglio) al   dal (dou·é lou·lyo) al
(sei luglio).   (seille lou·lyo)

Est-ce que je peux la voir ?
Posso vederla?   pos·so vé·dèr·la

Ça va. Je la prends.
Va bene. La prendo.   va bè·né. la prènn·do

Est-ce que je dois payer d'avance ?
Devo pagare   dè·vo pa·ga·ré
in anticipo?   i·nann·ti·tchi·po

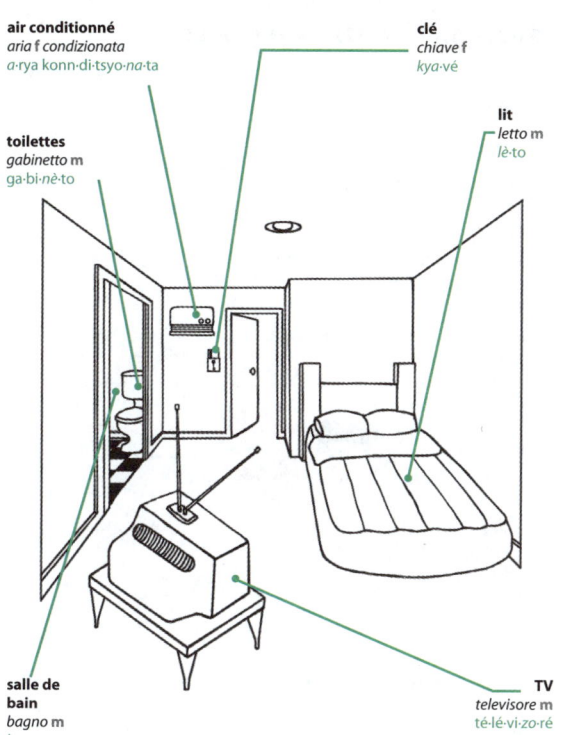

air conditionné
aria f *condizionata*
*a·*rya konn·di·tsyo·*na·*ta

clé
chiave f
*kya·*vé

lit
letto m
*lè·*to

toilettes
gabinetto m
ga·bi·*nè·*to

salle de bain
bagno m
*ba·*nyo

TV
televisore m
té·lé·vi·zo·ré

Puis-je payer ... ?	*Posso pagare con ...?*	*pos·*so pa·*ga·*ré konn ...
par carte de crédit	*la carta di credito*	la *kar·*ta di *krè·*di·to
avec un chèque de voyage	*un assegno di viaggio*	ou·nas·*sè·*nyo di *vya·*djo

Voir aussi la rubrique **banque**, p. 79.

renseignements et services

À quelle heure est le petit déjeuner ?
A che ora è la prima colazione? a ké *o*·ra è la *pri*·ma ko·la·*tsyo*·né

Où prend-on le petit déjeuner ?
Dove si prende la prima colazione? *do*·vé si *prènn*·dé la *pri*·ma ko·la·*tsyo*·né

Réveillez-moi à (7h), s'il vous plaît.
Mi svegli (alle sette), per favore. mi *svè*·lyi (*a*·lé *sèt*·té) pèr fa·*vo*·ré

Pouvez-vous me donner un(e) autre … ?
Può darmi un altro/a … m/f pwo *dar*·mi ou·*nal*·tro/a

Puis-je utiliser … ? *Posso usare …?* *po*·so ou·*za*·ré …
  la cuisine *la cucina* la kou·*tchi*·na
  la buanderie *la lavanderia* la la·vann·dé·*ri*·a
  le téléphone *il telefono* il té·*lé*·fo·no

Avez-vous … ? *C'è …?* tchè …
  un ascenseur *un ascensore* ou·na·chènn·*so*·ré
  une buanderie *il servizio* il sèr·*vi*·tsyo
    lavanderia la·vann·dé·*ri*·a
  un tableau d'affichage *una bacheca* ou·na ba·*kè*·ka
  un coffre *una cassaforte* ou·na kas·sa·*for*·té
  une piscine *una piscina* ou·na pi·*chi*·na

Est-ce que vous … ici ? *Si … qui?* si … kwi
  organisez *organizzano* or·ga·*ni*·dza·no
    des visites *delle gite* dél·lé *dji*·té
  changez *cambiano* *kamm*·bya·no
    de l'argent *i soldi* i sol·di

Puis-je laisser un message pour quelqu'un ?

Posso lasciare un   *po·*so la·*cha·*ré ounn
messaggio per qualcuno?   mé·*sa·*djo pér kwal·*kou·*no

Y a-t-il un message pour moi ?

C'è un messaggio per me?   tché ounn mé·*sa·*djo pér mé

Ma chambre est fermée et j'ai laissé les clefs à l'intérieur.

Mi sono chiuso/a   mi *so·*no *kyou·*zo/a
fuori dalla mia   *fwo·*ri *da·*la mi·a
camera. **m/f**   *ka·*mé·ra

La porte (de la salle de bain) est fermée à clef.

La porta (del bagno) è   la *por·*ta (del *ba·*nyo) è
chiusa a chiave.   *kyou·*za a *kya·*vé

parler local

a *ou·*na pré·no·ta·*tsyo·*né
Ha una prenotazione?   **Vous avez réservé ?**

a ou·*za·*to il *fri·*go·bar
Ha usato il frigobar?   **Vous avez utilisé le mini-bar ?**

kwa·*lè* il *sou·*o nou·*mé·*ro di *ka·*mé·ra
Qual'è il Suo numero di camera?   **Quel est le numéro de votre chambre ?**

la *kya·*vé è *a·*la ré·*sép·*chonn
La chiave è alla reception.   **La clef est à la réception.**

mi di·*spya·*tché è komm·*plè·*to
Mi dispiace, è completo.   **Désolé, c'est complet.**

per *kwan·*té *no·*ti
Per quante notti?   **Pour combien de nuits ?**

réclamations

La chambre est trop ...	*La camera è troppo ...*	la *ka*·mé·ra è *trop*·po ...
froide	*fredda*	*frè*·da
sombre	*scura*	*skou*·ra
chère	*cara*	*ka*·ra
lumineuse	*luminosa*	lou·mi·*no*·za
bruyante	*rumorosa*	rou·mo·*ro*·za
petite	*piccola*	*pi*·ko·la
L'air conditionné	*L'aria condizionata*	*la*·rya konn·di·tsyo·*na*·ta
Le ventilateur	*Il ventilatore*	il vènn·ti·la·*to*·ré
Les toilettes	*Il gabinetto*	il ga·bi·*nè*·to
... ne fonctionne(nt) pas.	*... non funziona(no).*	... nonn founn·*tsyo*·na(no)

Ce(t)/cette ... n'est pas propre.

Questo/a ... non è pulito/a. **m/f**   *kwè*·sto/a ... no·nè pou·*li*·to/a

Si vous avez d'autres envies ou besoins, consultez la rubrique dictionnaire.

on frappe à la porte...		
Qui est-ce ?	*Chi è?*	ki è
Un instant.	*Un momento.*	ounn mo·*mènn*·to
Entrez.	*Avanti.*	a·*vann*·ti
Revenez plus tard, s'il vous plaît.	*Torni più tardi, per favore.*	*tor*·ni pyou *tar*·di pér fa·*vo*·ré

quitter un hôtel

À quelle heure doit-on quitter sa chambre ?
A che ora si deve lasciar libera la camera?
a ké o·ra si dè·vé la·char li·bé·ra la ka·mé·ra

Est-ce que je peux quitter ma chambre plus tard ?
Posso liberare la camera più tardi?
pos·so li·bé·ra·ré la ka·mé·ra pyou tar·di

Est-ce que je peux laisser mes bagages ici ?
Posso lasciare il mio bagaglio qui?
po·so la·cha·ré il mi·o ba·ga·lyo kwi

Je pars maintenant.
Parto adesso.
par·to a·dès·so

Il y a une erreur dans la note.
C'è un errore nel conto.
tché ou·nér·ro·ré nèl konn·to

Pouvez-vous m'appeler un taxi (pour 11h) ?
Può chiamarmi un tassì (per le undici)?
pwo kya·mar·mi ounn tas·si (pér lé ounn·di·tchi)

Pourrais-je avoir …, s'il vous plaît ?
Posso avere …, per favore?
po·so a·vè·ré … pér fa·vo·ré

  ma caution
  la caparra
  la ka·pa·ra

  mon passeport
  il mio passaporto
  il mi·o pa·sa·por·to

  mes objets de valeur
  i miei oggetti di valore
  i myeille o·djè·ti di va·lo·ré

Je reviens …
Torno …
tor·no …

  dans (3) jours (mardi)
  fra (tre) giorni (martedì)
  fra (tré) djor·ni (mar·té·di)

C'était très bien, merci.
Sono stato/a — *so·no sta·to/a*
benissimo/a, grazie. **m/f** — *bé·nis·si·mo/a gra·tsyé*

Vous avez été parfait(e).
È stato/a bravissimo/a. **m/f** — *é sta·to/a bra·vis·si·mo/a*

Je vais le conseiller à mes amis.
Lo consiglierò — *lo konn·si·lyè·ro*
ai miei amici. — *aille myeille a·mi·tchi*

camping

Où est ... le/les plus proche(s) ?	Dov'è ... più vicino?	do·vè ... pyou vi·tchi·no
le camping	il campeggio	il kamm·pè·djo
le magasin	il negozio	il né·go·tsyo
les douches	il servizio doccia	il sér·vi·tsyo do·tcha

Avez-vous ... ?	Avete ...?	a·vè·té ...
l'électricté	la corrente	la kor·rènn·té
des douches	il servizio doccia	il sér·vi·tsyo do·tcha
un emplacement	un sito	ounn si·to
des tentes à louer	tende da noleggiare	tènn·dé da no·lé·dja·ré

C'est combien par ... ?	Quant'è per ...?	kwann·tè pér ...
caravane	roulotte	rou·lotte
personne	persona	pér·so·na
tente	tenda	tènn·da
véhicule	veicolo	vé·i·ko·lo

Puis-je... ?	Si può ...?	si pwo ...
camper ici	campeggiare qui	kamm·pé·dja·ré kwi
me garer près de ma tente	parcheggiare accanto alla tenda	par·ké·dja·ré ak·kann·to a·la tènn·da
planter ma tente ici	piantare la tenda qui	pyann·ta·ré la tènn·da kwi

À qui dois-je demander l'autorisation de rester ici ?
A chi chiedo permesso per   a ki *kyè*·do pér·*mès*·so pér
stare qui?   *sta*·ré kwi

Où sont les sanitaires les plus proches ?
Dove sono i servizi   *do*·vé *so*·no i sér·*vi*·tsi
igienici più   i·*djè*·ni·tchi pyou
vicini?   vi·*tchi*·ni

Ça marche avec des jetons ?
Funziona a gettoni?   founn·*tsyo*·na a djèt·*to*·ni

L'eau est potable ?
L'acqua è potabile?   *la*·kwa è po·*ta*·bi·lé

Est-ce que je pourrais emprunter (un maillet) ?
Potrei prendere in   po·*treille prènn*·dé·ré inn
prestito (un mazzuolo)?   *prè*·sti·to (ounn ma·*tswo*·lo)

Pour en savoir plus, consulter la rubrique **dictionnaire**.

location

Je viens pour le/la ... que vous louez.
Sono qui per il/la ... che   *so*·no kwi pér il/la ... ké
date in affitto.   *da*·té i·na·*fi*·to

Avez-vous	*Avete ...*	a·*vè*·té ...
... à louer ?	*d'affittare?*	da·fi·*ta*·ré
un appartement	*un appartamento*	ou·nap·par·ta·*mènn*·to
une cabine	*una cabina*	ou·na ka·*bi*·na
une maison	*una casa*	ou·na *ka*·za
une chambre	*una camera*	ou·na *ka*·mé·ra
une villa	*una villa*	ou·na *vil*·la
(en partie)	*(in parte)*	(inn *par*·té)
meublé/e	*ammobiliato/a* **m/f**	am·mo·bi·*lya*·to/a
non meublé/e	*non*	non
	ammobiliato/a **m/f**	am·mo·bi·*lya*·to/a
C'est combien	*Quant'è per ...?*	kwann·*tè* pér ...
pour ... ?		
(1) semaine	*(una) settimana*	(*ou*·na) sét·ti·*ma*·na
(2) mois	*(due) mesi*	(*dou*·é) *mè*·zi

Les factures sont en plus ?
Sono extra le bollette? so·no *èk*·stra lé bol·*lè*·té

loger chez l'habitant

Est-ce que je peux dormir chez vous/toi ?
Posso stare da Lei/te? **pol/fam** po·so *sta*·ré da leille/té

Est-ce que je peux donner un coup de main ?
Posso aiutare in po·so a·you·*ta*·ré inn
qualche modo? kwal·ké *mo*·do

J'ai	*Ho il mio*	o il *mi*·o
mon ...	*proprio ...*	*pro*·pri·o ...
matelas	*materasso*	ma·té·*ra*·so
sac de couchage	*sacco a pelo*	*sa*·ko a *pè*·lo

Est-ce que je peux ... ?	*Posso ...?*	*pos*·so ...
amener	*portare*	por·*ta*·ré
quelque chose	*qualcosa*	kwal·*ko*·za
pour le repas	*per il pasto*	pér il *pa*·sto
faire la vaisselle	*lavare i piatti*	la·*va*·ré i *pyat*·ti
mettre/débarrasser la table		
	apparecchiare/	ap·pa·rék·*kya*·ré/
	sparecchiare	spa·rék·*kya*·ré
jeter les	*gettare la*	djét·*ta*·ré la
ordures	*spazzatura*	spa·tsa·*tou*·ra

Merci pour votre/ton accueil.
Grazie per la Sua/tua *gra*·tsyé pér la *sou*·a/*tou*·a
ospitalità. **pol/fam** o·spi·ta·li·*ta*

Consultez également la rubrique **se restaurer**, p. 143.

Où est (la banque) ?
   Dov'è (la banca)?   do·*vè* (la *bann*·ka)

Je cherche (les toilettes).
   Cerco (i servizi   *tchèr*·ko (i sér·*vi*·tsi
   igienici).   i·*djè*·ni·tchi)

Où se trouve (la poste) ?
   Dove si trova (l'ufficio   do·*vé* si *tro*·va (louf·*fi*·tcho
   postale)?   po·*sta*·lé)

Comment fait-on pour y aller ?
   Come ci si arriva?   *ko*·mé tchi si ar·*ri*·va

C'est loin ?
   Quant'è distante?   kwann·*tè* di·*stann*·té

Pouvez-vous me montrer (sur le plan) ?
   Può mostrarmi   pwo mo·*strar*·mi
   (sulla pianta)?   (*soul*·la *pyann*·ta)

Quelle est l'adresse ?
   Qual'è l'indirizzo?   kwa·*lè* linn·di·*ri*·tso

C'est ...	*È ...*	è ...
derrière ...	*dietro ...*	*dyè*·tro ...
loin	*lontano*	lonn·*ta*·no
ici	*qui*	kwi
devant ...	*davanti a ...*	da·*vann*·ti a ...
à gauche	*a sinistra*	a si·*ni*·stra
près (de ...)	*vicino (a ...)*	vi·*tchi*·no (a ...)
près de ...	*accanto a ...*	ak·*kann*·to a ...
au coin	*all'angolo*	al *lann*·go·lo
en face de ...	*di fronte a ...*	di *fronn*·té a ...
à droite	*a destra*	a *dè*·stra
toujours tout droit	*sempre diritto*	*sèmm*·pré di·*rit*·to
là	*là*	la

Tournez ...	Giri ...	*dji·*ri ...
à l'angle	all'angolo	a·*lann·*go·lo
au feu	al semaforo	al sé·*ma·*fo·ro
à gauche/droite	a sinistra/	a si·*ni·*stra/
	destra	*dè·*stra

C'est à ...	*È a ...*	è a ...
(100) mètres	*(cento) metri*	(*tchènn·*to) *mè·*tri
(30) minutes	*(trenta)*	(*trènn·*ta)
	minuti	mi·*nou·*ti

en bus	con l'autobus	konn la·*ou·*to·bous
à pied	a piedi	a *pyè·*di
en taxi	con il tassì	ko·nil tas·*sì*
en train	con il treno	ko·nil *trè·*no

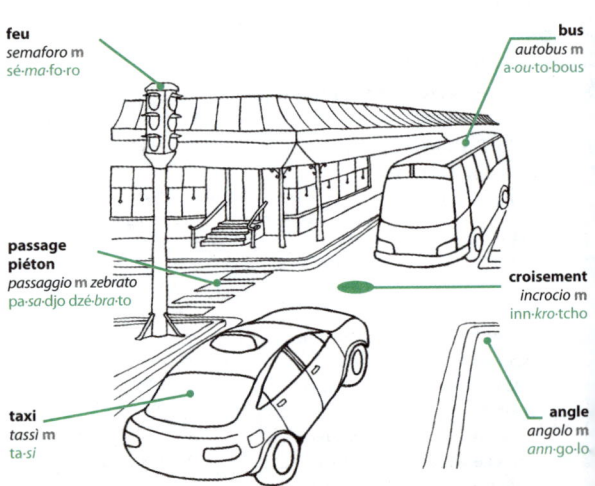

feu
semaforo m
sé·*ma·*fo·ro

bus
autobus m
a·*ou·*to·bous

**passage
piéton**
passaggio m *zebrato*
pa·*sa·*djo dzé·*bra·*to

croisement
incrocio m
inn·*kro·*tcho

taxi
tassì m
ta·*sì*

angle
angolo m
*ann·*go·lo

se renseigner

Où y a-t-il (une agence de voyages) ?
Dov'è (un'agenzia di viaggi)?
do·vè (ou·na·djènn·*tsi*·a di *vya*·dji)

Où puis-je acheter (du pain) ?
Dove posso comprare (del pane)?
do·vé pos·so komm·*pra*·ré (dèl *pa*·né)

Pour demander sa route et se faire indiquer une direction, voir la rubrique **orientation**, p. 61, et pour d'autres magasins, consulter le **dictionnaire**.

indications		
Aperto	a·*pèr*·to	Ouvert
Chiuso	*kyou*·zo	Fermé
Spingere	spinn·djé·ré	Poussez
Tirare	ti·*ra*·ré	Tirez

achats

Je voudrais acheter...
Vorrei comprare ...
vor·*reille* komm·*pra*·ré ...

Je ne fais que regarder.
Sto solo guardando.
sto *so*·lo gwar·*dann*·do

Combien ça coûte ?
Quanto costa questo?
kwann·to ko·sta kwè·sto

Pouvez-vous écrire le prix ?
Può scrivere il prezzo?
pwo *skri*·vé·ré il *prè*·tso

En avez-vous d'autres ?
Ne avete altri?
né a·*vè*·té *al*·tri

Puis-je jeter un coup d'oeil ?
Posso dare un'occhiata? po·so *da*·ré ou·no·*kya*·ta

Pouvez-vous l'emballer, s'il vous plaît ?
Può incartarlo, pwo inn·kar·*tar*·lo
per favore? pér fa·*vo*·ré

Il y a une garantie ?
Ha la garanzia? a la ga·rann·*tsi*·a

Pouvez-vous l'expédier à l'étranger ?
Può spedirlo all'estero? pwo spé·*dir*·lo al·*lè*·sté·ro

Pouvez-vous le commander ?
Me lo può ordinare, mé lo pwo or·di·*na*·ré
per favore? ´pér fa·*vo*·ré

Puis-je le prendre plus tard ?
Posso ritirarlo po·so ri·ti·*rar*·lo
più tardi? pyou *tar*·di

Il est défectueux.
È difettoso. è di·fét·*to*·zo

Il est cassé.
È rotto. è *rot*·to

Acceptez-vous … ? *Accettate …?* a·tchét·*ta*·té …
les cartes *la carta di* la *kar*·ta di
de crédit *credito/debito* *krè*·di·to/*dè*·bi·to
les chèques *gli assegni di* lyi as·*sè*·nyi
de voyage *viaggio* di *vya*·djo

Pouvez-vous me donner…, s'il vous plaît ?
Può darmi …, per favore? pwo *dar*·mi …·pér fa·*vo*·ré
un sac *un sacchetto* ounn sa·*kèt*·to
un reçu *una ricevuta* *ou*·na ri·tché·*vou*·ta

Je voudrais ..., s'il vous plaît.
Vorrei ..., per favore.   vor·*reille* ... pér fa·*vo*·ré

la monnaie	*il mio resto*	il *mi*·o rè·sto
être remboursé(e)	*un rimborso*	ounn rimm·*bor*·so
changer	*cambiare*	kamm·*bya*·ré
ceci	*questo/a* **m/f**	*kwè*·sto/a
rendre	*restituire*	ré·sti·tou·*i*·ré
ceci	*questo/a* **m/f**	*kwè*·sto/a

marchander

contrattare

C'est trop cher.
È troppo caro/a. **m/f**   è *trop*·po ka·*ro*/a

Le prix est trop élevé.
Il prezzo è molto alto.   il *prè*·tso è *mol*·to *al*·to

parler local

affaire	*affare* **m**	a·*fa*·ré
affairiste	*affarista* **m**	a·fa·*ri*·sta
arnaque	*fregatura* **f**	fré·ga·*tou*·ra
occasions	*occasioni* **f pl**	o·ka·*zyo*·ni
soldes	*saldi* **m pl**	*sal*·di

Pouvez-vous me faire une réduction ?
Può farmi lo sconto?   pwo *far*·mi lo *skonn*·to

Avez-vous quelque chose de moins cher ?
Ha qualcosa di meno   a kwal·*ko*·za di *mè*·no
costoso?   ko·*sto*·zo

Je vous offre ...
Le offro ...   lé of·fro ...

acheter des vêtements

comprare vestiti

Est-ce que je peux essayer ?
Potrei provarmelo/a? **m/f**   po·*treille* pro·*var*·mé·lo/a

Ça ne me va pas.
Non va bene.   nonn va *bè*·né

Je fais du ...	Sono una taglia ...	*so*-no *ou*-na *ta*-lya ...
L	*forte*	*for*-té
M	*media*	*mè*-dya
S	*piccola*	*pi*-ko-la

correspondances des tailles			
France	**Italie**		
36	40	*quaranta*	kwa-*rann*-ta
38	42	*quarantadue*	kwa-rann-ta-*dou*-é
40	44	*quarantaquattro*	kwa-rann-ta-*kwa*-tro
42	46	*quarantasei*	kwa-rann-ta-*séille*
44	48	*quarantotto*	kwa-rann-*to*-to

Pour en savoir plus, reportez-vous au **dictionnaire**.

réparations

Puis-je faire	*Posso far*	*po*-so far
réparer ici...	*aggiustare qui?*	a-djou-*sta*-ré kwi
mon sac à dos	*il mio zaino*	il *mi*-o *dza*-i-no
mon appareil	*la mia macchina*	la *mi*-a *ma*-ki-na
photo	*fotografica*	fo-to-*gra*-fi-ka

Quand seront	*Quando saranno*	*kwann*-do *sa*-ra-no
prêt(e)s ... ?	*pronti/e ...?* **m/f pl**	*pronn*-ti/é ...
mes lunettes	*i miei occhiali* **m pl**	i *myeille* o-*kya*-li
(de soleil)	*(da sole)*	(da *so*-lé)
mes chaussures	*le mie scarpe* **f pl**	lé *mi*-é *skar*-pé

chez le coiffeur

Je voudrais ...	*Vorrei ...*	vo-*reille* ...
me faire teindre	*farmi tingere*	*far*-mi *tinn*-djé-ré
les cheveux	*i capelli*	i ka-*pè*-li
une coupe	*un taglio*	ounn *ta*-lyo
un balayage	*i colpi di sole*	i *kol*-pi di *so*-lé

une coupe	*un taglio*	ounn *ta*·lyo
en dégradé	*scalato*	ska·*la*·to
me rafraîchir	*una spuntatina*	*ou*·na spounn·ta·*ti*·na
la barbe	*alla barba*	a·la *bar*·ba
une permanente	*una permanente*	*ou*·na pér·ma·*nènn*·té
me faire raser	*una rasatura*	*oo*·na ra·za·*tou*·ra
me faire lisser	*farmi stirare i*	*far*·mi sti·*ra*·ré i
les cheveux	*capelli*	ka·*pè*·li
des mèches	*le mèches*	lé méche
rafraîchir	*una spuntatina*	*ou*·na spounn·ta·*ti*·na
ma coupe		

Est-ce vous faites … ?	*Fate …*	*fa*·té …
des traitements	*i trattamenti di*	i tra·ta·*mènn*·ti di
de beauté	*bellezza*	bé·*lè*·tsa
(pour le visage)	*(al viso)*	(al *vi*·zo)
des massages	*i massaggi*	i ma·*sa*·dji
des épilations	*la depilazione*	la dé·pi·la·*tsyo*·né

Ne les coupez pas trop court.
Non li tagli troppo corti.   non li *ta*·lyi *tro*·po *kor*·ti

Coupez tout !
Li tagli tutti!   li *ta*·lyi *tou*·ti

Utilisez un nouveau rasoir, s'il vous plaît.
Usi una lametta   *ou*·zi *ou*·na la·*mè*·ta
nuova, per favore.   *nwo*·va pér fa·*vo*·ré

Je n'aurais jamais dû la laisser faire !
Non dovevo mai   non do·*vè*·vo maille
permetterLe di toccarmi!   pér·*mè*·tér·lé di to·*kar*·mi

Pour les couleurs, voir le **dictionnaire**.

livres et lecture

Y a-t-il une librairie (spécialisée en langue française) ?
C'è una libreria   tché *ou*·na li·bré·*ri*·a
(specializzata in   (spé·tcha·li·*dza*·ta inn
lingua francese)?   linn·gwa frann·*tchè*·zé)

Y a-t-il une section (de langue française) ?
C'è una sezione   tché *ou·*na sé·*tsyo·*né
(di lingua francese)?   (di *linn·*gwa frann·*tchè·*zé)

Y a-t-il un guide des spectacles (en français) ?
C'è una guida agli   tché *ou·*na *gwi·*da *a·*lyi
spettacoli (in francese)?   spé·*ta·*ko·li (inn frann·*tchè·*zé)

Avez-vous un livre de (Alberto Moravia) ?
C'è un libro di   tché ounn *li·*bro di
(Alberto Moravia)?   (al·*bèr·*to mo·*ra·*vya)

Avez-vous des guides Lonely Planet ?
Avete le guide del   a·*vé·*té lé *gwi·*dé dél
Lonely Planet?   *lonn·*li *pla·*nét

Avez-vous un meilleur dictionnaire ?
Avete un vocabolarietto   a·*vé·*té ounn vo·ka·bo·la·*ryè·*to
migliore di questo?   mi·*lyo·*ré di *kwè·*sto

musique

Je voudrais ...   *Vorrei ...*   vo·*reille* ...
  une cassette   *una cassetta*   *ou·*na ka·*sè·*ta
  vierge   *vuota*   *vwo·*ta
  un CD   *un cidì*   ounn tchi·*di*
  un casque   *delle cuffie*   *dè·*lé *kou·*fyé

parler local

leille *lè·*djé *li·*bri inn i·ta·*lya·*no
Lei legge libri in   **Vous lisez des livres**
italiano?   **en italien ?**

no nonn né a·*bya·*mo
No, non ne abbiamo.   **Non, nous n'en avons pas.**

J'ai entendu un groupe qui s'appelle (Marlene Kuntz).
Ho sentito un gruppo — o sénn·*ti*·to ounn *grou*·po
chiamato (Marlene Kuntz). — kya·*ma*·to (mar·*lè*·né kounnts)

J'ai entendu un(e) chanteur(euse) qui s'appelle ...
Ho sentito un/una — o sénn·*ti*·to ounn/*ou*·na
cantante chiamato/a ... m/f — kann·*tann*·té kya·*ma*·to/a ...

Quel est son meilleur morceau ?
Qual'è la sua migliore — kwa·*lè* la *sou*·a mi·*lyo*·ré
incisione? — inn·tchi·*zyo*·né

Est-ce que je pourrais écouter ça ?
Potrei ascoltare questo? — po·*treille* as·kol·*ta*·ré kwè·sto

photographie

Je voudrais... | *Vorrei* | vo·*reille*
une carte mémoire | *una scheda di memoria* | ouna skè·da di mé·mo·*ri*·a
pour cet | *per questa* | pér *kwè*·sta
appareil | *macchina* | *ma*·ki·na
photo. | *fotografica.* | fo·to·*gra*·fi·ka

Avez-vous un câble pour cet appareil photo ?
Ha un cavo per questa — a oun ka·vo pér *kwe*·sta
macchina fotografica ? — mak·ki·na fo·to·*gra*·fi·ka

Je souhaite télécharger ces photos sur mon ordinateur.
Voglio scaricare queste — vo·lyo ska·ri·ka·ré kwe·sté
foto sul mio computer — fo·to soul mio komm·pyou·teur

Je voudrais graver mes photos sur un CD.
Vorrei masterizzare — vor·*reille* mas·té·ri·*dza*·ré
queste foto su un CD — kwe·sté fo·to sou ounn *tchi*·di

Où puis-je trouver une batterie ?
Dove posso trovare — do·vè po·so tro·*va*·ré
un caricabatteria ? — ounn ka·ri·ca ba·*té*·ria

Combien coûte le tirage papier de cette carte mémoire ?
Quanto costa stampare delle — kwann·to ko·sta stamm·*pa*·ré dé·lé
foto da una scheda di memoria ? — foto da una skè·da di mé·mo·*ri*·a

Ce sera prêt quand ?
  Quando sarà pronto?   *kwann·do sa·ra pronn·to*

Je voudrais des photos d'identité.
  Vorrei delle foto tessera.   *vo·reille dè·lé fo·to tè·sé·ra*

Ces photos ne me plaisent pas.
  Non mi piacciono   *nonn mi pya·tcho·no*
  queste foto.   *kwè·sté fo·to*

Pour en savoir plus sur le matériel photo, consultez le **dictionnaire**.

souvenirs		
objets anciens	*pezzi* m	*pè·tsi*
	d'antiquariato	*dann·ti·kwa·rya·to*
verre soufflé	*vetro* m *soffiato*	*vè·tro so·fya·to*
masques de	*maschere* f pl *di*	*ma·ské·ré di*
Carnaval	*Carnevale*	*kar·né·va·lé*
céramiques	*ceramiche* f pl	*tché·ra·mi·ké*
broderie	*ricamo* m	*ri·ka·mo*
verrerie	*vetrame* m	*vé·tra·mé*
artisanat	*ogetti* m pl	*o·djè·ti*
	d'artigianato	*dar·ti·dja·na·to*
bijoux	*gioielli* m pl	*djo·yè·li*
dentelle	*merletto* m	*mér·lè·to*
articles		
de maroquinerie	*pelletterie* f pl	*pé·lé·té·ri·é*
papier marbré	*carta* f	*kar·ta*
	marmorizzata	*mar·mo·ri·dsa·ta*
verres de	*vetri* m pl *di*	*vè·tri di*
Murano	*Murano*	*mou·ra·no*
articles	*articoli* m pl	*ar·ti·ko·li*
en papier	*di carta*	*di kar·ta*
bois gravé	*legno* m	*lè·nyo*
	intagliato	*inn·ta·lya·to*

poste

l'ufficio postale

Je voudrais envoyer un/une...	*Vorrei mandare un/una...* **m/f**	vor·*reille* mann·*da*·ré ounn/*ou*·na...
fax	*fax* **m**	faks
lettre	*lettera* **f**	*lèt*·té·ra
paquet	*pacchetto* **m**	pa·*kèt*·to
carte postale	*cartolina* **f**	kar·to·*li*·na
Je voudrais acheter...	*Vorrei comprare...*	vo·*reille* komm·*pra*·ré...
un aérogramme	*un aerogramma*	ou·na·é·ro·*gram*·ma
une enveloppe	*una busta*	*ou*·na *bou*·sta
des timbres	*dei francobolli*	deille frann·ko·*bol*·li

par avion	*via* **f** *aerea*	*vi*·a a·è·ré·a
déclaration en douane	*dichiarazione* **f** *doganale*	di·kya·ra·*tsyo*·né do·ga·*na*·lé
courrier domestique	*domestico/a* **m/f**	do·*mé*·sti·ko/a
courrier rapide	*posta* **f** *prioritaria*	*po*·sta prio·ri·*ta*·rya
fragile	*fragile*	*fra*·dji·lé
colle	*colla* **f**	*kol*·la
international	*internazionale*	inn·tér·na·tsyo·*na*·lé
boîte aux lettres	*buca* **f** *delle lettere*	*bou*·ka dé·lé *lèt*·té·ré
code postal	*codice* **m** *postale*	*ko*·di·tché po·*sta*·lé
envoi	*posta* **f**	*po*·sta
en recommandé	*raccomandata*	rak·ko·mann·*da*·ta
normal	*ordinaria/ normale*	*pu*·sta or·di·*na*·rya/ nor·*ma*·lé
par bateau	*via mare*	*vi*·a *ma*·ré

Envoyez-le par avion (au Danemark), s'il vous plaît.
Lo mandi via aerea   lo *mann*·di *vi*·a a·è·ré·a
(in Danimarca),   (inn da·ni·*mar*·ka)
per favore.   pér fa·*vo*·ré

Envoyez-le (à Rome) au tarif normal, s'il vous plaît.
Lo mandi per posta   lo *mann*·di pér *po*·sta
ordinaria (a Roma),   or·di·*na*·rya (a *ro*·ma)
per favore.   pér fa·*vo*·ré

Ça contient...
Contiene...   konn·*tyè*·né...

Où est la poste restante ?
Dov'è il fermo posta?   do·*vè* il *fèr*·mo *po*·sta

Y a-t-il du courrier pour moi ?
C'è posta per me?   tché *po*·sta pér mé

---

parler local

do·vé lo spé·*di*·ché
    Dove lo spedisce?   **C'est pour où ?**

pér *po*·sta pryo·ri·*ta*·rya o nor·*ma*·lé
    Per posta prioritaria   **Courrier rapide ou**
    o normale?   **normal ?**

---

téléphone

telefono

Quel est votre/ton (numéro de téléphone) ?
Qual'è il Suo/tuo   kwa·*lè* il *sou*·o/*tou*·o
numero di telefono? **pol/fam**   *nou*·mé·ro di té·*lè*·fo·no

Où est la cabine téléphonique la plus proche ?
Dov'è il telefono   do·*vè* il té·*lè*·fo·no
pubblico più vicino?   *pou*·bli·ko pyou vi·*tchi*·no

Je voudrais passer un *Vorrei fare una*   vo·*reille* fa·ré *ou*·na
coup de téléphone *chiamata*   kya·*ma*·ta
(à la charge *(a carico*   (a *ka*·ri·ko
    du destinataire)... *del destinatario)...*   dél dé·sti·na·*ta*·ryo)...
    en Belgique *in Belgio*   inn *bèl*·djo
    à Naples *a Napoli*   a *na*·po·li

PRATIQUE

72

Je voudrais...	Vorrei...	vo·*reille*...
acheter une	*comprare una*	komm·*pra*·ré *ou*·na
carte téléphonique	*scheda*	skè·da
	telefonica	té·lé·*fo*·ni·ka
parler pendant	*parlare per*	par·*la*·ré pér
(3) minutes	*(tre) minuti*	(tré) mi·*nou*·ti
Combien coûte... ?	*Quanto costa...?*	kwann·to ko·sta...
un appel	*una telefonata*	ou·na té·lé·fo·*na*·ta
de (3) minutes	*di (tre)*	di (tré)
	minuti	mi·*nou*·ti
la minute	*ogni minuto*	o·nyi mi·*nou*·to
supplémentaire	*in più*	inn pyou

Le numéro est...
Il numero è...
il *nou*·mé·ro è...

Quel est le préfixe pour... ?
Qual'è il prefisso per...?
kwa·*lè* il pré·*fi*·so pér...

La ligne est occupée.
La linea è occupata.
la *li*·né·a è ok·kou·*pa*·ta

La ligne a été coupée.
È caduta la linea.
è ka·*dou*·ta la *li*·né·a

La ligne est mauvaise.
La linea non è buona.
la *li*·né·a no·nè *bwo*·na

Allô !
Pronto!
pronn·to

C'est...
Sono...
so·no...

Est-ce que je peux parler avec... ?
Posso parlare con...?
po·so par·*la*·ré konn...

Est-ce que je peux laisser un message ?
Posso lasciare un messaggio?　　po·so la·*cha*·ré ounn mé·*sa*·djo

Dites-lui que j'ai appelé.
Gli/Le dica che ho　　lyi/lé *di*·ka ké o
telefonato, per favore. m/f　　té·lé·fo·*na*·to pér fa·*vo*·ré

Je rappellerai plus tard.
Richiamerò più tardi.　　ri·kya·mé·*ro* pyou *tar*·di

Mon numéro est...
Il mio numero è...　　il *mi*·o *nou*·mé·ro è...

Je n'ai pas de poste fixe.
Non ho un numero fisso.　　non o ounn *nou*·mé·ro *fis*·so

---

parler local

konn ki *par*·lo
Con chi parlo?　　**Qui est-ce ?**

konn ki *vwo*·lé par·*la*·ré
Con chi vuole　　**Qui désirez-vous ?**
parlare?

lyè·lo/*lyè*·la *pas*·so
Glielo/Gliela passo.　　**Je vous le/la passe.**

mi di·*spya*·tché (louille/leille) nonn tché
Mi dispiace, (lui/lei)　　**Désolé, (il/elle)**
non c'è.　　**n'est pas là.**

mi di·*spya*·tché a sba·*lya*·to *nou*·mé·ro
Mi dispiace, ha sbagliato　　**Désolé, vous avez fait**
numero.　　**un faux numéro.**

ou·*na*·ti·mo
Un attimo.　　**Un instant.**

si è kwi
Si, è qui.　　**Oui, il/elle est ici.**

téléphone portable

Je voudrais...	*Vorrei...*	vo·*reille*...
un adaptateur	*un adattatore*	ou·na·dat·ta·*to*·ré
une recharge	*un caricabatterie*	ounn ka·ri·ka·bat·té·*ri*·é
louer un	*un cellulare*	ounn tchél·lou·*la*·ré
mobile	*da noleggiare*	da no·lé·*dja*·ré
un mobile	*un cellulare*	ounn tchél·lou·*la*·ré
prépayé	*prepagato*	pré·pa·*ga*·to
une recharge	*una ricarica*	ou·na ri·*ka*·ri·ka
téléphonique	*telefonica*	té·lé·*fo*·ni·ka
pour (Omnitel)	*per (Omnitel)*	pér (*om*·ni·tél)
une carte SIM	*un SIM card*	ounn simm kard
pour votre	*per la vostra*	pér la *vo*·stra
réseau téléphonique	*rete telefonica*	*rè*·té té·lé·*fo*·ni·ka

Quels sont les tarifs ?
Quali sono le tariffe? kwa·li *so*·no lé tar·*rif*·fé

(30 centimes) pour (30) secondes.
(Trenta centesimi) per (*trènn*·ta tchènn·tè·zi·mi)
(trenta) secondi. pér (*trènn*·ta) sé·*konn*·di

Internet

Où se trouve le café Internet ?
Dove si trova *do*·vé si *tro*·va
l'Internet Cafe? linn·*tér*·nét ka fè

Je voudrais...	*Vorrei...*	vor·*reille*...
me connecter	*usare Internet*	ou·*za*·ré inn·*tér*·nét
à Internet		
contrôler	*controllare il*	konn·trol·*la*·ré il
mes messages	*mio email*	*mi*·o i·*mèl*
utiliser	*usare una*	ou·*za*·ré ou·na
une imprimante	*stampante*	stamm·*pann*·té
utiliser un scanner	*scandire*	skann·*di*·ré

Combien ça coûte... ?	Quanto costa...?	kwann·to ko·sta...
pour (5) minutes	per (cinque)	pér (tchinn·kwé)
	minuti	mi·nou·ti
par heure	all'ora	al·lo·ra
à la page	a pagina	a pa·dji·na

Avez-vous... ?	Avete...?	a·vè·té...
des PC	i PC	i pi·tchi
des Mac	i Mac	i mak
un Zip	uno ZIP drive	ou·no zip draille·ve

J'ai besoin d'aide avec l'ordinateur.
Ho bisogna d'aiuto con   o bi·zo·nyo da·you·to
il computer.   ko·nil komm·pyou·teur

Il est bloqué.
Si è bloccato.   si è blok·ka·to

J'ai fini.
Ho finito.   o fi·ni·to

la folie des portables

En Italie, pays où les gens sont plutôt bavards, le nombre de détenteurs de téléphones portables est l'un des plus élevés au monde. Les *cellulari* ou les *telefonini* (litt : petits téléphones) sont un accessoire de mode essentiel. Attendez-vous, dans le train ou le bus, à une véritable cacophonie de sonneries. Les Italiens utilisent leur mobile à la moindre occasion, comme ces hommes d'affaires qui n'hésitent pas, avant de quitter leur bureau, à appeler leur épouse pour la prévenir de leur arrivée.

Je suis ici pour ...	*Sono qui per ...*	*so*·no kwi pér ...
une conférence	*una conferenza*	*ou*·na konn·fé·*rènn*·tsa
un cours	*un corso*	oun *kor*·so
une réunion	*una riunione*	*ou*·na ri·ou·*nyo*·né
un salon	*una fiera*	*ou*·na *fyè*·ra
	commerciale	kom·mér·*tcha*·lé
Je suis ici avec ...	*Sono qui con ...*	*so*·no kwi konn ...
mon entreprise	*la mia azienda*	la *mi*·a a·*dzyènn*·da
mon collègue/	*il mio collega* m	il *mi*·o kol·*lè*·ga
ma collègue	*la mia collega* f	la *mi*·a kol·*lè*·ga
mes collègues	*i miei*	i myeille
	colleghi	kol·*lè*·ghi
(2) autres personnes	*(due) altri*	*(dou*·é) al·tri

Je suis à (l'hôtel Minerva), chambre (309).
Alloggio al (Minerva),   al·*lo*·djo (al mi·*nèr*·va)
camera (trecentonove).   ka·mé·ra (tré·*tchènn*·to·no·vé)

Je suis seul/e.
Sono solo/a. m/f   *so*·no *so*·lo/a

Je reste là pendant (2) jours/semaines.
Sono qui per (due)   *so*·no kwi pér *(due*·é)
giorni/settimane.   djor·ni/sét·ti·*ma*·né

Voici ma carte de visite.
Ecco il mio biglietto   *è*·ko il *mi*·o bi·*lyèt*·to
da visita.   da *vi*·zi·ta

J'ai un rendez-vous avec (M. Carlucci).
Ho un appuntamento   o ou·*nap*·pounn·ta·*mènn*·to
con (il Signor Carlucci).   konn (il si·*nyor* kar·*lou*·tchi)

Ça s'est bien passé.
È andato bene.   è ann·*da*·to *bè*·né

On va boire/manger quelque chose ?
Andiamo a bere/   ann·*dya*·mo a *bè*·ré/
mangiare qualcosa?   mann·*dja*·ré kwal·*ko*·za

Où est … ?	Dov'è …?	do-vè …
le centre d'affaires	*il business centre*	il *biz*-nis-se *sènn*-tér
la conférence	*la conferenza*	la konn-*fé*-*rènn*-tsa
la réunion	*la riunione*	la ri-ou-*nyo*-né
J'ai besoin d'/de…	*Ho bisogno di …*	o bi-*zo*-nyo di …
un ordinateur	*un computer*	ounn komm-*pyou*-teur
une connection Internet	*una connessione Internet*	*ou*-na kon-*nés*-*syo*-né *inn*-tér-nét
un interprète	*un/un'interprete* **m/f**	ou-ninn-*tèr*-pré-té
cartes de visite	*biglietti da visita*	bi-*lyèt*-ti da *vi*-zi-ta
un endroit pour ranger	*un posto dove sistemare*	ounn *po*-sto *do*-vé si-sté-*ma*-ré
envoyer un mail/fax	*mandare un email/fax*	mann-*da*-ré ounn i-*mèl*/faks
J'attends …	*Aspetto …*	a-*spèt*-to …
un appel téléphonique	*una telefonata*	*ou*-na té-lé-fo-*na*-ta
un fax	*un fax*	ounn faks
projecteur	*proiettore* **m**	pro-yét-*to*-ré
tableau de conférence	*lavagna* **f** *con fogli*	la-*va*-nya konn *fo*-lyi
rétroprojecteur	*lavagna* **f** *luminosa*	la-*va*-nya lou-mi-*no*-za
tableau blanc	*lavagna* **f** *bianca*	la-*va*-nya *byann*-ka

la langue des affaires

En Italie, le monde des affaires est formel et hiérarchisé. Supérieur et subordonnés ne s'appellent pas par leur prénom. Utiliser le titre, professionnel (comme *avvocato*, *dottore* ou *proffessore*) ou personnel (selon la distinction reçue, par exemple *commandatore*), est non seulement de bon ton, mais peut vous aider à conclure une affaire !

D'habitude, on ne parle pas affaires autour d'un repas, et lorsque vous dînez avec des collègues italiens ou des partenaires commerciaux, attendez qu'ils abordent eux-mêmes le sujet. En tant que visiteur, vous êtes censé arriver *in orario* (à l'heure), mais ne soyez pas fâché si l'on vous fait attendre.

Où puis-je ... ?	Dove posso ...?	*do*·vé *pos*·so …
Je voudrais ...	Vorrei ...	vo·*reille* …
transférer de l'argent	trasferire soldi	tra·sfé·ri·ré *sol*·di
encaisser un chèque	riscuotere	ri·*skwo*·té·ré
	un assegno	ou·nas·sè·nyo
changer	cambiare	kamm·*bya*·ré
un chèque	un assegno di	ou·nas·sè·nyo di
de voyage	viaggio	*vya*·djo
changer	cambiare	kamm·*bya*·ré
de l'argent	denaro	dé·*na*·ro
prélever par	prelevare con	pré·lé·*va*·ré konn
carte de crédit	carta di credito	*kar*·ta di *krè*·di·to
faire un retrait	fare un prelievo	*fa*·ré ounn pré·*lyè*·vo

Où est le ...	Dov'è ... più	do·*vè* … pyou
le plus proche ... ?	vicino?	vi·*tchi*·no
distributeur	il Bancomat	il *bann*·ko·mat
automatique		
bureau de change	il cambio	il *kamm*·byo

À quelle heure ouvre la banque ?

A che ora apre la banca?   a ké *o*·ra *a*·pré la *bann*·ka

Le distributeur automatique a avalé ma carte.

Il Bancomat ha	il *bann*·ko·mat a
trattenuto la mia	trat·té·*nou*·to la *mi*·a
carta di credito.	*kar*·ta di *krè*·di·to

J'ai oublié mon code.

Ho dimenticato il	o di·mènn·ti·*ka*·to il
mio codice PIN.	*mi*·o *ko*·di·tché pinn

Peut-on utiliser une carte de crédit pour faire un retrait ?

Si può usare la carta	si pwo ou·*za*·ré la *kar*·ta
di credito per fare	di *krè*·di·to pér *fa*·ré
prelievi?	pré·*lyè*·vi

Quel est le taux de change ?
Quant'è il cambio?   kwan·tè il *kamm*·byo

À combien s'élève la commission ?
Quant'è la commissione?   kwann·tè la kom·mi·*syo*·né

Ça coûte combien ?
Quanto costa?   *kwann*·to ko·sta

Est-ce que vous pouvez me donner des petites coupures ?
Mi può dare banconote   mi pwo *da*·ré bann·ko·*no*·té
più piccole?   pyou *pik*·ko·lé

Mon argent est-il arrivé ?
È arrivato il mio denaro?   è a·*ri·va*·to il *mi*·o dé·*na*·ro

Il faut combien de temps pour le transfert ?
Quanto tempo ci vorrà   *kwann*·to *tèmm*·po tchi vor·*ra*
per il trasferimento?   pér il tra·sfé·ri·*mènn*·to

Pour en savoir plus, consulter la rubrique **argent**, p. 35.

parler local		
il *sou*·o ...	il Suo ...	**votre ...**
do·kou·*mènn*·to	*documento*	**pièce**
di·*dènn*·ti·*ta*	*d'identità*	**d'identité**
pas·sa·*por*·to	*passaporto*	**passeport**
fra ...	Fra ...	**Dans ...**
(*kwat*·tro) *djor*·ni	(*quattro*) *giorni*	**(4) jours**
la·vo·ra·*ti*·vi	*lavorativi*	**ouvrés**
ou·na sét·*ti*·ma·na	*una settimana*	**une semaine**
pwo ...	Può ...,	**Pouvez-vous,**
pér fa·*vo*·ré	*per favore?*	**s'il vous plaît ... ?**
fir·*ma*·ré kwi	*firmare qui*	**signer ici**
skri·vér·lo	*scriverlo*	**l'écrire**
tché ounn pro·*blè*·ma ko·nil *sou*·o *konn*·to		
C'è un problema con il		**Il y a un problème**
Suo conto.		**avec votre compte.**
nonn pos·*sya*·mo *far*·lo		
Non possiamo farlo.		**Nous ne pouvons pas le faire.**

Je voudrais...	*Vorrei...*	vo·*reille*...
un écouteur	*un auricolare*	ounn a·ou·ri·ko·*la*·ré
un catalogue	*un catalogo*	ounn ka·*ta*·lo·go
un guide (-interprète)	*una guida*	*ou*·na *gwi*·da
un guide	*una guida*	*ou*·na *gwi*·da
en français	*in francese*	inn frann·*tchè*·zé
un plan	*una cartina*	ou·na kar·*ti*·na
du quartier	*della zona*	*dè*·la dzo·na
Avez-vous des	*Avete delle*	a·vè·té *dèl*·lé
informations	*informazioni*	inn·for·ma·*tsyo*·ni
sur des endroits... ?	*su posti...?*	sou *po*·sti...
culturels	*culturali*	koul·tou·*ra*·li
du coin	*locali*	lo·*ka*·li
religieux	*religiosi*	ré·li·*djo*·zi
particuliers	*particolari*	par·ti·ko·*la*·ri

Je voudrais voir...	
Vorrei vedere...	vor·*reille* vé·dè·ré...
C'est quoi ?	
Cos'è?	ko·zè
Qui l'a fait ?	
Chi l'ha fatto?	ki la *fat*·to
Ça a combien d'années ?	
Quanti anni ha?	*kwann*·ti *an*·ni a
Pourriez-vous me prendre en photo ?	
Può farmi una foto?	pwo *far*·mi *ou*·na *fo*·to

Puis-je (vous) prendre en photo ?

Posso fare una foto (di Lei)?   *po·so fa·ré ou·na fo·to (di leille)*

Je vous enverrai la photo.

Le spedirò la foto.   *lé spé·di·ro la fo·to*

panneaux		
Entrata	ènn·*tra*·ta	**Entrée**
Gabinetti	ga·bi·*nè*·ti	**Toilettes**
Informazioni	inn·for·ma·*tsyo*·ni	**Renseignements**
Ingresso	inn·*grè*·so	**Entrée**
gratuito	gra·*tou*·i·to	**gratuite**
Messa in corso	*mè*·sa inn *kor*·so	**Mise en service**
Non Calpestare	nonn kal·pé·*sta*·ré	**Ne pas marcher**
l'erba	*lèr*·ba	**sur la pelouse**
Non entrare	no·nènn·*tra*·ré	**Entrée interdite**
Proibito	pro·i·*bi*·to	**Interdit**
Servizi	sér·vi·tsi	**Toilettes**
pubblici	*pou*·bli·tchi	**publiques**
Uscita	ou·*chi*·ta	**Sortie**
Uscita di	ou·*chi*·ta di	**Sortie de**
sicurezza	si·kou·*rè*·tsa	**secours**
Vietato	vyé·*ta*·to	**Interdit**
Vietato	vyé·*ta*·to	**Interdiction**
consumare	konn·sou·*ma*·ré	**de boire**
cibi o bevande	*tchi*·bi o bé·*vann*·dé	**ou de manger**
Vietato entrare	vyé·*ta*·to ènn·*tra*·ré	**Entrée interdite**
Vietato	vyé·*ta*·to	**Photos**
fotografare	fo·to·gra·*fa*·ré	**interdites**
Vietato	vyé·*ta*·to	**Interdiction**
fumare	fou·*ma*·ré	**de fumer**
Vietato	vyé·*ta*·to	**Entrée**
l'ingresso	linn·*grè*·so	**interdite**
Vietato toccare	vyé·*ta*·to to·*ka*·ré	**Interdiction**
		de toucher
Vietato usare	vyé·*ta*·to ou·*za*·ré	**Flashes interdits**
flash	flèsh	

accéder à un site touristique

À quelle heure ça ouvre/ferme ?
A che ora apre/chiude?
a ké *o·*ra *a·*pré/*kyou·*dé

Combien coûte l'entrée ?
Quant'è il prezzo d'ingresso?
kwann·tè il *prè·*tso dinn·*grè·*so

Ça coûte (7 euros).
Costa (sette euro).
*ko·*sta (sè·té é·ou·ro)

Y a-t-il une	*C'è uno*	tchè *ou·*no
réduction pour... ?	*sconto per...?*	*skonn·*to pér...
les enfants	*bambini*	bamm·*bi·*ni
les groupes	*gruppi*	*group·*pi
les retraités	*pensionati*	pènn·syo·*na·*ti
les étudiants	*studenti*	stou·*dènn·*ti

circuits

Pouvez-vous me	*Può consigliarmi*	pwo konn·si·*lya·*rmi
conseiller... ?	*una...?*	*ou·*na...
un tour en bateau	*gita in barca*	*dji·*ta inn *bar·*ka
une visite touristique	*gita turistica*	*dji·*ta tou·*ri·*sti·ka

À quelle heure part	*A che ora parte la*	a ké *o·*ra *par·*té la
la prochaine... ?	*prossima...?*	*pros·*si·ma...
excursion	*escursione*	é·skour·*syo·*né
excursion à la journée	*escursione in giornata*	é·skour·*syo·*né inn djor·*na·*ta

... est-il compris ?	*È incluso...?*	è inn·*klou·*zo...
l'hébergement	*l'alloggio*	lal·*lo·*djo
le couvert	*il vitto*	il *vit·*to
le transport	*il trasporto*	il tras·*por·*to

Dois-je emporter... ?	*Devo portare ... con me?*	*dè·*vo por·*ta·*ré. .. konn mé

Le guide paiera.
La guida pagherà.   la *gwi*·da pa·ghé·*ra*

Le guide a payé.
La guida ha pagato.   la *gwi*·da a pa·*ga*·to

Combien de temps dure la visite ?
Quanto dura la gita?   *kwann*·to *dou*·ra la *dji*·ta

À quelle heure serons-nous de retour ?
A che ora dovremmo   a ké *o*·ra do·*vrèm*·mo
ritornare?   ri·tor·*na*·ré

Revenez ici à (7h).
Torni qui alle (sette).   *tor*·ni kwi *a*·lé (*sèt*·té)

Je suis avec eux.
Sono con loro.   *so*·no konn *lo*·ro

J'ai perdu mon groupe.
Ho perso il mio gruppo.   o *pèr*·so il *mi*·o *group*·po

C'est comment (Rome) ?
Com'è (Roma)?   ko·*mè* (*ro*·ma)

Il (n') y a (pas)...	*(Non) C'è...*	(nonn) tchè...
beaucoup d'offres	*molta*	*mol*·ta
culturelles	*cultura*	koul·*tou*·ra
beaucoup de	*molto da*	*mol*·to da
choses à voir	*vedere*	vé·*dè*·ré
beaucoup	*una vita*	*ou*·na *vi*·ta
d'animation	*notturna*	not·*tour*·na
le soir	*favolosa*	fa·vo·*lo*·za
un bon	*un buon*	ounn bwonn
restaurant/	*ristorante/*	ri·sto·*rann*·té/
hôtel	*albergo*	al·*bèr*·go
Il (n') y a (pas)...	*(Non) Ci sono...*	(nonn) tchi *so*·no...
des (d') escrocs	*imbroglioni*	imm·bro·*lyo*·ni
trop de touristes	*troppi*	*trop*·pi
	turisti	tou·*ri*·sti

Si la connaissance de l'italien vous aidera dans vos voyages dans l'Italie contemporaine, celle du latin vous permettra de mieux comprendre l'Italie du passé. Voilà une série d'abréviations et d'acronymes qui vous aideront à déchiffrer quelques inscriptions au cours de vos visites :

AED	*aedilis*	magistrat
ANN	*annos/anni*	années
COL	*colonia*	colonie
COS	*consul*	consul
COSS	*consules*	consuls
C R	*cives Romani*	citoyens romains
CVR	*curavit*	prit soin de
D	*dat/dedit*	donne/donna
DEC	*decreto*	par décret
DED	*dedit*	donna
D M	*deis manibus*	aux mânes des dieux
EX S C	*ex senatus*	par décret du
	consulto	Sénat
F	*feci/faciundum/*	fis/en faisant/
	filius/filia	fils/fille
FID	*fidelis*	fidèles
IMP	*imperator*	empereur
I O M	*Iuppiter Optimus*	Jupiter le
	Maximus	Très Grand
P C	*Patres conscripti*	sénateurs
P(ONT)	*Pontifex Maximus*	grand pontife
M(AX)		
P R	*Populus Romanus*	le Peuple de Rome
R	*Romanus*	Romain
REST	*restituit*	rendit
R P	*res publica*	chose publique
S C	*senatus consulto*	par décret du Sénat
S P Q R	*Senatus Populusque*	le Sénat et le
	Romanus	Peuple de Rome

quelques noms :

AVG	*Augustus*	SP	*Spurius*
L	*Lucius*	CN	*Gnaeus*
Q	*Quintus*	MAM	*Mamius*
A	*Aulus*	T	*Titus*
M	*Marcus*	D	*Decimus*
S	*Servius*	P	*Publius*
C	*Gaius*	TI	*Tiberius*
M'	*Manius*		

quelques nombres :

I	1	VI	6	L	50
II	2	VII	7	C	100
III	3	VIII	8	D	500
IV ou IIII	4	IX	9	M	1 000
V	5	X	10		

Voici quelques règles qui vous permettront de déchiffrer des nombres plus compliqués. En général, il suffit de soustraire le chiffre de gauche à celui de droite, si ce dernier est plus élevé (par exemple, IX = 9 et XL = 40), ou de l'ajouter, si le chiffre de gauche est plus élevé (par exemple, XI = 11 et LX = 60) :

MDCCCCLXXXV	1985
DCCCCXXV ou **CMXXV**	925
MMIV	2004

Je suis handicapé(e).
Sono disabile. so·no di·za·bi·lé

J'ai besoin d'aide.
Ho bisogno di assistenza. o bi·zo·nyo di as·si·se·tènn·tsa

Disposez-vous de services d'aide pour les handicapés ?
Di quali servizi di kwa·li sér·vi·tsi
disponete per i di·spo·nè·té pér i
disabili? di·za·bi·li

Y a-t-il un accès pour les fauteuils roulants ?
C'è un'entrata per tché ou·nènn·tra·ta pér
sedie a rotelle? sè·dyé a ro·tèl·lé

J'ai un appareil auditif.
Ho un apparecchio o ou·nap·pa·rè·kyo
acustico. a·kou·sti·ko

Je suis sourd(e).
Sono sordo/a. m/f so·no sor·do/a

Les chiens d'aveugle sont-ils admis ?
Sono ammessi i cani so·no am·mè·si i ka·ni
guida? gwi·da

Pouvez-vous m'aider à traverser la route ?
Può aiutarmi pwo a·you·tar·mi
ad attraversare la st... ...r·sa·ré la stra·da

signalisation		
Riservato	ri·zér·va·to	**Réservé**
ai disabili	aille di·za·bi·li	**aux personnes**
		handicapées

Combien mesure l'entrée en largeur ?
Quant'è larga l'entrata?   kwann·*tè lar*·ga lènn·*tra*·ta

Y a-t-il un ascenseur ?
C'è un ascensore?   tchè ou·na·chènn·*so*·ré

Combien y a-t-il d'escaliers ?
Quanti gradini ci sono?   kwann·ti gra·*di*·ni tchi *so*·no

y a-t-il un endroit où s'asseoir ?
C'è un posto dove sedersi?   tchè ounn *po*·sto *do*·vé sé·*dèr*·si

Pouvez-vous m'appeler un taxi pour handicapés ?
Può chiamarmi un tassì   pwo kya·*mar*·mi ounn tas·*si*
per i disabili?   pér i di·*za*·bi·li

accès pour personnes	*accesso* m *per i*	a·*tchè*·so pér i
handicapées	*disabili*	di·*za*·bi·li
bibliothèque	*biblioteca* f	bi·bli·o·*tè*·ka
en braille	*braille*	braille
personne handicapée	*disabile* m et f	di·*za*·bi·lé
chien d'aveugle	*cane* m *guida*	*ka*·né *gwi*·da
rampe d'accès	*rampa* f	*ramm*·pa
espace (pour	*spazio* m	*spa*·tsyo
se déplacer)		
fauteuil roulant	*sedia* f *a rotelle*	*sè*·dya a ro·*tèl*·lé

Y a-t-il … ?	C'è …?	tchè …
une pièce pour	*un bagno con*	ounn *ba*·nyo konn
changer les enfants	*fasciatoio*	fa·cha·*to*·yo
un service de	*un servizio*	ounn sér·*vi*·tsyo
babysitter	*di babysitter*	di bé·bi·*si*·teur
un menu	*un menù per*	ounn mé·*nou* pér
pour enfants	*bambini*	bamm·*bi*·ni
une crèche	*un asilo nido*	ou·na·*zi*·lo *ni*·do
une babysitter	*un/una*	ounn/*ou*·na
(qui parle français)	*babysitter (che*	bé·bi·*sit*·teur (ké
	parla francese) **m/f**	*par*·la frann·*tchè*·zé)
un tarif	*uno sconto per*	*ou*·no skonn·to pér
famille nombreuse	*famiglia*	fa·*mi*·lya
une chaise haute	*un seggiolone*	ounn sé·djo·*lo*·né
	per bambini	pér bamm·*bi*·ni
un parc	*un parco*	ounn *par*·ko
un terrain de jeux	*un parco giochi*	ounn *par*·ko *djo*·ki
par ici	*da queste parti*	da *kwè*·sté *par*·ti
un parc à thème	*un parco a tema*	ounn *par*·ko a *tè*·ma
un magasin	*un negozio di*	ounn né·*go*·tsyo di
de jouets	*giocattoli*	djo·*kat*·to·li
J'ai besoin …	Ho bisogno di …	o bi·zo·nyo di …
d'un siège enfant	*un seggiolino*	ounn sé·djo·*li*·no
	per bambini	pér bamm·*bi*·ni
d'un siège enfant	*un seggiolino di*	ounn sé·djo·*li*·no
	di sicurezza	di si·kou·*rè*·tsa
d'un pot	*un vasino*	ounn va·*zi*·no
d'une poussette	*un passeggino*	ounn pa·sé·*dji*·no

Ça vous ennuie si j'allaite mon enfant ici ?

Le dispiace se allatto   lé dis·*pya*·tché sé a·*la*·to
il/la bimbo/a qui? **m/f**   il/la *bimm*·bo/a kwi

Les enfants peuvent entrer ?
I bambini sono   i bamm·*bi*·ni *so*·no
ammessi?   am·*mè*·si

Est-ce adapté aux enfants de (2) ans ?
Questo è adatto per   *kwè*·sto è a·*dat*·to pér
bambini di (due)   bamm·*bi*·ni di (*dou*·é)
anni?   *a*·ni

mots d'enfants

C'est quand ton anniversaire ?
Quand'è il tuo   kwann·*dè* il *tou*·o
compleanno?   komm·plé·*a*·no

Tu vas à l'école primaire ou à la maternelle ?
Vai a scuola o all'asilo?   vaille a *skwo*·la o a·la·*zi*·lo

Tu es en quelle classe ?
Quale classe fai?   *kwa*·lé *klas*·sé faille

Tu aimes aller à l'école ?
Ti piace la scuola?   ti *pya*·tché la *skwo*·la

Tu aimes faire du sport ?
Ti piace lo sport?   ti *pya*·tché lo sport

Qu'est-ce que tu fais après l'école ?
Cosa fai dopo la scuola?   *ko*·za faille *do*·po la *skwo*·la

Tu es en train d'apprendre le français/l'anglais ?
Stai imparando il   staille imm·pa·*rann*·do il
francese/l'inglese?   frann tché sé/linn·*glè*·zé

Est-ce que tu as un animal à la maison ?
Hai un animale   aille ounn a·ni·*ma*·lé
domestico a casa?   do·*mè*·sti·ko a *ka*·za

Tu veux jouer ?
Vuoi giocare?   vwoïl djo·*ka*·ré

Montre-moi comment on joue.
Fammi vedere come si   *fam*·mi vé·*dè*·ré *ko*·mé si
gioca.   *djo*·ka

Tu es bon(ne) à ce jeu !
Sei bravo/a in questo   seille *bra*·vo/a inn *kwè*·sto
gioco! m/f   *djo*·ko

formules de base

l'essenziale

Oui.	*Sì.*	si
Non.	*No.*	no
S'il te/vous plaît.	*Per favore.*	pér fa·*vo*·ré
Merci.	*Grazie*	*gra*·tsyé
(beaucoup)	*(mille).*	(*mil*·lé)
De rien.	*Prego.*	*prè*·go
Désolé.	*Mi dispiace.*	mi di·*spya*·tché

Excuse-moi/Excusez-moi. (pour attirer l'attention ou s'excuser).

Mi scusi. **pol**	mi *skou*·zi
Scusami. **fam**	*skou*·za·mi

Pardon (en dérangeant quelqu'un).

Permesso.	pér·*mès*·so

saluer

salutare

Si les Italiens ont l'habitude de se saluer en disant *ciao*, il vaut mieux ne pas employer ce mot lorsque vous vous adressez à des inconnus. Notez également qu'en Italie, on dit *buonasera* (bonsoir) dès le début de l'après-midi.

Bonjour.	*Buongiorno/Salve.* **pol**	bwonn·*djor*·no/*sal*·vé
Salut.	*Ciao.* **fam**	*tcha*·o
Bonsoir.	*Buonasera.*	bwo·na *sè*·ra
Bonne journée.	*Buona giornata.*	bwo·na djor·*na*·ta
Bonne soirée.	*Buona serata.*	bwo·na·sé·*ra*·ta
Bonne nuit.	*Buonanotte.*	bwo·na·*not*·té
À bientôt.	*Ci vediamo.*	tchi vé·*dya*·mo
À tout à l'heure.	*A più tardi.*	a pyou *tar*·di
Au revoir.	*Arrivederci.* **pol**	ar·ri·vé·*dèr*·tchi
Salut.	*Ciao.* **fam**	*tcha*·o
Adieu.	*Addio.*	ad·*di*·o

Comment allez-vous/vas-tu ?

Come sta? **pol** — *ko·mé sta*

Come stai? **fam** — *ko·mé staille*

Come state? **pl pol et fam** — *ko·mé sta·té*

Bien.

Bene. — *bè·né*

Et vous/toi ?

E Lei/tu? **pol/fam** — *é leille/tou*

Comment vous appelez-vous/t'appelles-tu ?

Come si chiama? **pol** — *ko·mé si kya·ma*

Come ti chiami? **fam** — *ko·mé ti kya·mi*

Je m'appelle ...

Mi chiamo ... — *mi kya·mo ...*

Je vous/te présente ...

Le/Ti presento ... **pol/fam** — *lé/ti pré·zènn·to ...*

Enchanté(e).

Piacere. — *pya·tchè·ré*

tutoiement et vouvoiement

Avec la famille, les amis, les enfants ou les animaux, l'italien utilise le pronom personnel *tu*. Lorsque vous vous adressez à des inconnus, des personnes âgées ou à des gens que vous venez de rencontrer, utilisez le *Lei* de politesse. Lorsque vos nouveaux amis jugeront qu'il est temps d'oublier les formalités, ils diront :

Tutoyons-nous.

Diamoci del tu. — *dya·mo·tchi dél tou*

Voir aussi la rubrique **pronoms** dans **grammaire de A à Z**.

s'adresser à quelqu'un

rivolgere la parola a qualcuno

Les Italiens apprécieront beaucoup les efforts que vous ferez pour parler leur langue, et vous serez d'autant plus appréciés que vous utiliserez les bonnes formules. Ainsi à Rome et ailleurs ...

M./Monsieur	*Signore*	si·*nyo*·ré
Mme/Madame	*Signora*	si·*nyo*·ra
Mlle/Mademoiselle	*Signorina*	si·*nyo*·*ri*·na

Diplômé(e) de l'enseignement supérieur
Dottore/Dottoressa m/f — do·*to*·ré/do·to·*rè*·sa

Professeur(e) (au lycée ou à l'université)
Professore/Professoressa m/f — pro·*fé*·so·ré/pro·*fé*·so·*rè*·sa

Directeur/Directrice (d'une société ou d'une organisation)
Direttore/Direttrice m/f — di·ré·*to*·ré/di·ré·*tri*·tché

engager la conversation

attacare discorso

Beau temps, n'est-ce pas ?
Fa bel tempo, no? — fa bél *tèmm*·po no

Qu'est-ce qu'il/elle a fait (la Juventus) ?
Cos'ha fatto (la Juve)? — *ko*·za *fat*·to (la *you*·vé)

Vous êtes d'ici/tu es d'ici ?
Lei è di qui? pol — leille è di kwi
Tu sei di qui? fam — tou seille di kwi

Où allez-vous/vas-tu ?
Dove va/vai? pol/fam — *do*·vé va/vaille

Que faites-vous/fais-tu ?
Che fa/fai? pol/fam — ké fa/faille

Vous attendez/tu attends (le bus) ?
Aspetta/Aspetti — a·*spèt*·ta/a·*spèt*·ti
(un autobus)? pol/fam — (ou·*na*·ou·to·bous)

Comment ça s'appelle ?
Come si chiama questo?   ko·mé si kya·ma kwè·sto

C'est (beau), non ?
È (bello/a), no? **m/f**   è (bèl·lo/a) no

Je vous/   *Le/Ti*   lé/ti
te présente ...   *presento ...* **pol/fam**   pré·zènn·to ...
    mon/ma   *il mio/la mia*   il mi·o/la mi·a
     collègue   *collega* **m/f**   kol·lè·ga
    mon ami(e)   *il mio amico* **m**   il mi·o a·mi·ko
     la mia amica **f**   la mi·a a·mi·ka
    mon mari   *mio marito*   mi·o ma·ri·to
    mon compagnon/   *il mio compagno* **m**   il mi·o komm·pa·nyo
     ma compagne   *la mia compagna* **f**   la mi·a komm·pa·nya
    mon épouse   *mia moglie*   mi·a mo·lyé

Êtes-vous/es-tu en vacances ?
È/Sei qui in vacanza? **pol/fam**   è/seille kwi inn va·kann·tsa

Vous restez/tu restes ici pendant combien de temps ?
Quanto tempo si fermerà? **pol**   kwann·to tèmm·po si fér·mé·ra
Quanto tempo ti fermerai? **fam**   kwann·to tèmm·po ti fér·mé·rai

---

parler local

Hé !	*Uei!*	Ou·eille
Quoi de neuf ?	*Cosa mi racconta/*	ko·za mi rak·konn·ta/
	racconti? **pol/fam**	rak·konn·ti
Qu'y a-t-il ?	*Cosa c'è?*	ko·za tchè
Tout va bien ?	*Tutto a posto?*	tout·ta po·sto
Ça va.	*Va/Sto bene.*	va/sto bè·né
Super !	*Fantastico!*	fan·ta·sti·ko
Aucun problème.	*Non c'è problema.*	nonn tchè pro·blè·ma
Bien sûr.	*Certo.*	tchèr·to
Peut-être.	*Forse.*	for·sé
Absolument pas !	*Assolutamente no!*	as·so·lou·ta·mènn·té no

Je suis ici ...   *Sono qui ...*   so·no kwi ...
    en vacances   *in vacanza*   inn va·kann·tsa
    pour affaires   *per affari*   pér a·fa·ri

pour mes études	per motivi di studio	pér mo·*ti*·vi di *stou*·dyo
avec ma famille	con la mia famiglia	konn la *mi*·a fa·*mi*·lya
avec mon ami(e)	con il mio compagno m	konn il *mi*·o komm·*pa*·nyo
	con la mia compagna f	konn la *mi*·a komm·*pa*·nya

nationalités

le nazionalità

D'où venez-vous/viens-tu ?
Da dove viene/vieni? pol/fam   da *do*·vé vyè·né/vyè·ni

Je viens ...	Vengo ...	*vènn*·go ...
d'Angleterre	dall'Inghilterra	da·linn·guil·*tè*·ra
de Belgique	dal Belgio	dal *bel*·dgio
de France	dalla Francia	*dal*·la *frann*·tchia
de Suisse	dalla Svizzera	*da*·la *svi*·tsé·ra
des États-Unis	dagli Stati Uniti	*da*·lyi *sta*·ti ou·*ni*·ti

Pour en savoir plus, reportez-vous au **dictionnaire**.

âge

età

Quel âge ... ?	Quanti anni ...?	*kwann·ti an·ni ...*
avez-vous/as-tu	*ha/hai* **pol/fam**	a/aille
a votre/ton fils	*ha Suo/tuo*	a *sou·o/tou·o*
	figlio **pol/fam**	*fi·*lyo
a votre/ta	*ha Sua/tua*	a *sou·a/tou·a*
fille	*figlia* **pol/fam**	*fi·*lya

J'ai ... ans.		
Ho ... anni.		o ... *an·*ni

Il/elle a ... ans.		
Ha ... anni.		a ... *an·*ni

Pour dire votre âge, reportez-vous au chapitre **nombres et quantités**, p. 29.

travail et études

il lavoro e gli studi

Quel est votre/ton métier ?		
Che lavoro fa/fai? **pol/fam**		ké la·*vo·*ro fa/faille

Je suis ...	Sono ...	*so·*no ...
manœuvre	*manovale* **m et f**	ma·no·*va·*lé
employé(e)	*impiegato/a* **m/f**	imm·pyé·*ga·*to/a
ouvrier(ère)	*operaio/a* **m/f**	o·pé·*ra·*yo/a

Je travaille dans ...	Lavoro nel campo ...	la·*vo·*ro nél *kamm·*po ...
l'administration	*dell'amministra-*	dél·lam·mi·ni·stra·
	zione	*tsyo·*né
les relations	*delle relazioni*	*dèl·*lé ré·la·*tsyo·*ni
publiques	*pubbliche*	*poub·*bli·ké
la vente	*della vendità*	*dél·*la *vènn·*di·ta al
au détail	*al minuto*	mi·*nou·*to

Je suis ...	Sono ...	*so·*no ...
à la retraite	*pensionato/a* **m/f**	*pènn·*syo·*na·*to/a
au chômage	*disoccupato/a* **m/f**	di·zok·kou·*pa·*to/a

Che vuoi?
ké vwoïl
Qu'est-ce que tu veux ?

Chi se ne frega?
ki sé né frè·ga
On s'en fout !

Va' al diavolo!
va al dya·vo·lo
Va au diable !

Disgraziato!
di·sgra·tsya·to
Malheureux !

È delizioso!
è dé·li·tsyo·zo
C'est délicieux !

Che rottura di palle!
kér ro·tou·ra di pal·lé
Ça me casse les pieds !

Je travaille à mon compte.
Lavoro in proprio.   la·*vo*·ro inn *pro*·pri·o

Quelles études faites-vous/fais-tu ?
Cosa studia/studi? **pol/fam**   *ko*·za stou·dya/*stou*·di

Je fais des études ...   *Sto studiando ...*   sto stou·*dyann*·do ...
   de lettres   *lettere*   *lèt*·té·ré
   de commerce   *commercio*   kom·*mèr*·tcho
   d'ingénieur   *ingegneria*   inn·djé·nyé·*ri*·a

Pour en savoir plus, consultez le **dictionnaire**.

famille

la famiglia

Avez-vous/as-tu (des enfants) ?
Ha/Hai (bambini)? **pol/fam**   a/aille (bamm·*bi*·ni)

J'ai (un/une ami/amie).
Ho (un/una compagno/a). **m/f**   o (ounn/*ou*·na komm·*pa*·nyo/a)

Je vous/te présente (ma mère).
Le/Ti presento   lé/ti pré·*zènn*·to
(mia madre). **pol/fam**   (*mi*·a *ma*·dré)

---

dans la gueule du loup

Un Italien vous souhaitera bonne chance en disant générale-ment *In bocca al lupo!*, ce qui signifie ''Dans la gueule du loup !''. Répondez par *Crepi!* (''Qu'il crève !'') pour éloigner le mauvais sort.

Bonne chance !
In bocca al lupo!   inn *bok*·kal·*lou*·po
Réponse :
Crepi!   *krè*·pi

Vous vivez/tu vis (avec votre/ta famille) ?

  Abita con (la Sua   *a*·bi·ta konn (la *sou*·a
  famiglia)? pol   fa·*mi*·lya)
  Abiti con (la tua   *a*·bi·ti konn (la *tou*·a
  famiglia)? fam   fa·*mi*·lya)

Je vis avec (mes parents).

  Abito con   *a*·bi·to konn
  (i miei genitori).   (i myeille djé·ni·*to*·ri)

Êtes-vous/es-tu marié(e) ?

  È sposato/a? m/f pol   è spo·*za*·to/a
  Sei sposato/a? m/f fam   seille spo·*za*·to/a

Je vis avec quelqu'un.

  Convivo.   konn·*vi*·vo

Pour davantage d'expressions, consultez le **dictionnaire**.

Je suis ...   *Sono ...*   *so*·no ...

  marié(e)   *sposato/a* m/f   spo·*za*·to/a
  séparé(e)   *separato/a* m/f   sé·pa·*ra*·to/a
  célibataire
    (homme)   *celibe*   *tchè*·li·bé
    (femme)   *nubile*   *nou*·bi·lé

au revoir

Demain, c'est mon dernier jour ici.
Domani è il mio — do·*ma*·ni è il *mi*·o
ultimo giorno qui. — *oul*·ti·mo *djor*·no kwi

Voici mon ... — *Ecco il mio ...* — *èk*·ko il *mi*·o ...
Quel(le) est ton ... ? — *Qual'è il tuo ...?* — kwa·*lè* il *tou*·o ...
  adresse (e-mail) — *indirizzo* — inn·di·*ri*·tso
    (di email) — (di é·mél)
  numéro de fax — *numero di fax* — *nou*·mé·ro di faks
  numéro de portable
    numero di — *nou*·mé·ro di
    cellulare — tchél·lou·*la*·ré
  numéro de téléphone au travail
    numero di — *nou*·mé·ro di
    lavoro — la·*vo*·ro
Si tu viens en — *Caso mai venissi* — ka·zo maille vé·*nis*·si
(France) ... — *in (Francia) ...* — inn (*frann*·tcha) ...
  viens nous voir — *vieni a trovarci* — *vyè*·ni a tro·*var*·tchi
  tu peux dormir — *puoi stare da me* — pwoïl *sta*·ré da mé
  chez moi

Ça m'a fait plaisir de faire ta connaissance.
È stato veramente un — è *sta*·to vé·ra·*mènn*·té ounn
piacere conoscerti. — pya·*tchè*·ré ko·*no*·chèr·ti

On reste en contact !
Teniamoci in contatto! — té·*nya*·mo·tchi inn konn·*tat*·to

centres d'intérêt

Que fais-tu de tes loisirs ?
Cosa fai nel tuo — *ko·*za faille nél *tou·*o.
tempo libero? — *tèmm·*po *li·*bé·ro

Tu aimes... ?	*Ti piace/*	ti *pya·*tché/
	piacciono...? **sg/pl**	*pya·*tcho·no...
J(e n)'aime (pas)...	*(Non) Mi piace/*	(nonn) mi *pya·*tché/
	piacciono... **sg/pl**	*pya·*tcho·no...
les jeux de carte	*i giochi* **pl** *di carte*	i *djo·*ki di *kar·*té
cuisiner	*cucinare*	kou·tchi·*na·*ré
dessiner	*disegnare*	di·zé·*nya·*ré
les films	*i film* **pl**	i film
être en groupe	*socializzare*	so·tcha·li·*dza·*ré

Pour en savoir plus, reportez-vous à la rubrique **sports** (p. 127) et au **dictionnaire**.

---

aimer ou pas

En italien, pour dire que quelque chose vous plaît, vous emploierez l'expression *mi piace* (litt : me plaît). Si l'objet est au pluriel, utilisez *mi piacciono* (litt : me plaisent) :

J'aime ce groupe.
Mi piace questo — mi *pya·*tché *kwè·*sto
gruppo. — *group·*po
J'aime les séries télévisées.
Mi piacciono — mi *pya·*tcho·no
le telenovelle. — lé té·lé·no·*vèl·*lé

musique

Tu aimes... ?	Ti piace...?	ti *pya*·tché...
danser	*ballare*	bal·*la*·ré
les concerts	*andare ai*	ann·*da*·ré aille
	concerti	konn·*tchèr*·ti
écouter	*ascoltare*	a·skol·*ta*·ré
de la musique	*la musica*	la *mou*·zi·ka
jouer d'un	*suonare uno*	swo·*na*·ré *ou*·no
instrument	*strumento*	strou·*mènn*·to
chanter	*cantare*	kann·*ta*·ré

Tu écoutes quels groupes ?

Quali gruppi	*kwa*·li *group*·pi
ti piacciono?	ti *pya*·tcho·no

Quel genre de musique aimes-tu ?

Quale tipo di	*kwa*·lé *ti*·po di
musica ti piace?	*mou*·zi·ka ti *pya*·tché

musique classique	*musica* f	la *mou*·zi·ka
	classica	*kla*·ssi·ka
musique	*musica* f	la *mou*·zi·ka
électronique	*elettronica*	é·lét·*tro*·ni·ka
jazz	*musica* f *jazz*	*mou*·zi·ka djaz
heavy metal	*musica* f *heavy*	*mou*·zi·ka *è*·vi
	metal	*mè*·tal
pop	*musica* f *pop*	*mou*·zi·ka pop
punk	*musica* f *punk*	*mou*·zi·ka pounk
rock	*musica* f *rock*	*mou*·zi·ka rok
rhythm 'n' blues	*rhythm and blues* m	ridem annd blouz
musique	*musica* f	*mou*·zi·ka
traditionnelle	*tradizionale*	tra·di·tsyo·*na*·lé
musique	*musica* f	*mou*·zi·ka
ethnique	*etnica*	èt·*ni*·ka

Vous pensez vous rendre à un concert ? Consulter la rubrique **billets**, p. 38 et **sortir**, p. 109.

cinéma et théâtre

J'ai envie	Ho voglia	o *vo*·lya
d'aller voir...	d'andare a/al...	dann·*da*·ré a/al...
un ballet	un balletto	ounn bal·*lè*·to
une comédie	una commedia	*ou*·na kom·*mè*·dya
un film	vedere un film	vé·*dè*·ré ounn film
une pièce de théâtre	teatro	té·*a*·tro

Qu'est-ce qu'ils passent au cinéma/théâtre ce soir ?
Cosa danno al cinema/   *ko*·za *dan*·no al *tchi*·né·ma/
teatro stasera?   té·*a*·tro sta·*sè*·ra

C'est en anglais/italien ?
È in inglese/italiano?   è inn inn·*glè*·zé/i·ta·*lya*·no

C'est sous-titré ?
Ci sono i sottotitoli?   tchi *so*·no i sot·to·*ti*·to·li

Est-ce que tu as vu... ?
Hai visto...?   aille *vi*·sto...

Qui sont les acteurs principaux ?
Chi sono i protagonisti?   ki *so*·no i pro·ta·go·*ni*·sti

L'acteur/actrice principal(e) est...
Il/La protagonista   il/la pro·ta·go·*ni*·sta
principale è... **m/f**   prinn·tchi·*pa*·lé è...

Tu as aimé (le film) ?
Ti è piaciuto (il film)?   ti è pya·*tchou*·to il film

Je l'ai trouvé...	*L'ho trovato/a...* **m/f**	lo tro·*va*·to/a...
excellent	*ottimo/a* **m/f**	*ot*·ti·mo/a
long	*lungo/a* **m/f**	*lounn*·go/a
pas mal	*passabile*	pas·*sa*·bi·lé

J(e n)'aime (pas)...	*(Non) Mi piacciono...*	(nonn) mi *pya*·tcho·no...
les films d'action	*i film d'azione*	i film da·*tsyo*·né
les films d'animation	*i film animati*	i film a·ni·*ma*·ti
les comédies dramatiques	*i film tragicomici*	i- film tra·dji·*ko*·mi·tchi
les comédies	*le commedie*	lé kom·*mè*·dyé
les documentaires	*i documentari*	i do·kou·mènn·*ta*·ri
les films dramatiques	*i film drammatici*	i film dram·*ma*·ti·tchi
les films noirs	*i film noir*	i film nwar
les films d'horreur	*film d'orrore*	i film dor·*ro*·ré
les films d'époque	*drammi d'ambiente*	i *dram*·mi damm·*byènn*·té
les films de science-fiction	*i film di fantascienza*	i film di fann·ta·*chènn*·tsa
les courts-métrages	*i film corti*	i film *kor*·ti
les films policiers	*i gialli*	i *djal*·li
les films de guerre	*i film di guerra*	i film di *gwèr*·ra

sentiments et sensations

Les sentiments sont décrits par des noms ou des adjectifs : le nom s'emploie avec "avoir" en italien (par exemple : "j'ai faim") et l'adjectif avec "être" (comme en français).

Je (ne) suis (pas)...	*(Non) Sono...*	(nonn) *so*·no...
Je (ne) me sens (pas)...	*(Non) Mi sento...*	(nonn) mi *sènn*·to...
Êtes-vous/es-tu... ?	*È/Sei...?* **pol/fam**	è/seille...
gêné(e)	*imbarazzato/a* **m/f**	imm·ba·ra·*tsa*·to/a
heureux(euse)	*felice*	fé·*li*·tché
inquiet(ète)	*preoccupato/a* **m/f**	pré·ok·kou·*pa*·to/a
J(e n)' ai (pas)...	*(Non) Ho...*	(nonn) o...
Avez-vous/as-tu... ?	*Ha/Hai...?* **pol/fam**	a/aille...
froid	*freddo*	*frèd*·do
faim	*fame*	*fa*·mé
sommeil	*sonno*	*son*·no

opinions

Est-ce que tu as aimé ?		
Ti è piaciuto/a? **m/f**		ti è pya·*tchou*·to/a
Qu'en penses-tu ?		
Che cosa ne pensi?		ké *ko*·za né *pènn*·si
Je pensais que c'était...	*Pensavo che fosse...*	pènn·*sa*·vo ké *fo*·sé...
C'est...	*È...*	è...
bizarre	*bizzarro/a* **m/f**	bi·*dza*·ro/a
ennuyeux	*noioso/a* **m/f**	no·*yo*·zo/a
très bien	*ottimo/a* **m/f**	*ot*·ti·mo/a
intéressant	*interessante*	inn·té·rés·*sann*·tè
pas mal	*passabile*	pas·*sa*·bi·lé
étrange	*strano/a* **m/f**	*stra*·no/a

un peu	*un po'*	ounn po
Je suis un peu triste.		
Sono un po' triste.		*so·*no ounn po *tri·*sté
très	*molto*	*mol·*to
Je suis très content(e).		
Sono molto contento/a. **m/f**		*so·*no *mol·*to konn·*tènn·*to/a
vraiment/très		
-issimo/a **m/f**		*·is·*si·mo/a
Je suis vraiment chanceux(se).		
Mi sento		mi *sènn·*to
fortunatissimo/a. **m/f**		for·*tou·*na·*tis·*si·mo/a

politique et société

le questioni politiche e sociali

Les Italiens n'éludent pas les débats sur la politique ou les questions de société, et votre opinion sur des sujets divers les intéressera toujours. Même *il Campionato*, ''le championnat de foot'', est pris très au sérieux.

Pour qui votez-vous/votes-tu ?

Per chi vota Lei? **pol**		pér ki *vo·*ta leille
Per chi voti? **fam**		pér ki *vo·*ti

Je suis pour	*Sono per*	*so·*no pér
le parti...	*il partito...*	il par·*ti·*to...
Je suis inscrit(e)	*Sono iscritto/a*	*so·*no i·*skrit·*to/a
au parti...	*al partito...* **m/f**	al par·*ti·*to...
communiste	*comunista*	ko·mou·*ni·*sta
conservateur	*conservatore*	konn·sér·va·*to·*ré
vert	*verde*	*vèr·*dé
libéral	*liberale*	li·bé·*ra·*lé
centriste	*centrista*	tchènn·*tri·*sta
socialiste	*socialista*	so·tcha·*li·*sta

Êtes-vous/Es-tu d'accord avec ?
È/Sei d'accordo con...? **pol/fam**   è/seille dak·*kor*·do konn...

Je (ne) suis pas d'accord avec...
(Non) Sono d'accordo con...   (nonn) *so*·no dak·*kor*·do konn...

Êtes-vous/Es-tu contre... ?
È/Sei contro...? **pol/fam**   è/seille *konn*·tro...

Êtes-vous/Es-tu pour... ?
È/Sei a favore di...? **pol/fam**   è/seille a fa·*vo*·ré di...

Que pensent les gens de... ?
Cosa pensa la gente di...?   *ko*·za *pènn*·sa la *djènn*·té di...

avortement	*aborto* m	a·*bor*·to
droits des animaux	*diritti* m pl	dir·*ri*·ti
	animali	a·ni·*ma*·li
criminalité	*criminalità* f	kri·mi·na·li·*ta*
discrimination	*discriminazione* f	di·skri·mi na·*tsyo*·né
drogues	*droghe* f pl	*dro*·gué
économie	*economia* f	é·ko·no·*mi*·a
éducation	*istruzione* f	i·strou·*tsyo*·né
environnement	*ambiente* m	amm·*byènn*·té
égalité des droits	*pari opportunità* f	*pa*·ri op·por·tou·ni·*ta*
euthanasie	*eutanasia* f	é·ou·ta·na·*zi*·a
mondialisation	*globalizzazione* f	glo·ba·li·dza·*tsyo*·né
droits de l'homme	*diritti* m pl *umani*	di·*rit*·ti ou·*ma*·ni
immigration	*immigrazione* f	im·mi·gra·*tsyo*·né
inégalités	*ineguaglianza* f	i·né·gwa·*lyann*·tsa
politique de parti	*politica* f	po·*li*·ti·ka
	di partito	di par·*ti*·to
privatisation	*privatizzazione* f	pri·va·ti·dza·*tsyo*·né
racisme	*razzismo* m	ra·*tsiz*·mo
réfugiés	*profughi* m pl	*pro*·fou·gui
sexisme	*sessismo* m	sés·*siz*·mo
aides sociales	*assistenza* f *sociale*	as·si·*stènn*·tsa so·*tcha*·lé
terrorisme	*terrorismo* m	tér·ro·*riz*·mo
chômage	*disoccupazione* f	di·zok·kou·pa·*tsyo*·né

environnement

Y a-t-il un problème d'(environnement) ici ?
C'è un problema   tché ounn pro-*blè*-ma
(ambientale) qui?   (amm·byènn·*ta*·lé) kwi

biodégradable	*biodegradabile*	bi·o·dé·gra·*da*·bi·lé
conservation	*conservazione* f	konn·sér·va·*tsyo*·né
déforestation	*disboscamento* m	di·sbo·ska·*mènn*·to
sécheresse	*siccità* f	si·tchi·*ta*
énergie	*energia* f	é·nér·*dji*·a
hydroélectrique	*idroelettrica*	i·dro·é·*lèt*·tri·ka
irrigation	*irrigazione* f	ir·ri·ga·*tsyo*·né
couche d'ozone	*strato* m *d'ozono*	*stra*·to do·*dzo*·no
pesticides	*pesticidi* m pl	pé·sti·*tchi*·di
pollution	*inquinamento* m	inn·kwi·na·*mènn*·to
programme	*programma* m	pro·*gram*·ma
de recyclage	*di riciclaggio*	di ri·tchi·*kla*·djo
déchets toxiques	*rifiuti* m pl	ri·*fyou*·ti
	tossici	*tos*·si·tchi
C'est un(e)...	*È... protetto/a*	è... pro·*tèt*·to/a
protégé(e) ?	*questo/a?* m/f	*kwè*·sto/a
forêt	*una foresta* f	*ou*·na fo·*rè*·sta
parc	*un parco* m	ounn *par*·ko
espèce	*una specie* f	*ou*·na *spè*·tché

où sortir

Qu'est-ce qu'il y a à faire le soir ?
Cosa si fa di sera?   *ko·za si fa di sè·ra*

Qu'y a-t-il	*Che c'è in*	*ké tché inn*
de programmé ... ?	*programma ...?*	*pro·gram·ma ...*
aujourd'hui	*oggi*	*o·dji*
ce soir	*stasera*	*sta·sè·ra*
dans le quartier	*in zona*	*inn dzo·na*
ce week-end	*questo*	*kwè·sto*
	finesettimana	*fi·né·sét·ti·ma·na*

Où y a-t-il ... ?	*Dove sono ...?*	*do·vé so·no ...*
des bars	*dei locali*	*deille lo·ka·li*
des cafés	*dei bar*	*deille bar*
des clubs	*dei clubs*	*deille kloubs*
des bars gay	*dei locali gay*	*deille lo·ka·li gué*
des endroits	*posti in cui*	*po·sti inn kou·i*
où manger	*mangiare*	*mann·dja·ré*
des pubs	*dei pub*	*deille pab*
Y a-t-il un guide ...	*C'è una guida ...*	*tché ou·na gwi·da ...*
dans cette ville ?	*in questa città?*	*inn kwè·sta tchit·ta*
des spectacles	*agli spettacoli*	*a·lyi spét·ta·ko·li*
des films	*ai film*	*aille film*

C'est combien l'entrée ?
Quant'è l'ingresso?   kwann·*tè* linn·*grè*·so

C'est gratuit.
È gratuito.   è gra·*tou*·i·to

Vous cherchez un endroit où passer vos soirées ? Vous pourrez prendre une bière *Nastro Azzurro* dans une *birreria* ou vous trémoussez sur la piste d'une *discoteca*, mais vous aurez du mal à trouver un *bar* italien ouvert après minuit :

bar m – les bars sont des lieux conviviaux où l'on consomme du café, du thé, des boissons avec ou sans alcool, en mangeant des *cornetti*, des *tramezzini* ou des *panini*. Les bars ouvrent tôt le matin et ferment entre 22 h et minuit, en fonction de leur emplacement. Ils sont surtout fréquentés par des gens pressés qui boivent un café au comptoir – moins cher qu'à une table. Les employés de bureau ont l'habitude de quitter leur bureau quelques instants pour prendre un café au *bar*, ou de se le faire porter par le serveur.

osteria f – restaurant où l'on mange de la cuisine familiale accompagnée de vin.

pub m – récemment introduit sur la scène nocturne italienne, les pubs s'inspirent du modèle anglais et irlandais. Ils sont généralement ouverts jusqu'à 3h du matin.

birreria f – présente la même atmosphère que les pubs, mais spécialisée dans la bière.

nite m – club de nuit élégant.

nightclub m – si le terme anglais est largement employé, *il nite* reste d'usage commun.

locale notturno m – c'est le terme général pour indiquer tout type d'établissement nocturne.

discoteca f – l'endroit le plus couru des jeunes gens âgés de moins de trente ans.

EN SOCIÉTÉ

J'ai envie	*Ho voglia*	o *vo*·lya
d'aller ...	*d'andare ...*	dann·*da*·ré ...
dans un bar	*in un locale*	inn ounn lo·*ka*·lé
dans un café	*in un bar*	inn ounn bar
prendre un café	*in un caffè*	inn ounn kaf·*fè*
à un concert	*a un concerto*	a ounn konn·*tchèr*·to
au cinéma	*al cinema*	al *tchi*·né·ma
dans un night-club	*in un locale*	inn ounn lo·*ka*·lé
	notturno	not·*tour*·no
à une fête	*a una festa*	a *ou*·na fè·sta
dans un pub	*a un pub*	a ounn pab
dans un restaurant	*in un*	inn ounn
	ristorante	ri·sto·*rann*·té
au théâtre	*al teatro*	al té·*a*·tro

invitations

Que fais-tu/	*Cosa fai/*	*ko*·za faille/
faites-vous ... ?	*fate ...?* sing/pl	*fa*·té ...
maintenant	*proprio adesso*	*pro*·pri·o a·*dès*·so
ce soir	*stasera*	sta·*sè*·ra
ce week-end	*questo fine*	*kwè*·sto finé
	settimana	sét·ti·*ma*·na
Tu as/vous avez envie	*Vuoi/Volete*	vwoï/vo·*lè*·té
d'aller au ... ?	*andare a ...?* sing/pl	ann·*da*·ré a ...
J'ai envie	*Ho voglia*	o *vo*·lya
d'aller...	*d'andare a ...*	dann·*da*·ré a ...
prendre un café	*prendere*	*prènn*·dé·ré
	un caffè	ounn kaf·*fè*
danser	*ballare*	bal·*la*·ré
boire quelque chose	*bere qualcosa*	bè·ré kwal·*ko*·za
manger	*mangiare*	mann·*dja*·ré
quelque chose	*qualcosa*	kwal·*ko*·za
me promener	*spasso*	*spas*·so
faire une promenade	*fare una*	fa·ré *ou*·na
	passeggiata	pa·sé·*dja*·ta

C'est ma tournée.
Offro io.   *of*·fro *i*·o

Connais-tu/Connaissez-vous un bon restaurant ?
Conosci/Conoscete un   ko·*no*·chi/ko·*no*·ché·té ounn
buon ristorante? **sing/pl**   bwon ri·sto·*rann*·té

Tu veux/Vous voulez venir à un concert (de jazz) avec moi ?
Vuoi/Volete venire a   vwoïl/vo·*lè*·té vé·*ni*·ré a
un concerto (di   ounn konn·*tchèr*·to (di
musica jazz?) **sing/pl**   *mou*·zi·ka djazz)

Nous faisons une fête.
Facciamo una festa.   fa·*tchya*·mo *ou*·na fè·sta

Tu devrais/Vous devriez venir.
Dovresti/Dovreste   do·*vrè*·sti/do·*vrè*·sté
venire. **sing/pl**   vé·*ni*·ré

répondre à une invitation

come rispondere agli inviti

Bien sûr !
Certo!   *tchèr*·to

Oui, j'aimerais bien.
Sì, mi piacerebbe.   si mi pya·tché·*rèb*·bé

Où allons-nous ?
Dove andiamo?   *do*·vé ann·*dya*·mo

Non, je crains que non.
No, temo di no.   no tè·mo di no

Pourquoi pas demain ?
Domani che ne   do·*ma*·ni ké né
dici/dite? **sing/pl**   di·tchi/*di*·té

Désolé(e), je ne sais pas chanter/danser.
Scusi/Scusa. **pol/fam**   *skou*·zi/*skou*·za.
Non so cantare/ballare.   nonn so kann·*ta*·ré/bal·*la*·ré

fixer un rendez-vous

On se voit à quelle heure ?
A che ora ci vediamo?　　　a ké *o*·ra tchi vé-*dya*·mo

On se voit où ?
Dove ci vediamo?　　　*do*·vé tchi vé-*dya*·mo

Je viens te/vous prendre.
Ti/Vi vengo a prendere. sing/pl　　ti/vi *vènn*·go a *prènn*·dé·ré

Je viendrai plus tard. Tu seras/vous serez où ?
Verrò più tardi.　　　vé·ro pyou *tar*·di.
Dove ti troverai? sing　　*do*·vé ti tro·vé-*raille*
Dove vi troverete? pl　　*do*·vé vi tro·vé·*rè*·té

Si je ne suis pas là à (9h), ne m'attends pas.
Se non ci sono entro　　sé nonn tchi *so*·no *ènn*·tro
(le nove), non aspettarmi.　　(lé *no*·vé) nonn a·spét·*tar*·mi

Rendez-vous ...　　*Incontriamoci ...*　　inn·konn·tri·*a*·mo·tchi ...
　à (8h)　　　*alle (otto)*　　　*a*·lé (*ot*·to)
　à l'entrée　　*all'entrata*　　al·lènn·*tra*·ta

D'accord !
D'accordo! dak·*kor*·do

On se verra à ce moment-là.
Ci vediamo allora. tchi vé·*dya*·mo al·*lo*·ra

À plus tard.
A più tardi. a pyou *tar*·di

À demain.
A domani. a do·*ma*·ni

J'ai hâte.
Non vedo l'ora. nonn *vè*·do *lo*·ra

Désolé(e). Je suis en retard.
Scusa. Sono in ritardo. *skou*·za. *so*·no inn ri·*tar*·do

Cela n'a pas d'importance.
Non importa. nonn imm·*por*·ta

drogues

Je ne me drogue pas.
Non mi drogo. nonn mi *dro*·go

Je prends ... de temps en temps.
Prendo ... ogni tanto. *prènn*·do ... *o*·nyi *tann*·to

Tu veux un joint ?
Lo vuoi uno spinello? lo vwoï *ou*·no spi·*nèl*·lo

Je plane.
Sono stonato/a. **m/f** *so*·no sto·*na*·to/a

Lonely Planet déconseille à ses lecteurs l'usage de drogues, même les plus "douces", qui modifient le comportement.

rendez-vous

Tu as envie de faire quelque chose (ce soir) ?
Vuoi fare qualcosa — vwoïl *fa·*ré kwal·*ko·*za
(stasera)? — (sta·*sé·*ra)

Oui, j'aimerais beaucoup.
Si, mi piacerebbe molto. — si mi pya·tché·*rèb·*bé *mol·*to

Non, j'ai bien peur que non.
No, temo di no. — no *tè·*mo di no

Jamais de la vie !
Neanche se tu fossi — né·*ann·*ké sé tou *fo·*si
l'ultima persona — *loul·*ti·ma pér·*so·*na
sulla terra! — *soul·*la *tèr·*ra

T'as repéré ce type/cette fille ?
Hai adocchiato quello/a? — aille a·do·*kya·*to kwèl·lo/a

Elle est jolie comme un cœur.
È molto carina. — è *mol·*to ca *ri·*na.

C'est ...	È ...	è ...
un beau mec/	*un bel figo* m	ounn bél *fi·*go
un crétin	*un bastardo*	ounn ba·*star·*do
une belle nana	*una bella figa* f	*ou·*na *bèl·*la *fi·*ga
une pute	*una cagna*	*ou·*na *ka·*nya
un connard	*uno stronzo* m	*ou·*no stronn·tso
	una stronza f	*oo·*na *stron·*dza

séduction

Tu veux quelque chose à boire ?
Prendi qualcosa da bere?   *prènn·di kwal·ko·za da bè·ré*

Tu as du feu ?
Hai d'accendere?   aille da·*tchènn*·dé·ré

Tu danses très bien.
Balli benissimo.   *ba·li bé·nis·si·mo*

On va prendre l'air ?
Andiamo a prendere   ann·*dya*·mo a *prènn*·dé·ré
un po' d'aria fresca?   ounn po *da*·rya *frè*·ska

Je t'emmène faire un tour (de moto) ?
Ti posso portare a fare   ti *pos*·so por·*ta*·ré a *fa*·ré
un giro (in moto)?   ounn *dji*·ro (inn *mo*·to)

Tu as ...	*Hai ...*	aille ...
un beau physique	*un bel fisico*	ounn bél *fi*·zi·ko
de beaux yeux	*gli occhi belli*	lyi *o*·ki *bèl*·li
de belles mains	*le mani belle*	lé *ma*·ni *bèl*·lé
un beau rire	*un bel riso*	ounn bél *ri*·zo
un beau caractère	*una bella*	*ou*·na *bèl*·la
	personalità	pér·so·na·li·*ta*
un beau sourire	*un bel sorriso*	ounn bél sor·*ri*·zo

Est-ce que je peux ... ?	*Posso ...?*	*pos*·so ...
danser avec toi	*ballare con te*	bal·*la*·ré konn té
m'asseoir ici	*sedermi qui*	sé·*dèr*·mi kwi
t'accompagner	*accompagnarti*	ak·komm·pa·*nyar*·ti
chez toi	*a casa*	a *ka*·za

refus

il rifiuto

Je suis ici avec mon petit-ami.
*Sono qui con il mio
ragazzo.*
so·no kwi konn il *mi*·o
ra·*ga*·tso

Je suis ici avec ma petite-amie.
*Sono qui con la mia
ragazza.*
so·no kwi konn la *mi*·a
ra·*ga*·tsa

Excuse-moi, il faut que j'y aille.
*Scusa. Adesso devo
andare.*
skou·za. a·*dès*·so *dè*·vo
ann·*da*·ré

Désolé(e), mais je n'ai pas envie.
*Mi dispiace ma non
ne ho voglia.*
mi di·*spya*·tché ma nonn
né o *vo*·lya

Ton égo est sans limite.
*Il tuo ego è fuori
controllo.*
il *tou*·o è·go é *fwo*·ri
konn·*trol*·lo

Je ne suis pas intéressé(e).
Non mi interessa.
nonn mi inn·té·*rès*·sa

Laisse-moi tranquille !
Lasciami in pace!
la·cha·mi inn *pa*·tché

Ne me touche pas !
Non mi toccare!
nonn mi tok·*ka*·ré

Laisse-moi passer !
Lasciami passare!
la·cha·mi pas·*sa*·ré

Tire-toi !
Levati dai piedi!
lè·va·ti daille *pyè*·di

Va te faire foutre !
Vaffanculo!
vaf·fann·*kou*·lo

vie amoureuse

117

tentatives d'approche

Tu es très sympathique.
Sei molto simpatico/a. **m/f**
seille *mol*·to simm·*pa*·ti·ko/a

Tu es génial(e).
Sei fantastico/a. **m/f**
seille fann·*ta*·sti·ko/a

Est-ce que je peux t'embrasser ?
Ti posso baciare?
ti *pos*·so ba·*tcha*·ré

Tu me ramènes à la maison ?
Mi porti a casa?
mi *por*·ti a *ka*·za

Tu veux entrer un moment ?
Vuoi entrare per un po'?
vwoïl ènn·*tra*·ré pér ounn po

sexe

J'ai envie de faire l'amour avec toi.
Voglio fare l'amore con te.
vo·lyo *fa*·ré la·*mo*·ré konn té

As-tu un préservatif ?
Hai un preservativo?
aille ounn pré·sér·va·*ti*·vo

Je ne le ferai pas sans protection.
Non lo farò senza
protezione.
nonn lo fa·*ro* sènn·tsa
pro·té·*tsyo*·né

Je pense que nous devrions en rester là.
Penso che dovremmo
fermarci adesso.
pènn·so ké do·*vrèm*·mo
fér·*mar*·tchi a·*dès*·so

Couchons ensemble !
Andiamo a letto!
ann·*dya*·mo a *lèt*·to

---

variations sur le thème

Souvenez-vous du mot *finocchio*, qui signifie ''fenouil''
et ''homosexuel''. Dans la même lignée, *uccello* signifie
''oiseau'' et ''verge''.

Embrasse-moi.	*Baciami.*	*ba*·tcha·mi
J'ai envie de toi.	*Ti desidero.*	ti dé·*si*·dé·ro
Tu aimes ça ?	*Ti piace questo?*	ti *pya*·tché *kwè*·sto
J(e n)' aime (pas) ça.	*(Non) Mi piace quello.*	(nonn) mi *pya*·tché *kwèl*·lo
Touche-moi ici.	*Toccami qui.*	*tok*·ka·mi kwi
Oh oui !	*Ah si!*	a si
Oh mon dieu !	*Oh dio mio!*	o *di*·o *mi*·o
Du calme !	*Calma!*	*kal*·ma
Allez !	*Dai!*	daille

Plus fort	*più forte*	pyou *for*·té
Plus vite	*più veloce*	pyou vé·*lo*·tché
Plus doucement	*più dolcemente*	pyou dol·tché·*mènn*·té
Plus lentement	*più lentamente*	pyou lènn·ta·*mènn*·té

Je n'y arrive pas. Désolé.
| *Non mi si raddrizza.* | nonn mi si rad·*dri*·tsa. |
| *Mi dispiace.* | mi di·*spya*·tché |

C'était génial.
| *È stato stupendo.* | è *sta*·to stou·*pènn*·do |

Est-ce que je peux passer la nuit ici ?
| *Posso restare la notte?* | *po*·so ré·*sta*·ré la *not*·té |

Quand pouvons-nous nous revoir ?
| *Quando possiamo rivederci?* | *kwann*·do pos·*sya*·mo ri·vé·*dèr*·tchi |

des mots doux

mon amour	*amore mio*	a·*mo*·ré *mi*·o
mon canari	*ciccino/a*	tchi·*tchi*·no/a
	mio/a **m/f**	*mi*·o/a
mon petit bout de sucre	*delizia*	dé·*li*·tsya
mon sucre d'orge	*dolcezza*	dol·*tchè*·tsa
mon bonheur	*gioia mia*	*jo*·ya *mi*·a
mon/ma chéri(e)	*caro/a mio/a* **m/f**	*ka*·ro/a *mi*·o/a
mon poussin	*pollastrello/a*	pol·la·*strè*·lo/a
	mio/a **m/f**	*mi*·o/a
mon trésor	*tesoro mio*	té·*zo*·ro *mi*·o

amour

Je suis amoureux(euse) de toi.
Sono innamorato/a di te. m/f   *so*·no in·na·mo·*ra*·to/a di té

Je t'aime.
Ti amo.   ti *a*·mo

Est-ce que tu m'aimes ?
Mi ami?   mi *a*·mi

Je pense que nous allons bien ensemble.
Penso che stiamo   *pènn*·so ké *stya*·mo
bene insieme.   *bè*·né inn·*syè*·mé

Je veux que nous restions en contact.
Voglio che ci teniamo   *vo*·lyo ké tchi té·*nya*·mo
in contatto.   inn konn·*tat*·to

reproches

Tu sors avec quelqu'un d'autre ?
Frequenti   fré·*kwènn*·ti
qualcun'altro/a? m/f   kwal·kou·*nal*·tro/a

C'est juste un ami.
È solo un amico.   è *so*·lo ou·na·*mi*·ko

C'est juste une amie.
È solo un'amica.   è *so*·lo ou·na·*mi*·ka

Je crois que ça ne marche pas entre nous.
Non credo che stia   nonn *krè*·do ké *sti*·a
funzionando fra noi due.   founn·tsyo·*nann*·do fra noïl *dou*·é

Nous trouverons une solution.
Troveremo una soluzione.   tro·vé·*rè*·mo *ou*·na so·lou·*tsyo*·né

Je ne veux plus jamais te revoir.
Non voglio vederti mai più.   nonn *vo*·lyo vé·*dèr*·ti maille pyou

Je veux que nous restions amis.
Voglio che restiamo amici.   *vo*·lyo ké ré·*stya*·mo a·*mi*·tchi

Les passionnés d'art trouveront leur bonheur en Italie. Si tel est votre cas, vous rencontrerez une quantité d'Italiens heureux de partager vos impressions sur les nombreux trésors que recèle leur pays.

La galerie ouvre à quelle heure ?
Quando è aperta la galleria?
kwann·do è a·*pèr*·ta la gal·lé·*ri*·a

Le musée ouvre à quelle heure ?
Quando è aperto il museo?
kwann·do è a·*pèr*·to il mou·zè·o

Vous êtes/tu es intéressé(e) par quel courant artistique ?
Che tipo di arte Le/ti interessa? **pol/fam**
ké *ti*·po di *ar*·té lé/ti inn·té·*rès*·sa

Que pensez-vous/penses-tu de … ?
Cosa ne pensa/ pensi di …? **pol/fam**
ko·za né *pènn*·sa/ *pènn*·si di …

C'est une exposition d'(art futuriste).
È una mostra di (arte futurista).
è *ou*·na *mo*·stra di (*ar*·té fou·tou·*ri*·sta)

Je m'intéresse à l'art/aux arts...	Mi interessa l'arte/gli arti	mi inn·té·*rès*·sa lar·té/lyi *ar*·ti
baroque	barocca	ba·*rok*·ka
impressionniste	impressionista	imm·prés·syo·*ni*·sta
graphiques	grafiche	*gra*·fi·ké
moderne	modernista	mo·dér·*ni*·sta
performance	d'esibizione	dé·zi·bi·*tsyo*·né
roman	romanica	ro·*ma*·ni·ka

à l'architecture ...	l'architettura ...	lar·ki·tét·*tou*·ra ...
byzantin(e)	bizantina	bi·dzann·*ti*·na
gothique	gotica	*go*·ti·ka
de la Renaissance	rinascimentale	ri·na·chi·mènn·*ta*·lé

affresco m	af·*frè*·sko	fresque
arcata f	ar·*ka*·ta	arcade
architrave f	ar·ki·*tra*·vé	architrave
arco m	*ar*·ko	arc
badia f	ba·*di*·a	abbaye
baldacchino m	bal·dak·*ki*·no	baldaquin • ouvrage soutenu par des colonnes au-dessus d'un autel
basilica f	ba·*zi*·li·ka	basilique • dans la Rome antique, bâtiment administratif, devenu par la suite une église chrétienne
battistero m	bat·ti·*stè*·ro	baptistère
bottega f	bot·*tè*·ga	atelier
contrafforte m	konn·traf·*for*·té	contrefort
campanile m	kamm·pa·*ni*·lé	clocher
cappella f	kap·*pèl*·la	chapelle • contenant un autel secondaire dans une église
cattedrale f	kat·té·*dra*·lé	cathédrale
cenacolo m	tché·*na*·ko·lo	réfectoire
chiesa f	*kyè*·za	église
chiostro m	*kyo*·stro	cloître
circo m	*tchir*·ko	cirque • arène ovale/circulaire
cofano m	*ko*·fa·no	coffre • panneau encastré au plafond ou sur une voute
colonna f	ko·*lon*·na	colonne
colonnato m	ko·lon·*na*·to	colonnade
cortile m	kor·*ti*·lé	cour
cupola f	*kou*·po·la	coupole
cupolone m	kou·po·*lo*·né	grosse coupole
curia f	*kou*·rya	galerie de colonnes dans un palais vénitien de style byzantin
duomo m	*dwo*·mo	dôme • cathédrale
fascia f	*fa*·cha	frise
fontana f	fonn·*ta*·na	fontaine

lexique d'architecture

foro m	*fo*·ro	forum
facciata f	fa·*tcha*·ta	façade
gargolla m	gar·*gol*·la	gargouille (créature sculptée, servant de dégorgeoir)
guglia f	*gou*·lya	flèche
intarsio m	inn·*tar*·syo	ouvrage de marqueterie
intonaco m	inn·*to*·na·ko	enduit
liagò m	lya·*go*	terrasse ou balcon couvert
loggia f	*lo*·dja	loggia • galerie dont un mur est ouvert sur l'extérieur
maestà f	ma·é·*sta*	Vierge à l'enfant
navata f centrale	na·*va*·ta tchènn·*tra*·lé	nef centrale
pala f d'altare	*pa*·la dal·*ta*·ré	retable
palazzo m	pa·*la*·tso	palais
persiane f pl	pér·*sya*·né	volets
piazza f	*pya*·tsa	place
piazzale m	pya·*tsa*·lé	grande place
pietà f	pyé·*ta*	pietà
ponte m	*ponn*·té	pont
portico m	*por*·ti·ko	porche
putti m pl	*pou*·ti	angelots
rilievo m	ri·*lyè*·vo	relief
rocca f	*rok*·ka	forteresse
sala f	*sa*·la	salle
sassi m pl	*sas*·si	maisons troglodytiques
scale f pl	*ska*·lé	escalier
scalinata f	ska·li·*na*·ta	escalier
scavi m pl	*ska*·vi	fouilles
terrazzo m	tér·*ra*·tso	terrasse • balcon
tondo m	*tonn*·do	tableau de forme ronde
torre m	*to*·ré	tour
trittico m	*trit*·ti·ko	triptique
vetrata f	vé·*tra*·ta	vitrail

œuvre d'art	*opera* f *d'arte*	o·pé·ra *dar*·té
conservateur(trice)	*conservatore/*	konn·sér·va·*to*·ré/
	conservatrice m/f	konn·sér·va·*tri*·tché
dessin	*disegno* m	di·zè·nyo
gravure	*incisione* f	inn·tchi·*zyo*·né
eau-forte	*acquaforte* f	a·kwa·*for*·té
salon d'exposition	*salone* m	sa·*lo*·né
	d'esposizione	dé·spo·zi·*tsyo*·né
installation	*installazione* f	inn·stal·la·*tsyo*·né
ouverture	*apertura* f	a·pér·*tou*·ra
peintre	*pittore/pittrice* m/f	pit·*to*·ré/pit·*tri*·tché
peinture	*pittura* f	pit·*tou*·ra
tableau	*quadro* m	*kwa*·dro
période	*periodo* m	pé·*ri*·o·do
collection	*collezione* f	kol·lé·*tsyo*·né
permanente	*permanente*	pér·ma·*nènn*·té
reproduction	*riproduzione* f	ri·pro·dou·*tsyo*·né
sculpteur	*scultore/*	skoul·*to*·ré/
	scultrice m/f	skoul·*tri*·tché
sculpture	*scultura* f	skoul·*tou*·ra
statue	*statua* f	*sta*·tou·a
atelier	*studio* m	*stou*·dyo
style	*stile* m	*sti*·lé
tapisserie	*tappezzeria* f	tap·pé·tsé·*ri*·a
technique	*tecnica* f	*tèk*·ni·ka

religion

la religione

Quelle est votre/ta religion ?
Di che religione è Lei? **pol**   di ké ré·li·*djo*·né è leille
Di che religione sei tu? **fam**   di ké ré·li·*djo*·né seille tou

Je (ne) crois (pas) en Dieu.
(Non) Credo in Dio.   (nonn) *krè*·do inn *di*·o

Je (ne) suis (pas)...   *(Non) Sono ...*   (nonn) *so*·no …
  agnostique   *agnostico/a* **m/f**   a·*nyo*·sti·ko/a
  athée   *ateo/a* **m/f**   a·té·o/a
  bouddhiste   *buddista*   boud·*di*·sta
  catholique   *cattolico/a* **m/f**   kat·*to*·li·ko/a
  chrétien(ne) *cristiano/a* **m/f**   kri·*stya*·no/a
  hindouiste   *induisto(a)*   inn·dou·*i*·sto/a
  juif(ive)   *ebreo/a* **m/f**   é·*brè*·o/a
  musulman(e) *musulmano/a* **m/f**   mou·soul·*ma*·no/a
  pratiquant(e) *praticante*   pra·ti·*kann*·té
  croyant(e)   *religioso/a* **m/f**   ré·li·djo·zo/a

Je voudrais aller ...   *Vorrei andare ...*   vor·*reille* ann·*da*·ré …
  à l'église   *alla chiesa*   al·la kyè·za
  à la mosquée   *alla moschea*   al·la mo·skè·a
  à la synagogue   *alla sinagoga*   al·la si·na·*go*·ga
  au temple   *al tempio*   al *tèmm*·pyo

Est-ce que je peux ... ici ?   *Posso ... qui?*   *po*·so … kwi

Où puis-je ...?	Dove posso ...?	do·vé pos·so ...
aller à la messe	andare a messa	ann·da·ré a mès·sa
aller à l'église	andare in chiesa	ann·da·ré inn kyè·za
me confesser	confessarmi	konn·fés·sar·mi
(en français)	(in francese)	(inn frann·tchè·zé)
prier	pregare	pré·ga·ré
recevoir la	ricevere la	ri·tchè·vé·ré la
communion	comunione	ko·mou·nyo·né

différences culturelles

le differenze culturali

C'est une tradition locale ou nationale ?
È una tradizione   è ou·na tra·di·tsyo·né
locale o nazionale?   lo·ka·lé o na·tsyo·na·lé

Ça ne me dérange pas de regarder, mais je préfère ne pas participer.
Non mi dispiace   non mi di·spya·tché
guardare ma preferisco   gwar·da·ré ma pré·fé·ri·sko
non partecipare.   non par·té·tchi·pa·ré

J'essaierai.
Lo proverò.   lo pro·vé·ro

Je suis désolé(e), je ne voulais pas commettre une maladresse.
Mi dispiace, non   mi di·spya·tché nonn
volevo dire/fare   vo·lè·vo di·ré/fa·ré
qualcosa di sbagliato.   kwal·ko·za di sba·lya·to

Je suis désolé(e),	Mi dispiace,	mi di·spya·tché
c'est contraire à ma ...	non è permesso	nonn è pér·mès·so
	dalla mia ...	dal·la mi·a ...
foi	fede	fè·dé
culture	cultura	koul·tou·ra
religion	religione	ré·li·djo·né

en parler

Aimes-tu (le sport) ?
Ti piace (lo sport)? ti *pya*·tché (lo sport)

Oui, beaucoup.
Sì, moltissimo. si mol·*tis*·si·mo

Pas beaucoup.
Non molto. nonn *mol*·to

J'aime regarder.
Mi piace assistere. mi *pya*·tché as·*si*·sté·ré

Quel sport fais-tu ?
Quale sport pratichi? *kwa*·lé sport *pra*·ti·ki

Je fais (du football).
Pratico (il calcio). *pra*·ti·ko (il *kal*·tcho)

Je suis (la Formule 1).
Seguo (l'automobilismo). *sè*·gwo (laou·to·mo·bi·*liz*·mo)

Pour plus d'expressions relatives au sport, consulter le
dictionnaire.

Quel est ton sportif préféré ?
Chi è il tuo sportivo ki è il *tou*·o spor·*ti*·vo
preferito? m pré·fé·*ri*·to

Quelle est ta sportive préférée ?
Chi è la tua sportiva ki è la *tou*·a spor·*ti*·va
preferita? f pré·fé·*ri*·ta

Quelle est ton équipe préférée ?
Qual'è la tua squadra kwa·*lè* la *tou*·a *skwa*·dra
preferita? pré·fé·*ri*·ta

assister à un match

Tu aimerais aller voir un match ?
Ti piacerebbe andare ad una partita?
ti pya·tché·*rèb*·bé ann·*da*·ré a·*dou*·na par·*ti*·ta

Tu préfères quelle équipe ?
Per chi fai il tifo?
pér ki faille il *ti*·fo

Qui joue ?
Chi gioca?
ki *djo*·ka

Qui gagne ?
Chi vince?
ki *vinn*·tché

Il manque combien de temps ?
Quanto tempo manca?
kwann·to tèmm·po *mann*·ka

Quel est le score ?
Qual'è il punteggio?
kwa·*lè* il pounn·*tè*·djo

Ils viennent d'égaliser.
Hanno pareggiato.
an·no pa·ré·*dja*·to

L'arbitre ne l'a pas autorisé.
L'arbitro non l'ha permesso.
lar·bi·tro nonn la pér·*mès*·so

La partie a été... !	*Che partita...!*	ké par·*ti*·ta...
nulle	*brutta*	*brout*·ta
assommante	*noiosa*	no·*yo*·za
fantastique	*fantastica*	fann·*ta*·sti·ka

parlons sport

Quel(le)... !	*Che...!*	ké...
but	*gol*	gol
coup	*colpo*	*kol*·po
tir	*calcio*	*kal*·tcho
passe	*passaggio*	pas·*sa*·djo
action	*esecuzione*	é·zé·kou·*tsyo*·né

pratiquer un sport

Tu veux jouer ?
Vuoi giocare? — vwoïl djo·*ka*·ré

Est-ce que je peux jouer ?
Posso giocare anch'io? — *pos*·so djo·*ka*·ré ann·*ki*·o

Oui, ça serait chouette.
Sì, sarebbe bello. — si sa·*rèb*·bé *bèl*·lo

Désolé(e), je ne peux pas.
Mi dispiace, non posso. — mi di·*spya*·tché nonn *pos*·so

Je me suis blessé(e).
Sono infortunato/a. m/f — *so*·no inn·for·tou·*na*·to/a

Quel est l'endroit le plus agréable pour faire du footing par ici ?
Qual'è il miglior posto — kwa·*lè* il *mi*·lyor *po*·sto
per fare il footing — pér *fa*·ré il *fou*·tinng
qui intorno? — kwi inn·*tor*·no

Où est... ?	Dov'è...	do·vè...
le/la plus proche ?	più vicino/a?	pyou vi·*tchi*·no/a
la salle de gym	la palestra	la pa·*lè*·stra
la piscine	la piscina	la pi·*chi*·na
le terrain	il campo da	il *kamm*·po da
de tennis	tennis	*tèn*·nis

Quel est le prix	Qual'è il prezzo	kwa·*lè* il *prè*·tso
pour... ?	richiesto...?	ri·*kyè*·sto...
une journée	per la giornata	pér la djor·*na*·ta
un match	per una partita	pér *ou*·na par·*ti*·ta
une heure	all'ora	al·*lo*·ra
une visite	a visita	a *vi*·zi·ta

Puis-je louer... ?	Posso noleggiare...?	*pos*·so no·lé·*dja*·ré...
des balles	delle palle	*del*·lé *pal*·lé
un court	un campo	ounn *kamm*·po
une raquette	una racchetta	*ou*·na rak·*kèt*·ta

è·ra *fwo*·ri	*Era fuori.*	**C'était dehors.**
imm·bro·*lyo*·né/a	*Imbroglione/a!* m/f	**Tricheur/euse !**
gra·tsyé *dèl*·la par·*ti*·ta	*Grazie della partita.*	**Merci pour le match.**
djo·ki *bè*·né	*Giochi bene.*	**Tu joues bien**
pas·sa·la a mé	*Passala a me!*	**Passe-la moi !**
pounn·to a mé/té	*Punto a me/te.*	**Point pour moi/toi.**

Il faut obligatoirement être membre ?
È necessario essere soci? è né·tchés·*sa*·ryo ès·sé·ré *so*·tchi

Y a-t-il des cours juste pour les femmes ?
Ci sono i corsi per tchi *so*·no i *kor*·si pér
sole donne? *so*·lé *don*·né

Où se trouvent les vestiaires ?
Dove sono gli spogliatoi? *do*·vé *so*·no lyi spo·lya·*to*·i

vélo

Où se termine la course ?
Dove finisce la gara? *do*·vé fi·*ni*·ché la *ga*·ra

Où passe-t-elle ?
Dove passa? *do*·vé *pas*·sa

Qui gagne ?
Chi vince? ki *vinn*·tché

(L'étape) d'aujourd'hui a combien de kilomètres ?
(La tappa) di oggi è di (la *tap*·pa) di o·dji è di
quanti chilometri? *kwann*·ti ki·*lo*·mé·tri

Mon coureur préféré est...
Il mio ciclista il *mi*·o tchi·*kli*·sta
preferito è... pré·fé·*ri*·to è...

cycliste	*ciclista* m/f	tchi·*kli*·sta
le maillot (jaune)	*la maglia* f *(gialla)*	*ma*·lya *(dja*·la)
étape de montagne	*tappa* f *in salita*	*tap*·pa inn sa·*li*·ta
course	*gara*	*ga*·ra
le Tour d'Italie	*il Giro d'Italia*	il *dji*·ro di·*ta*·lya
contre la montre	*prova* f	*pro*·va
	a cronometro	a kro·*no*·mé·tro
vainqueur	*vincitore/*	vinn·tchi·*to*·ré/
(d'étape)	*vincitrice*	vinn·tchi·*tri*·tché
	(di tappa) m/f	(di *tap*·pa)

Pour les promenades à bicyclette, voir le chapitre **transports**, p. 48.

plongée

immersioni

Je voudrais...	*Vorrei...*	vor·*reille*...
explorer	*esplorare relitti*	é·splo·*ra*·ré ré·*lit*·ti
des épaves		
faire de la plongée	*fare immersioni*	*fa*·ré im·mér·*syo*·ni
sous-marine	*subacquee*	sou·*ba*·kwé·é
faire de la plongée	*fare immersioni*	*fa*·ré im·mér·*syo*·ni
en apnée	*in apnea*	i·nap·*nè*·a
participer à	*partecipare*	par·té·tchi·*pa*·ré
une journée	*ad una gita*	a·*dou*·na *dji*·ta
de plongée	*d'immersione*	di·mér·*syo*·né
louer un équipement	*noleggiare*	no·lé·*dja*·ré
de plongée	*l'attrezzatura per*	la·tré·tsa·*tou*·ra pér
	immersioni	i·mér·*syo*·ni
	subacquee	sou·*ba*·kwé·é
louer l'équipement	*noleggiare*	no·lé·*dja*·ré
pour faire	*l'attrezzatura*	la·tré·tsa·*tou*·ra pér
de la plongée	*per immersioni*	im·mér·*syo*·ni
en apnée	*in apnea*	i·nap·*nè*·a
apprendre à faire	*imparare a fare*	imm·pa·*ra*·ré a *fa*·ré
de la plongée	*immersioni*	im·mér·*syo*·ni
sous-marine	*subacquee*	sou·*ba*·kwé·é

Où y a-t-il de bons endroits pour faire de la plongée ?
*Dove sono dei buoni
posti per fare immersioni?*
do·vé so·no deille bwo·ni
po·sti pér fa·ré im·mér·syo·ni

Il y a des méduses ?
Ci sono meduse?
tchi so·no mé·dou·zé

Où puis-je louer (des palmes) ?
Dove posso noleggiare (pinne)?
do·vé pos·so no·lé·dja·ré (pi·né)

sports extrêmes

gli sport estremi

Tu es sûr que c'est sans risque ?
*Sei sicuro che questo
sia sicuro?*
seille si·kou·ro ké kwè·sto
si·a si·kou·ro

L'équipement est-il sûr ?
È sicura l'attrezzatura?
è si·kou·ra lat·tré·tsa·tou·ra

C'est de la folie.
Questa è roba da matti.
kwè·sta è ro·ba da mat·ti

descente	*discesa* f *a corda*	di·chè·za a kor·da
en rappel	*doppia*	do·pya
saut à l'élastique	*bungee jumping* m	bounn·dji djoumm·pinng
spéléologie	*esplorazione* f	é·splo·ra·tsyo·né
	di caverne	di ka·vèr·né
canoë-kayak	*canottaggio* m	ka·not·ta·djo
canyoning	*torrentismo* m	tor·rènn·tiz·mo
pêche dans	*pesca* f *ai pesci*	pè·ska aille pè·chi
les torrents	*selvatici*	sél·va·ti·tchi
mountain-bike	*mountain biking* m	maounn·tènn baille·kinng
parapente	*parapendio* m	pa·ra·pènn·di·o
parachutisme	*parasailing* m	pa·ra·sè·linng
ascensionnel		
escalade	*andare su roccia* f	an·da·ré sou ro·tcha

EN SOCIÉTÉ

parachutisme	*paracadutismo* m	pa·ra·ka·dou·*tiz*·mo
sportif	*acrobatico*	a·kro·*ba*·ti·ko
surf des neiges	*surf* m *da neve*	sourf da *nè*·vé
randonnée pédestre	*escursionismo* m	é·skour·syo·*niz*·mo
	a piedi	a *pyè*·di
rafting	*rafting* m	*raf*·tinng

Consultez également le chapitre **activités de plein air**, p. 137, et la rubrique **camping**, p. 58.

football

il calcio

Qui joue pour (la Sampdoria) ?
   Chi gioca per   ki *djo*·ka pér
   (la Sampdoria)?   (la sammp·*do*·rya)

C'est un bon (joueur).
   È un bravo (giocatore).   è ounn *bra*·vo (djo·ka·*to*·ré)

Il a fait un super match contre (l'Angleterre).
   Ha fatto un'ottima   a *fat*·to ou·*not*·ti·ma
   partita contro   par·*ti*·ta *konn*·tro
   (l'Inghilterra).   (linn·guil·*tè*·ra)

Quelle équipe est à la tête du championnat ?
   Quale squadra è in   kwa·lé *skwa*·dra è inn
   testa alla classifica?   *tè*·sta *a*·la klas·*si*·fi·ka

Cette équipe est mauvaise !
   Che squadra schifosa!   ké *skwa*·dra ski·*fo*·za

ballon	*pallone* m	pal·*lo*·né
entraîneur(euse)	*allenatore/*	al·lé·na·*to*·rè/
	allenatrice m/f	al·lé·na·*tri*·tché
corner	*angolo* m/	*ann*·go·lo/
	calcio m *d'angolo*	*kal*·tcho *dann*·go·lo
défenseur(euse)	*giocatore/*	djo·ka·*to*·ré/
	giocatrice m/f	djo·ka·*tri*·tché
	difensivo/a	dé·fènn·*si*·vo/a
expulsion	*espulsione* f	é·spoul·*syo*·né
supporters	*tifosi* m pl	ti·*fo*·zi
faute	*fallo* m	*fal*·lo
coup franc	*calcio* m	*kal*·tcho
	di punizione	di pou·ni·*tsyo*·né
but	*gol* m	gol

cage	*porta* f	*por*·ta
gardien(ne)	*portiere* m et f	por·*tyè*·ré
buteur	*cannoniere* m	kan·no·*nyè*·ré
coup d'envoi	*calcio* m *d'inizio*	*kal*·tcho di·*ni*·tsyo
ligue	*serie* f	*sè*·ryé
manager	*manager* m et f	*ma*·na·djér
avant-centre	*centrocampista*	tchènn·tro·
	m et f	kamm·*pi*·sta
hors-jeu	*fuorigioco* m	fwo·ri·*djo*·ko
penalty	*rigore* m	ri·*go*·ré
surface de réparation	*area* f *di rigore*	*a*·ré·a di ri·*go*·ré
joueur(euse)	*giocatore/*	djo·ka·*to*·ré/
	giocatrice m/f	djo·ka·*tri*·tché
carton rouge	*cartellino* m *rosso*	kar·tél·*li*·no *ro*·so
marquer	*segnare*	sé·*nya*·ré
footballeur(euse)	*calciatore/*	kal·tcha·*to*·ré/
	calciatrice m/f	kal·tcha·*tri*·tché
attaquant/avant	*attaccante/avanti* m	at·ta·*kann*·té/a·*vann*·ti
supporters	*tifosi* m pl	ti·*fo*·zi
remise latérale	*rimessa* f *laterale*	ri·mès·sa la·té·*ra*·lé
avertissement	*ammonizione* f	am·mo·ni·*tsyo*·né
carton jaune	*cartellino* m *giallo*	kar·tél·*li*·no djal·lo

parler local		
a·*lé*	*Alé!*	**Allez !**
for·tsa a·*dzour*·ri	*Forza Azzurri!*	**Allez les Bleus !** (équipe d'Italie)
for·tsa ra·*ga*·tsi	*Forza ragazzi!*	**Allez les gars !**

Vous allez voir un match ? Consultez la rubrique **assister à un match**, p. 128.

ski

Je voudrais louer...	*Vorrei noleggiare...*	vor·*reille* no·lé·*dja*·ré...
des chaussures (de ski)	*gli scarponi (da sci)*	lyi skar·*po*·ni (da chi)
des lunettes de soleil	*gli occhiali di protezione*	lyi ok·*kya*·li di pro·té·*tsyo*·né
des bâtons	*i bastoncini*	i ba·stonn·*tchi*·ni
des skis	*gli sci*	lyi chi
une tenue de ski	*una tuta da sci*	*ou*·na *tou*·ta da chi

C'est possible de... ici/là-bas ?	*Si può... qui/là?*	si pwo... kwi/la
faire du ski alpin	*fare lo sci alpino*	*fa*·ré lo chi al·*pi*·no
faire du ski de fond	*fare lo sci di fondo*	*fa*·ré lo chi di *fonn*·do
faire du surf des neiges	*fare il surf da neve*	*fa*·ré il sourf da *nè*·vé
faire de la luge	*andare in slitta*	ann·*da*·ré inn *slit*·ta

Combien coûte le forfait ?
Quant'è una tessera? kwann·*tè ou*·na *tès*·sé·ra

Est-ce que je peux prendre des leçons ?
Posso prendere lezioni? *pos*·so *prènn*·dé·ré lé·*tsyo*·ni

Quel est le niveau de cette piste ?
Qual'è il livello di quella pista? kwa·*lè* il li·*vèl*·lo di *kwè*·la *pi*·sta

Quelles sont les pistes pour... ?	*Quali sono le piste per...?*	*kwa·li so·no lé pi·sté pér...*
débutants	*principianti*	prinn·tchi·*pyann*·ti
moyens	*intermedi*	inn·tér·*mè*·di
confirmés	*avanzati*	a·vann·*tsa*·ti
Quelles sont les conditions de ski... ?	*In quali condizioni sono le piste...?*	inn *kwa*·li konn·di·*tsyo*·ni *so*·no lé *pi*·sté...
à (Cortina d'Ampezzo)	*a (Cortina d'Ampezzo)*	a (kor·*ti*·na damm·*pè*·tso)
en haut	*più in alto*	pyou i·*nal*·to
sur cette piste	*su quella pista*	sou *kwèl*·la *pi*·sta
téléphérique	*funivia* f	fou·ni·*vi*·a
télésiège	*seggiovia* f	sé·djo·*vi*·a
professeur(e) de ski	*maestro/a* m/f *di sci*	ma·è·stro/a di chi
station	*località* f	lo·ka·li·*ta*
de sports d'hiver	*sciistica*	chi·i·sti·ka
remonte-pente	*sciovia* f	chyo·*vi*·a
luge	*slittino* m	slit·*ti*·no
(semaine de)	*settimana* f	sét·ti·*ma*·na
sports d'hiver	*bianca*	*byann*·ka

exclamations

Mon dieu !	*Dio!*	*di*·o
Jésus !	*Gesù!*	djé·*zou*
Jésus Marie !	*Madonna!*	ma·*don*·na
Merde !	*Merda!*	*mèr*·da
Malédiction !	*Maledizione!*	ma·lé·di·*tsyo*·né
Putain !	*Cazzo!*	*ka*·tso

randonnée

escursionismo a piedi

Où puis-je… ?	*Dove posso…?*	do·vé pos·so…
acheter	*comprare delle*	komm·*pra*·ré *dè*·lé
des provisions	*provviste*	prov·*vi*·sté
me renseigner	*informarmi*	inn·for·*mar*·mi
sur les sentiers	*sulle piste per*	*soul*·lé *pi*·sté pér
pédestres	*l'escursionismo*	lé·skour·syo·*niz*·mo
	a piedi	a *pyè*·di
trouver quelqu'un	*trovare qualcuno*	tro·*va*·ré kwal·*kou*·no
qui connaisse	*che conosca la*	ké ko·*no*·ska la
cette région	*zona*	*dzo*·na
trouver une carte	*trovare una carta*	tro·*va*·ré ou·na *kar*·ta
louer l'équipement	*noleggiare*	no·lé·*dja*·ré
pour une	*l'attrezzatura per*	lat·tré·tsa·*tou*·ra pér
randonnée	*l'escursionismo*	lé·skour·syo·*niz*·mo
pédestre	*a piedi*	a *pyè*·di

Nous devons	*Dobbiamo*	dob·*bya*·mo
amener… ?	*portare…?*	por·*ta*·ré…
quelque chose	*qualcosa*	kwal·*ko*·za
pour dormir	*per dormire*	pér dor·*mi*·ré
de la nourriture	*del cibo*	dél *tchi*·bo
de l'eau	*dell'acqua*	dé·*la*·kwa
Combien de km fait… ?	*Quant'è…?*	kwann·*tè*…
la montée	*alta la salita*	*al*·ta la sa·*li*·ta
la randonnée	*lunga*	*lounn*·ga
	l'escursione	lé·skour·syo·né
le sentier	*lungo il*	*lounn*·go il
	sentiero	*sènn*·tyè·ro

Le sentier est-il... ?	*La pista è...?*	la *pi*·sta è...
(bien) signalé	*(ben) segnata*	(bènn) sé·*nya*·ta
dégagé	*aperta*	a·*pèr*·ta
panoramique	*panoramica*	pa·no·*ra*·mi·ka
Quel est le…	*Qual'è il*	kwa·*lè* il
parcours ?	*percorso...?*	pér·*kor*·so...
plus facile	*più facile*	pyou *fa*·tchi·lé
plus court	*più corto*	pyou *kor*·to
Où y a-t-il/se trouve... ?	*Dov'è...?*	do·vè...
un camping	*un campeggio*	ounn kamm·*pè*·djo
le village	*il villaggio*	il vil·*la*·djo
le plus proche	*più vicino*	pyou vi·*tchi*·no
Où sont... ?	*Dove sono...?*	*do*·vé so·no...
les douches	*le docce*	lé *do*·tché
les sanitaires	*i servizi*	i sér·*vi*·tsi
	igienici	i·*djè*·ni·tchi

Est-ce qu'un guide est nécessaire ?	
Occorre una guida?	ok·*ko*·ré ou·na *gwi*·da
Y a-t-il des randonnées accompagnées ?	
Ci sono delle	tchi *so*·no dè·lé
escursioni guidate?	é·skour·*syo*·ni gwi·*da*·té
C'est sûr ?	
È sicuro?	è si·*kou*·ro
Y a-t-il un refuge là-bas ?	
C'è un rifugio là?	tchè ounn ri·*fou*·djo la
Quand est-ce que la nuit tombe ?	
Quando fa buio?	*kwann*·do fa *bou*·yo
D'où êtes-vous/es-tu venu(e) ?	
Da dove è venuto/a? **m/f pol**	da *do*·vé è vé·*nou*·to/a
Da dove sei venuto/a? **m/f fam**	da *do*·vé seille vé·*nou*·to/a

Vous avez mis combien de temps ?
Quanto ci è voluto? kwann·to tchi è vo·*lou*·to

Ce sentier va-t-il vers (Ginostra) ?
Questo sentiero va verso kwè·sto sènn·*tyè*·ro va vèr·so
(Ginostra)? (dji·*no*·stra)

Pouvons-nous passer par là ?
Possiamo passare da qui? pos·*sya*·mo pas·*sa*·ré da kwi

L'eau est-elle potable ?
Si può bere l'acqua? si pwo bè·ré *la*·kwa

Je me suis perdu(e).
Mi sono perso/a. m/f mi *so*·no pèr·so/a

plage

la spiaggia

Où est la plage… ?	*Dov'è la spiaggia…?*	do·vè la spya·dja…
la plus belle	*migliore*	mi·*lyo*·ré
la plus proche	*più vicina*	pyou vi·*tchi*·na
pour nudistes	*nudista*	nou·*di*·sta
publique	*pubblica*	*poub*·bli·ka
Peut-on… sans	*Si può… senza*	si pwo… sènn·tsa
danger ?	*pericolo?*	pé·*ri*·ko·lo
faire des plongeons	*fare i tuffi*	fa·ré i *touf*·fi
faire de la plongée	*fare le*	fa·ré lé
	immersioni	im·mér·*syo*·ni
nager	*nuotare*	nwo·*ta*·ré

signalisation	
Vietato nuotare	**Interdiction de nager**

Français	Italien	Prononciation
À quelle heure est la marée... ?	*A che ora è... marea?*	a ké *o*·ra è... ma·*rè*·a
haute	*l'alta*	*lal*·ta
basse	*la bassa*	la *bas*·sa
Combien coûte... ?	*Quanto costa...?*	*kwann*·to *ko*·sta...
une chaise longue	*una sedia a sdraio*	*ou*·na *sè*·dya a *sdra*·yo
un cabanon	*una capanna*	*ou*·na ka·*pa*·na
un parasol	*un ombrello*	ou·nomm·*brèl*·lo

météo

il tempo

Quel temps fait-il ?	*Che tempo fa?*	ké *tèmm*·po fa
(Aujourd'hui) il fait...	*(Oggi) È...*	(*o*·dji) è...
Est-ce qu'il y aura... demain ?	*Domani sarà...?*	do·*ma*·ni sa·*ra*...
des nuages	*nuvoloso*	nou·vo·*lo*·zo
du beau temps	*sereno*	sé·*rè*·no
du soleil	*soleggiato*	so·lé·*dja*·to

(Aujourd'hui) il fait...	(Oggi) Fa...	(*o*·dji) fa...
Est-ce qu'il fera... demain ?	Domani farà...?	do·*ma*·ni fa·*ra*...
froid	freddo	*frèd*·do
chaud	caldo	*kal*·do
beau temps	bel tempo	bél *tèmm*·po
On gèle	Si gela.	si *djè*·la
Il pleut	Piove.	*pyo*·vé
Il y a du vent	Tira vento.	*ti*·ra *vènn*·to

Est-ce qu'il... demain ?	Domani...?	do·*ma*·ni...
pleuvra	pioverà	pyo·vé·*ra*
neigera	nevicherà	né·vi·ké·*ra*
y aura du vent	ci sarà vento	tchi sa·*ra vènn*·to

faune et flore

Quel(le) (type de)...	Che (tipo di)...	ké (*ti*·po di)...
est-ce ?	è quello?	è *kwèl*·lo
animal	animale	a·ni·*ma*·lé
fleur	fiore	*fyo*·ré
plante	pianta	*pyann*·ta
arbre	albero	*al*·bé·ro

Est-il/elle... ?	È...?	è...
commune(e)	comune	ko·*mou*·né
dangereux(euse)	pericoloso/a m/f	pé·ri·ko·*lo*·zo/a
en voie d'extinction	in pericolo d'estinzione	inn pé·*ri*·ko·lo dé·stinn·*tsyo*·né
vénéneux(euse)	velenoso/a m/f	vé·lé·*no*·zo/a
protégé(e)	protetto/a m/f	pro·*tèt*·to/a

À quoi ça sert ?
A che cosa serve?　　　　a ké *ko·*za *sèr·*vé

On peut le manger ?
Si può mangiarlo?　　　　si pwo mann·*djar·*lo

vocabulaire de base

boire	*bere*	*bè·ré*
déjeuner	*pranzo* m	*prann·dzo*
dîner	*cena* f	*tchè·na*
en-cas	*spuntino* m	spounn·*ti*·no
goûter	*merenda* f	mé·*rènn*·da
manger	*mangiare*	mann·*dja*·ré
petit déjeuner	*prima colazione* f	*pri*·ma ko·la·*tsyo*·né

établissements bon marché

La cuisine italienne, fine et délicieuse, est souvent onéreuse. Si votre budget est limité, choisissez d'explorer quelques-uns de ces endroits...

bar/caffè bar/kaf·*fè*
sert des boissons mais aussi des sandwichs et des en-cas pour les petits creux

osteria/trattoria o·sté·*ri*·a/trat·to·*ri*·a
choix de plats simples et de spécialités locales

paninoteca pa·ni·no·*tè*·ka
on y mange de délicieux sandwichs au fromage, aux tomates, à la charcuterie, etc.

tavola calda *ta*·vo·la *kal*·da
offre des spécialités locales, des pizzas, de la viande rôtie et des salades

pizzeria pi·tsé·*ri*·a
spécialisée dans la vente de *pizze* et de *calzoni* (une pizza repliée), habituellement préparés au feu de bois

ristorante ri·sto·*rann*·té
un établissement plus sophistiqué – avec un service de qualité supérieure, un menu plus cher et une bonne carte des vins

où se restaurer

Pourriez-vous me conseiller un...	*Potrebbe consigliarmi un...*	po·*trè*·bé konn·si·*lya*·rmi ounn...
café	*bar*	bar
restaurant	*ristorante*	ri·sto·*rann*·té
Où iriez-vous pour... ?	*Dove andrebbe per...*	*do*·vé ann·*drè*·bé pér...
un dîner d'affaires	*un pranzo d'affari*	ounn *prann*·dzo daf·*fa*·ri
un repas	*un pasto*	ounn *pa*·sto
bon marché	*economico*	é·ko·*no*·mi·ko
une fête	*una celebrazione*	*ou*·na tché·lé·bra·*tsyo*·né
manger des spécialités locales	*le specialità locali*	lé spé·tcha·li·*ta* lo·*ka*·li

---

parler local

bwonn ap·pé·*ti*·to *Buon appetito.*	**Bon appétit.**
do·vé *vwo*·lé sé·*dèr*·si *Dove vuole sedersi?*	**Où voulez-vous vous asseoir ?**
é al komm·*plè*·to *È al completo.*	**Nous sommes complets.**
èk·ko *Ecco!*	**Voilà !**
ko·mé la *vwo*·lé *kot*·ta *Come la vuole cotta?*	**Vous la voulez (cuite) comment ?**
ko·za lé *por*·to *Cosa Le porto?*	**Qu'est-ce que vous désirez ?**
nonn ab·*bya*·mo *ta*·vo·li *Non abbiamo tavoli.*	**Nous n'avons plus de table.**
sya·mo *kyou*·zi *Siamo chiusi.*	**C'est fermé.**

Caldo	*kal*·do	**Chaud**
Donne	*don*·né	**Femmes**
Freddo	*frèd*·do	**Froid**
Gabinetti	ga·bi·*nèt*·ti	**Toilettes**
Prenotato	pré·no·*ta*·to	**Réservé**
Riservato	ri·sér·*va*·to	**Privé**
Uomini	*wo*·mi·ni	**Hommes**

Je voudrais réserver	*Vorrei prenotare*	vor·*reille* pré·no·*ta*·ré
une table pour...	*un tavolo per...*	ounn *ta*·vo·lo pér...
(2) personnes	*(due) persone*	(*dou*·é) pér·*so*·né
(8h)	*le (otto)*	lé (*ot*·to)

Je voudrais...,	*Vorrei...,*	vor·*reille*...
s'il vous plaît.	*per favore.*	pér fa·*vo*·ré
une table	*un tavolo*	ounn *ta*·vo·lo
pour (4)	*per (quattro)*	pér (*kwat*·tro)
la carte	*il menù*	il mé·*nou*
la carte	*la lista delle*	la *li*·sta *dèl*·lé
des boissons	*bevande*	bé·*vann*·dé
(non-)fumeurs	*(non) fumatori*	(nonn) fou·ma·*to*·ri

Avez-vous... ?	*Avete...?*	a·*vè*·té...
un repas	*pasti*	*pa*·sti
pour enfants	*per bambini*	pér bamm·*bi*·ni
un menu	*un menù*	ounn mé·*nou*
en français	*in francese*	inn frann·*tchè*·zé

Vous servez encore à manger ?
Servite ancora da mangiare?   sér·*vi*·té ann·*ko*·ra da mann·*dja*·ré

Il faut attendre combien de temps ?
Quanto si deve aspettare?   *kwann*·to si *dè*·vé as·pét·*ta*·ré

au restaurant

Je voudrais le menu, s'il vous plaît.
Vorrei il menù, per favore.
vo-*reille* il mé-*nou* pér fa-*vo*-ré

C'est un self-service ?
È self-service?
è sélf-*sèr*-vi-se

Nous prenons juste à boire.
Prendiamo solo da bere.
prènn-*dya*-mo *so*-lo da *bè*-ré

Que conseillez-vous ?
Cosa mi consiglia?
ko-za mi konn-*si*-lya

Je voudrais ce qu'ils sont en train de manger.
Vorrei quello che stanno
mangiando loro.
vo-*reille* kwèl-lo ké *stan*-no
mann-*djann*-do *lo*-ro

Je voudrais une spécialité de la région.
Vorrei una specialità
di questa regione.
vor-*reille* ou-na spé-*tcha*-li-*ta*
di kwè-sta ré-*djo*-né

Qu'y a-t-il dans ce plat ?
Quali ingredienti ci
sono in questo piatto?
kwa-li inn-gré-*dyènn*-ti tchi
so-no inn *kwè*-sto *pyat*-to

Il est long à préparer ?
Ci vuole molto per
prepararlo?
tchi *vwo*-lé *mol*-to pér
pré-pa-*rar*-lo

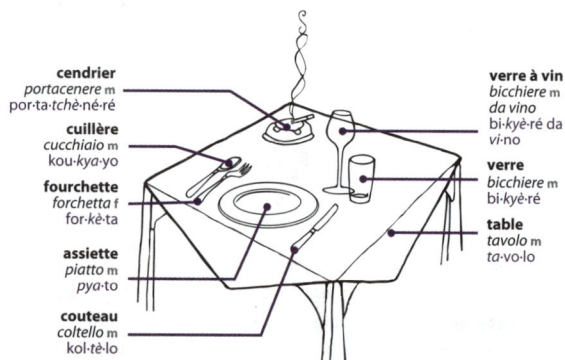

cendrier
portacenere m
por-ta-*tchè*-né-ré

cuillère
cucchiaio m
kou-*kya*-yo

fourchette
forchetta f
for-*kè*-ta

assiette
piatto m
pya-to

couteau
coltello m
kol-*tè*-lo

verre à vin
bicchiere m
da vino
bi-*kyè*-ré da
vi-no

verre
bicchiere m
bi-*kyè*-ré

table
tavolo m
ta-vo-lo

antipasti	ann·ti·*pa*·sti	hors-d'œuvre
zuppe	tsou·pé	soupes
primi (piatti)	pri·mi *(pyat*·ti)	entrées
insalate	inn·sa·*la*·té	salades
contorni	konn·*tor*·ni	garniture
pasti leggeri	pa·sti lé·*djè*·ri	repas légers
secondi (piatti)	sé·*konn*·di *(pyat*·ti)	plats principaux
dolci	dol·tchi	desserts
bevande	bé·*vann*·dé	boissons
aperitivi	a·pé·ri·*ti*·vi	apéritifs
bibite	*bi*·bi·té	sodas
liquori	li·*kwo*·ri	liqueurs
birre	*bir*·ré	bières
vini della casa	vi·ni *dèl*·la *ka*·za	vins en pichet
vini locali	vi·ni lo·*ka*·li	vins de pays
vini frizzanti	vi·ni fri·*tsann*·ti	vins pétillants
vini bianchi	vi·ni *byann*·ki	vins blancs
vini rossi	vi·ni *ros*·si	vins rouges
vini rosati	vi·ni ro·*za*·ti	rosés
vini da dessert	vi·ni da dés·*sèr*	vins à dessert
digestivi	di·djé·*sti*·vi	digestifs

Consultez également le **lexique culinaire**, p. 161.

Le. .. est compris	*Il ... è compreso*	il ... è komm·*prè*·zo
dans le prix ?	*nel conto?*	nél *konn*·to
couvert	*coperto*	ko·*pèr*·to
service	*servizio*	sér·*vi*·tsyo

Vous pouvez m'apporter, s'il vous plaît... ?

	Mi porti...,	mi *por*·ti...
	per favore?	pér fa·*vo*·ré
l'addition	*il conto*	il *konn*·to
un torchon	*uno strofinaccio*	*ou*·no stro·fi·*na*·tcho
un verre	*un bicchiere*	ounn bik·*kyè*·ré

Y a-t-il (du parmesan) ?

C'è (del parmigiano)?	tchè (dél par·mi·*dja*·no)

Les Italiens déclinent les pâtes à l'infini, des *spaghetti* – un grand classique – aux *gnocchi*, faits à base de pommes de terre, en passant par les *farfalle*, en forme de papillon. Il y a même plusieurs variétés de sauce et chaque région a sa propre spécialité. Voici quelques-unes des recettes que vous pourriez savourer. Notez que *alla* et *all'* signifient "à la mode de".

aglio e olio *a*·lyo é *o*·lyo
  huile, ail et parfois piment

al ragù al ra·*gou*
  viande hachée (veau ou porc), légumes, zeste de citron et noix de muscade

all'amatriciana al·la·ma·tri·*tcha*·na
  joue de porc, lard, vin blanc, tomates, piment et fromage

alla carbonara *al*·la kar·bo·*na*·ra
  lardons, beurre, œufs et fromage

alla partenopea *al*·la par·té·no·*pè*·a
  mozzarella, tomates, croûtons, câpres, olives, anchois, basilic, huile, piment et sel

alla pescatora *al*·la pé·ska·*to*·ra
  poisson, tomates et fines herbes

alla pommarola *al*·la pom·ma·*ro*·la
  tomates

alla puttanesca *al*·la pou·ta·*nè*·ska
  ail, anchois, olives noires, câpres, tomates, huile et piment

cacio e pepe *ka*·tcho é *pè*·pé
  poivre noir et fromage

con il tonno konn il *ton*·no
  avec du thon

con le vongole konn lé *vonn*·go·lé
  avec des palourdes

con tartufo di Norcia konn tar·*tou*·fo di *nor*·tcha
  avec des truffes de Norcia

parler gastronomie

C'était délicieux !
Era squisito! è·ra skwi·*zi*·to

Compliments au chef !
Complimenti al cuoco! komm·pli·*mènn*·ti al *kwo*·ko

Je suis rassasié(e).
Sono sazio/a. m/f *so*·no *sa*·tsyo/a

J'adore... *Vado matto/a per...* m/f *va*·do *mat*·to/a pér...
  ce plat *questo piatto* *kwè*·sto *pyat*·to
  la cuisine *la cucina* la kou·*tchi*·na
  locale *locale* lo·*ka*·lé

C'est... *Questo/a è...* m/f *kwè*·sto/a è...
  bon *buono* *bouo*·no
  délicieux *delizioso/a* m/f dé·li·*tsyo*·zo/a
  piquant *piccante* pik·*kann*·té
  (trop) froid *(troppo) freddo/a* m/f (*trop*·po) *frè*·do/a
  (trop) chaud *(troppo) caldo/a* m/f (*trop*·po) *kal*·do/a

petit déjeuner

Vous prenez quoi habituellement au petit-déjeuner ?
Qual'è la prima kwa·*lè* la *pri*·ma
colazione tipica? ko·la·*tsyo*·né *ti*·pi·ka

bacon	*pancetta* f	pann·*tchè*·ta
pain	*pane* m	*pa*·né
beurre	*burro* m	*bour*·ro
céréales	*cereali* m pl	tché·ré·*a*·li
croissant	*cornetto* m	kor·*nèt*·to
œufs	*uova* f pl	*wo*·va
omelette	*frittata* f	frit·*ta*·ta
lait	*latte* m	*lat*·té
muesli	*muesli* m	*mou*·sli
gâteau	*pasta* f	*pa*·sta
toast	*pane* m *tostato*	*pa*·né to·*sta*·to

cuissons et préparations

Je le/la voudrais...	*Lo/La vorrei...* m/f	lo/la vor·*reille*...
Je ne le/la	*Non lo/la*	nonn lo/la
veux pas...	*voglio...* m/f	*vo*·lyo...
bouilli(e)	*bollito/a* m/f	bol·*li*·to/a
grillé(e)	*cotto/a* m/f	*kot*·to/a
	a fuoco vivo	a *fwo*·ko *vi*·vo
frit(e) dans	*fritto/a* m/f *in*	*frit*·to/a inn
beaucoup d'huile	*abbondante olio*	ab·bonn·*dann*·té o·lyo
frit(e)	*fritto/a* m/f	*frit*·to/a
cuit(e) au gril	*(cotto/a)* m/f *ai ferri*	*(kot*·to/a) aille *fè*·ri
pas trop cuit(e)	*non troppo*	nonn *trop*·po
	cotto/a m/f	*kot*·to/a
saignant(e)	*al sangue*	al *sann*·gwé
réchauffé(e)	*riscaldato/a* m/f	ri·skal·*da*·to/a
à la vapeur	*cotto/a* m/f	*kot*·to/a a va·*po*·ré
	a vapore	
bien cuit(e)	*ben cotto/a* m/f	bènn *kot*·to/a
avec la	*con il*	konn il
sauce	*condimento*	konn·di·*mènn*·to
à part	*a parte*	a *par*·té
sans...	*senza...*	*sènn*·tsa...

au bar

Excusez-moi !
Scusi!   *skou*·zi

Je vais prendre (un verre de vin rouge).
Prendo (un bicchiere di   *prènn*·do (ounn bik·*kyè*·ré di
vino rosso).   *vi*·no *ros*·so)

Un autre, s'il vous plaît.
Un altro, per favore.   ounn *al*·tro pér fa·*vo*·ré

Sans glace, merci.
Senza ghiaccio, grazie.   *sènn*·tsa *guya*·tcho *gra*·tsyé

Sec, s'il vous plaît.
Liscio, per favore. *li*·cho pér fa·*vo*·ré

Je t'offre à boire.
Ti offro da bere. ti *of*·fro da *bè*·ré

Tu prends quoi ?
Cosa prendi? *ko*·za *prènn*·di

C'est ma tournée.
Offro io. *of*·fro i·o

La prochaine, c'est la tienne.
La prossima la paghi tu. la *pros*·si·ma la *pa*·gui tou

Vous servez à manger ici ?
Servite da mangiare qui? sér·*vi*·té da mann·*dja*·ré kwi

boissons non alcoolisées

le bevande analcoliche

sirop d'orgeat	*orzata* f	or·*dza*·ta
soda italien	*chinotto* m	ki·*not*·to
jus de fruit	*succo* m *di frutta*	*souk*·ko di *frout*·ta
(en bouteille)		
jus de fruit (frais)	*spremuta* f	spré·*mou*·ta
jus de pamplemousse	*succo* m *di*	*souk*·ko di
	pompelmo	pomm·*pèl*·mo
limonade	*limonata* f	li·mo·*na*·ta
jus d'orange	*succo* m	*souk*·ko
(en bouteille)	*d'arancia*	da·*rann*·tcha
jus d'orange (frais)	*spremuta* f	spré·*mou*·ta
	d'arancia	da·*rann*·tcha
orangeade	*aranciata* f	a·rann·*tcha*·ta
soda	*bibita* f	*bi*·bi·ta
(un) thé	*(un) tè* m	(ounn) tè
(un) café	*(un) caffè* m	(ounn) kaf·*fè*
... avec du lait	*... con latte*	... konn *lat*·té
... sans/avec	*... senza/con*	... *sènn*·tsa/konn
(du sucre)	*(zucchero)*	(*tsouk*·ké·ro)

eau...	*acqua* f...	*a·*kwa...
bouillie	*bollita*	bol·*li·*ta
minérale	*minerale*	mi·né·*ra·*lé
pétillante	*frizzante*	fri·*tsann·*té
naturelle	*naturale*	na·tou·*ra·*lé

à l'heure du café

Les Italiens boivent souvent leur café debout, d'autant que les bars appliquent un supplément si on consomme à une table. Si vous demandez un simple *caffè*, on vous donnera un *espresso*, et ne commandez pas de *latte* à moins de vouloir boire un verre de lait. Si vous voulez les deux, demandez un *caffellatte*, le matin de préférence.

caffè alla valdostana	kaf·*fè a·*la val·do·*sta·*na
avec de la *grappa*, un zeste de citron et des épices	
caffè americano	kaf·*fè* a·mé·ri·*ka·*no
noir, allongé	
caffè corretto	kaf·*fè* kor·*rè·*to
avec un peu de liqueur	
caffè doppio	kaf·*fè dop·*pyo
noir, fort et allongé	
caffè macchiato	kaf·*fè* mak·*kya·*to
avec un peu de lait	
caffè ristretto	kaf·*fè* ri·*strèt·*to
café noir très fort	
caffellatte	kaf·fé·*lat·*té
café au lait – habituellement consommé au petit-déjeuner	
cappuccino	kap·pou·*tchi·*no
café au lait, servi avec beaucoup de mousse et saupoudré de cacao – servi le matin	
espresso	é·*sprès·*so
café noir, serré	
ristretto	ri·*strèt·*to
café noir, très serré	
latte	*lat·*té
lait	

boissons alcoolisées

le bevande alcoliche

Vous n'aurez pas beaucoup de difficultés pour commander ce que vous avez envie de boire. Certains termes italiens sont passés dans la langue française (par exemple : *sambuca* et *grappa*), d'autres sont directement empruntés à l'anglais, comme le *gin*, le *rum* et le *whiskey*.

amer	*amaro* m	a·*ma*·ro
eau-de-vie	*grappa* f	*grap*·pa
bière pression	*birra* f *a la spina*	*bir*·ra a la *spi*·na
cognac	*cognac* m	ko·nyak
champagne	*champagne* m	shamm·*pa*·nyé
cocktail	*cocktail* m	kok·tél
vin	*vino* m	*vi*·no

une gorgée de...	*un sorso di...*	ounn *sor*·so di...
une bouteille de vin...	*una bottiglia*	*ou*·na bot·*ti*·lya
	di vino...	di *vi*·no...
un verre de vin...	*un bicchiere*	ounn bik·*kyè*·ré
	di vino...	di *vi*·no...
à dessert	*da dessert*	da dés·*sèr*
rouge	*rosso*	*ros*·so
rosé	*rosato*	ro·*za*·to
mousseux	*spumante*	spou·*mann*·té
blanc	*bianco*	*byann*·ko
pétillant	*frizzante*	fri·*dzann*·té
... de bière	*... di birra*	... di *bir*·ra
un verre	*un bicchiere*	ounn bik·*kyè*·ré
une pinte	*una pinta*	*ou*·na *pinn*·ta
une bouteille	*una bottiglia*	*ou*·na bot·*ti*·lya

un verre de trop ?

Santé !
Salute!
sa·*lou*·té

Merci, mais je n'ai pas envie.
Grazie, ma non mi va.
gra·tsyé ma nonn mi va

Je ne bois pas (d'alcool).
Non bevo.
nonn *bè*·vo

Je suis fatigué(e), il vaut mieux que je rentre.
Sono stanco/a, è meglio
so·no *stann*·ko/a è *mè*·lyo
che vada a casa. **m/f**
ké *va*·da a *ka*·za

Où sont les toilettes ?
Dov'è il gabinetto?
do·*vè* il ga·bi·*nèt*·to

Il ne manquait plus que ça !
Ci voleva proprio!
tchi vo·*lè*·va *pro*·pri·o

Je me sens pompette.
Mi sento un po'
mi *sènn*·to ounn po
ubriaco/a. **m/f**
ou·bri·*a*·ko/a

J'ai combien de doigts ?
Quante sono?
kwann·té *so*·no

Je t'aime vraiment beaucoup.
Ti amo molto molto.
ti *a*·mo *mol*·to *mol*·to

Je crois que j'ai trop bu.
Penso d'aver bevuto
pènn·so da·*vèr* bé·*vou*·to
troppo.
trop·po

Tu peux m'appeler un taxi ?
Mi puoi chiamare un
mi pwoïl kya·*ma*·ré ounn
tassì?
tas·*si*

Il vaut mieux que tu ne conduises pas.
È meglio che non guidi.
è *mè*·lyo ké nonn *gwi*·di

Je suis bourré(e).
Ho la ciucca.
o la *tchouk*·ka

Je ne me sens pas bien.
Mi sento male.
mi *sènn*·to ma·lé

vocabulaire de base

cuit(e)	*cotto/a* m/f	*kot*·to/a
sec/sèche	*secco/a* m/f	*sèk*·ko/a
frais/fraîche	*fresco/a* m/f	*frè*·sko/a
congelé(e)	*congelato/a* m/f	konn·djé·*la*·to/a
cru(e)	*crudo/a* m/f	*krou*·do/a

magasins d'alimentation

alimentari	a·li·mènn·*ta*·ri	épicerie
caseificio	ka·zé·i·*fi*·tcho	fromagerie
enoteca	é·no·tè·ka	cave
negozio	né·*go*·tsio	fromagerie (vend aussi
di formaggi	di for·*ma*·dji	d'autres produits
		laitiers)
macelleria	ma·tchél·lé·*ri*·a	boucherie
mercato	mér·*ka*·to	marché
pasticceria	pa·sti·tché·*ri*·a	pâtisserie
pastificio	pa·sti·*fi*·tcho	magasin de pâtes
		alimentaires
pescheria	pé·ské·*ri*·a	poissonnerie
polleria	pol·lé·*ri*·a	rôtisserie
salumeria	sa·lou·mé·*ri*·a	charcuterie
tabacchi	ta·*bak*·ki	tabac
torrefazione	tor·ré·fa·*tsyo*·né	maison du café

faire les courses

Combien ?
Quanto/a? m/f
kwann·to/a

Combien coûte (un kilo de fromage) ?
Quanto costa (un chilo
di formaggio)?
kwann·to *ko*·sta (ounn *ki*·lo
di for·*ma*·djo)

Quelle est la spécialité de la région ?
Qual'è la specialità
di questa regione?
kwa·*lè* la spé·tcha·li·*ta*
di *kwè*·sta ré·*djo*·né

C'est quoi ?
Cos'è?
ko·*zè*

Je peux goûter ?
Lo/La posso assaggiare? m/f
lo/la *pos*·so as·sa·*dja*·ré

Est-ce que vous pouvez me donner un sachet, s'il vous plaît ?
Posso avere un sacchetto,
per favore?
pos·so a·vè·ré ounn sak·*kè*·to
pér fa·*vo*·ré

Je voudrais...	*Vorrei...*	vo·*reille*...
100 grammes	*un etto*	ou·*nè*·to
(200) grammes	*(due) etti*	(dou·é) *è*·ti
un kilo	*un chilo*	ounn *ki*·lo
(2) kilos	*(due) chili*	(dou·é) *ki*·li
une bouteille	*una bottiglia*	*ou*·na bot·*ti*·lya
une douzaine	*una dozzina*	*ou*·na do·*dzi*·na
un pot	*un barattolo*	ounn ba·*rat*·to·lo
un sac(het)	*un sacchetto*	ounn sak·*kèt*·to
un morceau	*un pezzo*	ounn *pè*·tso
(3) morceaux	*(tre) pezzi*	(tré) *pè*·tsi
une tranche	*una fetta*	*ou*·na *fèt*·ta
(6) tranches	*(sei) fette*	(seille) *fèt*·té
une boîte	*una scatola*	*ou*·na *ska*·to·la
des...	*alcuni/e...* m/f	al·*kou*·ni/é...
celui-là/celle-là	*quello/a* m/f	*kwèl*·lo/a
celui-ci/celle-ci	*questo/a* m/f	*kwè*·sto/a

Ça suffit, merci.	*Basta, grazie.*	*ba·sta gra·tsyé*
Un peu plus.	*Un po' di più.*	ounn po di pyou
Moins.	*(Di) Meno.*	(di) *mè·*no
Avez-vous	*Avete…?*	a·*vè·*té…
quelque chose… ?	*qualcosa di*	kwal·*ko·*za di
de moins cher	*meno costoso*	*mè·*no ko·*sto·*zo
d'autre	*altri tipi*	*al·*tri *ti·*pi

Où puis-je trouver le rayon... ?	*Dove posso trovare il reparto...?*	*do·vé pos·so tro·va·ré il ré·par·to...*
des laitages	*dei latticini*	deille lat·ti·*tchi*·ni
des surgelés	*dei surgelati*	deille sour·djé·*la*·ti
des fruits et légumes	*della frutta e verdura*	dè·la *frout*·ta é vér·*dou*·ra
de la viande	*della carne*	dèl·la kar·né
des volailles	*del pollame*	dél pol·*la*·mé

ustensiles de cuisine

utensili da cucina

Puis-je emprunter (un tire-bouchon), s'il vous plaît ?
Posso prendere in prestito (un cavatappi), per favore?
pos·so prènn·dé·ré inn prè·sti·to (ounn ka·va·*tap*·pi) pér fa·*vo*·ré

Où y a-t-il (une casserole) ?
Dov'è (un tegame)?
do·vè (ounn té·*ga*·mé)

Pour un vocabulaire plus précis, consulter le **dictionnaire**.

commander

Y a-t-il un restaurant... près d'ici ?	*C'è un ristorante... qui vicino?*	tchè ounn ri·sto·*rann*·té… kwi vi·*tchi*·no
halal	*halal*	a·*lal*
kasher	*kasher*	*ka*·shér
végétarien	*vegetariano*	vé·djé·ta·*rya*·no

Avez-vous des plats (végétariens) ?
Avete piatti (vegetariani)?   a·vè·té *pya*·ti (vé·djé·ta·*rya*·ni)

Je suis végétalien(ne).
Sono vegetaliano/a. m/f   *so*·no vé·djé·ta·*lya*·no/a

Je ne mange pas de (poisson).
Non mangio (pesce).   nonn *mann*·djo (*pè*·ché)

Est-ce cuit avec de (l'huile) ?
È cotto con (olio)?   è *ko*·to konn (*o*·lyo)

C'est... ?	*È...?*	è…
décaféiné(e)	*decaffeinato/a* m/f	dé·ka·fé·i·*na*·to/a
sans cholestérol	*senza colesterolo*	*sènn*·tsa ko·lé·sté·*ro*·lo
sans produits d'origine animale	*senza prodotti animali*	*sènn*·tsa pro·*do*·ti a·ni·*ma*·li
fermier	*ruspante*	rou·*spann*·té
génétiquement modifié(e)	*geneticamente modificato/a* m/f	djé·né·ti·ka·*mènn*·té mo·di·fi·*ka*·to/a
sans gluten	*senza glutine*	*sènn*·tsa *glou*·ti·né
à basse teneur en graisses/sucre	*a basso contenuto lipidico/glucosio*	a *ba*·so konn·té·*nou*·to li·*pi*·di·ko/glou·*ko*·zyo
biologique	*biologico/a* m/f	byo·*lo*·dji·ko/a
sans sel	*senza sale*	*sènn*·tsa sa·lé

Pouvez-vous préparer	Potreste preparare	po·trè·sté pré·pa·ra·ré
un repas sans... ?	un pasto senza...?	ounn pa·sto sènn·tsa …
beurre	burro	bour·ro
œufs	uova	wo·va
bouillon de	brodo di	bro·do
viande/poisson	carne/pesce	di kar·né/pè·ché
porc	carne di maiale	kar·né di ma·ya·lé
volaille	pollame	pol·la·mé
viande rouge	carne rossa	kar·né ros·sa

---

parler local

konn·trol·lo konn il kwo·ko	
Controllo con il cuoco.	**Je vérifie auprès du chef.**
pwo mann·dja·ré …	
Può mangiare...?	**Vous pouvez manger... ?**
tout·to konn·tyè·né (la kar·né)	
Tutto contiene (la carne).	**Tous les plats contiennent (de la viande).**

---

allergies et régimes spéciaux

allergie e diete speciali

Je suis un régime spécial.
Seguo una dieta speciale.   sè·gwo ou·na dyè·ta spé·tcha·lé

Je suis allergique...	Sono allergico/a... **m/f**	so·no al·lèr·dji·ko/a...
aux produits laitiers	ai latticini	aille lat·ti·tchi·ni
aux œufs	alle uova	al·lé wo·va
au poisson	al pesce	al pè·ché
à la gélatine	alla gelatina	al·la djé·la·ti·na
au gluten	al glutine	al glou·ti·né
au miel	al miele	al myè·lé
au glutamate	al glutammato	al glou·tam·ma·to
de sodium	monosodico	mo·no·so·di·ko
aux noix	alle noci	al·lé no·tchi
aux cacahouètes	alle arachidi	al·lé a·ra·ki·di
aux fruits de mer	ai frutti di mare	aille frout·ti di ma·ré
aux crustacés	ai crostacei	aille kro·sta·tché·i

Plusieurs plats énumérés ci-dessous sont des spécialités régionales. La cuisine italienne possède de nombreuses variantes locales. Les ingrédients et les recettes de ce lexique sont classés par ordre alphabétique. Pour rechercher une recette, rendez-vous au premier mot (par exemple : **tacchino con sugo di melagrana** *dinde au jus de grenade* sera classée à "tacchino").

A

abbacchio m ab-*ba*-kyo *agneau de lait*
— **alla cacciatora** *al*-la ka-tcha-*to*-ra *agneau à la cocotte, avec des épices, du vin blanc et des anchois*
— **a scottadito** a-skot-ta-*di*-to *côtelettes d'agneau cuites à la poêle*

acciughe f pl a-*tchou*-gué *anchois (souvent saumurés)*

aceto m a-*tché*-to *vinaigre*

acquacotta f a-kwa-*kot*-ta *soupe préparée avec des tomates, du poivron, du céleri, des œufs, des artichauts ou des champignons*

acquapazza f a-kwa-*pa*-tsa *"eau folle" – soupe de poisson*

aglio m a-lyo *ail*
— **e olio** m é o-lyo *sauce à l'ail et à l'huile d'olive*

agnello m a-*nyèl*-lo *agneau*
— **ai funghi** aille *founn*-gui *avec des champignons*
— **al forno** al *for*-no *cuit au four, avec de l'ail et parfois des pommes de terre*
— **da latte** da *lat*-té *agneau de lait*

agnolini m pl a-*nyo*-*li*-ni *raviolis ronds farcis de viande, d'œufs, de fromage et d'autres ingrédients*

agnolotti m pl **ripieni** a-*nyo*-*lot*-ti ri-*pyè*-ni *raviolis farcis de viande, de fines herbes, d'œufs et de parmesan*

agro, all' a-gro, all *assaisonné à l'huile d'olive et au citron*

albicocca f al-bi-*kok*-ka *abricot*

alborella f al-bo-*rèl*-la *ablette (poisson d'eau douce)*

alici f pl a-*li*-tchi *anchois*
— **a crudo** a *krou*-do *crus, marinés à l'huile d'olive et aux épices*

al dente al *dènn*-té *"à la dent" – se dit des pâtes et du riz quand ils sont encore fermes après la cuisson*

all'/alla... all/*al*-la... *à la mode...*

alloro m al-*lo*-ro *laurier*

al sangue al *sann*-gwé *saignant(e)*

amaretti m pl a-ma-*rèt*-ti *biscuits aux amandes (macarons)*

amatriciana a-ma-tri-*tcha*-na, al *sauce tomate épicée avec du lard, des poivrons et du fromage*

ananas m *a*-na-na-se *ananas*

anatra f *a*-na-tra *canard*
— **al sale** al *sa*-lé *rôti de canard cuit en croûte de sel*

angiulottus m pl ann-djou-*lot*-tous *raviolis servis avec une sauce tomate simple ou une sauce bolognaise*

anguilla f ann-*gwi*-la *anguille*

anice m a-ni-tché *anis*

annoglia f an-*no*-lya *saucisse de porc séchée au piment*

anolini m pl a-no-*li*-ni *sorte de raviolis farcis de bœuf braisé, de fromage, de parmesan, d'œufs et de chapelure*

aragosta f a-ra-*go*-sta *langouste • homard*

arancia f a-*rann*-tcha *orange*

arancia, all' a-*rann*-tcha, al *arrosé(e) ou cuit(e) au four dans du jus d'orange*

arancini m pl a-rann-*tchi*-ni *boulettes de riz farcies de viande*

aranzada f a-*rann*-*tsa*-da *nougat aux amandes*

arborio m ar-*bo*-ryo *riz à grains courts utilisé pour le risotto*

aringa f a-*rinn*-ga *hareng*

arista f a-*ri*-sta *carré de porc*
— **alla fiorentina** *al*-la fyo-*rènn*-*ti*-na *cuit au four avec des amandes*

aromi m pl a-*ro*-mi *aromates*

arrabbiata, all' ar-rab-*bya*-ta, al *"en colère" – avec une sauce épicée*

arrosticini m ar-ro-sti-*tchi*-ni *viande rôtie et brochettes – d'agneau souvent*

arrosto/a m/f ar-ro-*sto*/a *rôti(e)*
— **alla griglia** *a*-la *gri*-lya *au gril*

artigianale ar-ti-dja-*na*-lé *artisanal(e)*

asiago m a-*zya*-go *fromage à pâte dure*

asparagi m pl a-*spa*-ra-dji *asperges*

aspro/a m/f a-*spro*/a *âpre*

B

babà m ba-*ba* baba (au rhum) avec des raisins secs

baccalà m bak-ka-*la morue séchée*
— **alla pizzaiola** *al*-la pi-*tsa*-*yo*-la *avec une sauce tomate*
— **mantecato** mann-té-*ka*-to *servi avec une purée*

baci m pl ba-*tchi "baisers" – chocolats • type de pâtisserie ou de biscuit*

bagnetto verde ba-*nyèt*-to *vèr*-dé *sauce persillée à l'ail*

barbabietola f bar-ba-*byè*-to-la *betterave*

basilico m ba-*zi*-li-ko *basilic*

batsoà m ba-*tso*-a *pieds de porc désossés, bouillis puis frits*

battuto m bat-*tou*-to *assaisonnement de soupe ou de viande, au lard et aux légumes*

bavetta f ba-*vè*-ta *pâtes longues et larges*

bel paese m *bél* pa-è-zé *fromage crémeux à pâte molle*

besciamella f bé-cha-*mèl*-la *sauce béchamel*

bescò'cc m bé-*skotch biscuits aux amandes trempés dans de la grappa*

bianchetti m pl byann-*kèt*-ti *petits poissons frits*

bianco d'uovo byann-ko dwo-vo *blanc d'œufs*

bigné m bi-*nyè chou (petit gâteau)*

bigoli m pl *bi*-go-li *spaghettis épais, à la farine complète*

bisciò'la f bi-*cho*-la *gâteau aux noisettes, aux figues et aux raisins secs*

biscotti m pl bi-*skot*-ti *biscuits*

biscò'cc m bi-*skoch voir* **bescò'cc**

bisi m pl *bi*-zi *pois*

bistecca f bi-*stèk*-ka *steak*
— **alla fiorentina** *al*-la fyo-*rènn*-*ti*-na *côte de bœuf épaisse et savoureuse*

bitto m *bit*-to *fromage au lait de vache*

blanc manger m blannk *mann*-djé *dessert en gelée au lait, au sucre et à la vanille*

bocconcini m pl bok-konn-*tchi*-ni *bouchées de mozzarella • se réfère à tout autre produit de petite taille*

boghe f pl *in scabescio* bo-*gué* inn ska-*bè*-cho *poisson mariné, saupoudré de farine et doré à l'huile*

bollito m bol-*li*-to *bouilli*

bollito (bù'i) m bol-*li*-to (bou-*i*) *bouilli de viande mixte, servi avec des sauces variées*

bomba di riso *bomm*-ba di *ri*-zo *riz, pigeon braisé, œufs, champignons, truffes et saucisse cuits au four*

bombas m *bomm*-ba-se *boulettes de veau en ragoût*

bonèt m bo-*nète dessert aux macarons, avec du cacao, du café, du marsala et du rhum*

bostrengo m bo-*strènn*-go *gâteau de riz préparé avec du chocolat, du sucre, des épices et des pignes*

boudin m bou-*dinn boudin noir*

bra m bra *fromage doux*

braciola f bra-*tcho*-la *côtelette*

braciolone napoletano bra-tcho-*lo*-né na-po-lé-*ta*-no *bœuf roulé, farci de jambon, de provolone et d'aromates*

branzi m pl brann-*dzi fromage à pâte molle*

branzino m brann-*dzi*-no *bar • loup*

brasato m bra-za-to *bœuf mariné au vin rouge et aux épices, puis braisé*

brasare bra-za-ré *braiser*

brioche m bri-oche *viennoiserie*

brochat m bro-chat *crème épaisse et sucrée, à base de lait et de vin, que l'on mange sur du pain de seigle*

brodetto m di pesce bro-dèt-to di pè-ché *soupe de poisson*

brodo m bro-do *bouillon*

brôs m brou-se *pâté préparé avec du fromage fermenté, des fines herbes, des épices et de la grappa*

bruschetta f brou-skèt-ta *tranche de pain grillée, frottée d'ail et assaisonnée avec du sel, du poivre et de l'huile d'olive*

bruscitt m brou-chi-te *morceaux de bœuf au vin rouge, servis avec de la polenta ou une purée de pommes de terre*

brutti ma buoni m pl brout-ti ma bwo-ni *"laids mais bons" – macarons aux noisettes*

bucatini m pl bou-ka-ti-ni *pâtes alimentaires en forme de longs tubes creux*

buccellato m di Lucca bou-tché-lat-to di lou-ka *gâteau traditionnel en forme d'anneau*

budino m bou-di-no *flan*

bugie f pl bou-dji-é *"mensonges" – l'équivalent des bugnes*

burro m bou-ro *beurre*

burtléina f bour-té-lé-i-na *petite omelette préparée avec de l'eau, de la farine, du lard et des oignons, servie avec du saucisson*

busecca f bou-zè-ka *tripes*

bussolà m vicentina bous-so-la vi-tchènn-ti-na *dessert à base de biscuit de Savoie*

C

caciotta f ka-tchot-ta *fromage doux à pâte demi-molle*

cacciucco m (alla livornese) ka-tchouk-ko (al-la li-vor-nè-zé) *soupe de poisson faite avec au moins cinq poissons différents*

cacio m ka-tcho *nom donné aux fromages, en général • fromage crémeux*

caciocavallo m ka-tcho-ka-val-lo *fromage de vache à pâte pressée du sud de l'Italie*

cacioricotta f ka-tcho-ri-kot-ta *petit fromage rond fabriqué avec du lait caillé de vache/brebis/chèvre*

caciuni m pl ka-tchou-ni *gros raviolis ou feuilletés farcis de jaune d'œufs, de fromages, de sucre et de zeste de citron*

caffè m kaf-fè *café (voir aussi p. 152)*

calamari m pl ka-la-ma-ri *calamars*

calhiettes ou tradizionali ka-lyète tra-di-tsyo-na-li *mélange de pommes de terre crues, râpées, de pain dur, de lardons, d'oignons, de farine, d'œufs battus et d'œufs mollets, habituellement utilisé pour préparer des boulettes et des omelettes*

calzone m kal-tso-né *pâte à pizza pliée en deux, fourrée de toutes sortes d'ingrédients et cuite au feu de bois*

canederli m pl ka-nè-dér-li *grosses boulettes de vieux pain, de speck et d'autres ingrédients comme du foie, du fromage, des épinards ou des pruneaux*

cannaroni m pl kan-na-ro-ni *pâtes alimentaires en forme de gros tubes*

cannella f ka-nè-la *cannelle*

cannelloni m pl kan-nèl-lo-ni *pâtes en forme de cigare farcies d'épinards, de viande hachée, de jambon, d'œufs, de parmesan et d'épices*

cannoli m pl (ripieni) kan-no-li (ri-pyè-ni) *pâtisserie en forme de rouleau, fourrée de fruits confits, de ricotta et d'autres ingrédients*

cantarelli m pl kan-ta-rèl-li *chanterelles (champignons)*

cantucci m pl kann-tou-tchi *biscuits croquants, à l'anis et aux amandes*

capasante f pl ka-pa-sann-té *coquilles Saint-Jacques*

capocollo m ka-po-kol-lo *saucisse de porc séchée, mouillée de vin rouge*

caponata f ka-po-na-ta *hors-d'œuvre de légumes cuits à l'huile et au vinaigre – servi avec des olives, des anchois et des câpres*

capelli m pl **d'angelo** ka-*pèl*-li dann-djé-lo "cheveux d'ange" – pâtes alimentaires très longues et fines

cappellacci m pl **di zucca** kap-pé-*la*-tchi di *tsou*-ka petites pâtes farcies de courge et de parmesan

cappelletti m pl kap-pé-*lèt*-ti semblables aux tortellinis, en plus grand

cappello m **da prete** kap-*pèl*-lo da *prè*-té partie la plus basse du pied de porc, braisée, servie avec une **salsa verde** ou de la moutarde

capperi m pl *kap*-pé-ri câpres

cappon m **magro** kap-*ponn ma*-gro salade de légumes, poisson et crustacés, assaisonnée d'une sauce verte

capra f *ka*-pra chèvre • fromage de chèvre

caprese f ka-*prè*-zé salade de tomates, basilic et mozzarella

capretto m ka-*prè*-to chevreau

caprino m ka-*pri*-no fromage de chèvre à pâte molle

carbonada f kar-bo-*na*-da bœuf salé, coupé en dés et cuit au vin rouge

carbonara f kar-bo-*na*-ra, *a*-la sauce pour pâtes avec des œufs, du fromage et de la **pancetta**

carciofi m pl kar-*tcho*-fi artichauts

cardoncelli m pl kar-*donn*-*tchèl*-li champignons qui ressemblent à des champignons chinois

carnaroli m pl kar-na-*ro*-li riz à grains courts utilisé pour le risotto

carne f *kar*-né viande

— **equina** é-*kwi*-na viande de cheval

— **suina** sou-*i*-na viande de porc

— **trita/tritata** *tri*-ta/tri-*ta*-ta viande hachée

carota f ka-*ro*-ta carotte

carpa f *kar*-pa carpe

carpaccio m kar-*pa*-tcho tranches très minces de viande crue

carpione m kar-*pyo*-né poisson frit, mariné dans de l'huile et des épices

carta f **da musica** *kar*-ta da *mou*-zi-ka sorte de pain très croustillant et très mince

cartoccio m kar-*to*-tcho méthode de cuisson où le poisson, le poulet ou le gibier, est cuit dans du papier alu

cascà f **di carloforte** ka-*ska* di kar-lo-*for*-té couscous aux légumes, à la viande hachée et aux épices

câsonséi m pl ka-zonn-*seille* rectangles de pâte farcis de parmesan, de légumes et de saucisse

cassata f ka-*sa*-ta crème glacée ou biscuit de Savoie farci de ricotta, vanille, chocolat, pistache, fruits confits et liqueur

cassola f kas-so-*la* soupe de poisson à la sauce tomate et aux fines herbes

casoncelli m pl ka-zonn-*tchèl*-li pâtes alimentaires farcies de viande et, selon les régions, d'épinards, d'œufs, de raisins, de biscuits aux amandes, de fromage ou de chapelure

castagnaccio m ka-sta-*nya*-tcho gâteau à base de farine de châtaigne, saupoudré de pignes et de romarin

castagne f pl ka-*sta*-nyé châtaignes

castelmagno m ka-stél-*ma*-nyo fromage bleu persillé

casunzei m pl ka-zounn-*seille* sorte de raviolis farcis de potiron ou d'épinards, de jambon et de cannelle – servis avec de la ricotta fumée

caulada f ka-ou-*la*-da soupe aux choux avec de la viande, de la menthe et de l'ail

cavallucci m pl ka-val-*lou*-tchi bonbons faits avec de l'orange confite, des noisettes et des épices

cavatelli m pl ka-va-*tèl*-li petites pâtes de forme ronde, faites maison, – souvent servies avec de la sauce tomate, de l'huile d'olive et de la roquette

cavolo m *ka*-vo-lo chou (légume)

cavolfiore m ka-vol-*fyo*-ré chou-fleur

cazzimperio m ka-tsimm-*pè*-ryo légumes frais et croquants trempés dans une sauce savoureuse

cazzmar m *kats*-mar saucisse épicée à base d'abats de volaille et d'agneau, et de foie

cecenielli m pl tché-tché-*nyèl*-li très petits poissons qu'on mange en friture ou sur une pizza

ceci m pl *tchè*-tchi pois chiches

cefalo m *tchè*-fa-lo mulet

cervello m tchér-*vèl*-lo cerveau

cervo m *tchér*-vo cerf

cevapcici m pl tché-*vap*-tchi-tchi
saucisses fraîches et pimentées de porc,
bœuf ou agneau

chenella f ké-*nèl*-la boulettes de viande
(parfois de poisson)

chinulille f pl ki-nou-*lil*-lé raviolis farcis
de sucre, ricotta, jaunes d'œufs, zeste de
citron et d'orange

chiodino m kyo-*di*-no armillaire de miel –
champignon à cuire

ciabatta f tcha-*bat*-ta pain croustillant,
plat et rond

cialzons m pl tchal-*tsonns* raviolis farcis
de ricotta, d'épinards, de raisins secs,
de chocolat et parfois de poulet et de
fines herbes

ciambelle f pl **al mosto** tchamm-*bèl*-lé al
mo-sto gâteaux ronds au moût de raisin

ciammotta f tcham-*mot*-ta friture de
légumes variés

cianfotta f tchann-*fot*-ta purée de
légumes à l'ail et au basilic

ciaudedda f tchaou-*dèd*-da sorte de
purée à base d'artichauts, d'oignons et de
pommes de terre

ciavarro m tcha-*var*-ro soupe printanière
aux céréales et aux légumes

cibuddau m tchi-boud-*da*-ou plat à base
d'oignons

cicala f tchi-*ka*-la cigale de mer

ciccioli m pl *tchi*-tcho-li petits morceaux
de porc cuits dans leur graisse

ciceri m pl **e tria** f *tchi*-tché-ri é *tri*-a plat
de pois chiches bouillis et de pâtes, servi
avec des oignons

cicirata f tchi-tchi-*ra*-ta boulettes frites
recouvertes de miel

ciliegia f tchi-*lyè*-dja cerise

cima f *tchi*-ma poitrine de veau

cime f pl **di rapa** *tchi*-mé di *ra*-pa pousses
de navet

cioccolato m tchok-ko-*la*-to chocolat
— **fondente** fonn-*dènn*-té chocolat noir

cipollata f tchi-pol-*la*-ta plat à base
de maigre de porc, de pain dur et de
beaucoup d'oignons blancs

cipolle f pl tchi-*pol*-lé oignons
— **ripiene** ri-*pyè*-né oignons farcis
— **selvatiche** sél-*va*-ti-ké oignons sauvages

coccois m kok-*ko*-is pain plat fait avec du
fromage salé et de la couenne rissolée

cocomero m ko-ko-*mé*-ro pastèque

coda f *ko*-da queue • lotte (de mer)

cognà m ko-*nya* sauce à base de pomme,
poire, figue et raisin

coietas m pl ko-*yè*-tase rouleaux de bœuf
au chou frisé de Milan et à la sauce
bolognaise

colombo/a m/f ko-*lomm*-bo/a pigeon •
colombe • nom d'un gâteau

conchiglie f pl konn-*ki*-lyé pâtes
alimentaires en forme de coquillages

condimento m konn-di-*mènn*-to
assaisonnement

confetti m pl konn-*fè*-ti dragées

coniglio m ko-*ni*-lyo lapin

conserva f konn-*sèr*-va conserve
— **di pomodoro** di po-mo-*do*-ro
sauce tomate traditionnelle

cornetto m kor-*nè*-to croissant

coscia f *ko*-sha cuisse

costata f ko-*sta*-ta côte
— **alla napoletana** *al*-la na-po-lé-*ta*-na
avec de l'huile, de la sauce tomate, de
l'origan, de l'ail et du vin blanc
— **di manzo alla pizzaiola** di
mann-dzo *a*-la pi-tsa-*yo*-la avec
de l'ail, de l'huile, des tomates et de
l'origan

costine f pl ko-*sti*-né côtelettes
— **di maiale** di ma-*ya*-lé côtes de porc
cuites au gril

costoletta f ko-sto-*lè*-ta escalope de veau

cotechinata f ko-té-ki-*na*-ta rouleaux
de couenne farcis d'ail, de persil et de
lardons, cuits avec de la sauce tomate

cotechino m ko-té-*ki*-no saucisse de porc
bouillie
— **in galera** inn ga-*lè*-ra "en prison" –
pain de viande farci de **cotechino** cuit
à l'eau

cotoletta f ko-to-*lèt*-ta escalope (de veau)
panée
— **alla bolognese** *al*-la bo-lo-*nyè*-zé
escalope de veau panée, sautée au
beurre et passée au four avec du jambon
sec et du parmesan frais

— **alla milanese** *al-*la mi-la-*nè-*zé escalope de veau panée, cuite au beurre, à la poêle

cotto/a m/f *kot-*to/ta cuit(e)

  ben — ben bien cuit(e)

  non troppo — non *trop-*po pas trop cuit(e)

  poco — *po-*ko saignant(e)

cozze f pl *ko-*tsé moules

crema f **inglese** *krè-*ma inn-*glè-*zé crème anglaise

cren m krènn raifort

crescenza f kré-*chènn-*tsa fromage frais à pâte molle, voir **stracchino**

crespella f kré-*spèl-*la crêpe

crespelle f pl **bagnate** kré-*spèl-*lé ba-*nya-*té crêpes au fromage servies dans un bouillon de poulet

crocchette f pl kro-*kèt-*té croquettes de pommes de terre et d'ingrédients divers

crostacei m pl kro-*sta-*tché-i crustacés

crostata f kro-*sta-*ta tarte sucrée

crostini m pl kro-*sti-*ni tranches de pain grillé garnies de mets salés

crostoi m pl kro-*stoï* petits beignets sucrés ou salés

crostoli m pl kro-*sto-*li pâtisserie frite recouverte de sucre glace • petits pains plats

crucetta f krou-*tchèt-*ta gâteau aux figues et aux noisettes, en forme de croix

crudo/a m/f krou-*do/a cru(e)

crumiri m pl krou-mi-ri type de biscuits secs

crusca f krou-*ska son (céréale)

culatello m **(di Busseto)** kou-la-*tèl-*lo (di bous-*sè-*to) jambon élaboré à partir de la culotte de porc salée et pimentée

culingiones m pl kou-linn-*djo-*nése sorte de raviolis aux pommes de terre ou aux blettes, avec du fromage de chèvre, de l'ail et de la menthe

cupeta f kou-*pè-*ta nougat placé entre deux gaufrettes

cuscus m *kouse-*kouse couscous

cutturiddi m pl kout-tou-*rid-*di civet d'agneau préparé avec du piment, des tomates, de petits oignons et du céleri

D

di/d'... di/d... de...

datteri m pl *dat-*té-ri dattes (fruit)

  — di mare di *ma-*ré type de moules

della casa *dèl-*la *ka-*za "de la maison" – spécialité du chef

diavola, alla *dya-*vo-la, a-la plat épicé

diavolicchio m dya-vo-*lik-*kyo piment rouge

ditali(ni) m pl di-*ta-*li/di-ta-*li-*ni pâtes à potage

dolce *dol-*tché dessert • sucré(e) • doux(ce)

dolcelatte m dol-tché-*lat-*té fromage bleu à pâte molle

dolcetti m pl **di pasta di mandorle** dol-*tchèt-*ti di *pa-*sta di *mann-*dor-lé gâteaux traditionnels à base de pâte d'amandes, de sucre et de blancs d'œufs

E

erbazzone m ér-ba-*tso-*né pâte cuite au four farcie d'épinards, de lardons, d'épices, de parmesan, d'œufs et de persil

  — dolce *dol-*tché pâte blette cuite au four farcie avec des blettes hachées et bouillies, mélangées à de la ricotta, du sucre et des amandes

erbe f pl *èr-*bé fines herbes

F

fagiano m fa-*dja-*no faisan

fagioli m pl fa-*djo-*li haricots – habituellement secs

fagiolini m pl fa-djo-*li-*ni haricots verts

false salsicce f pl *fal-*sé sal-*si-*tché "fausses saucisses" – saucisses de lard et de patates, colorées avec de la betterave

farcito m far-*tchi-*to plat farci

farfalle f pl far-*fal-*lé pâtes en forme de papillon

farina f fa-*ri-*na farine

farinata f fa-ri-*na-*ta pain plat et mince, à base de farine de pois chiches

farro m *far-*ro épeautre

fasoi m pl **col muset** fa-*zoï* kol mou-*zète plat de haricots secs, de saucisse, de couenne et d'épices

fatto/a m/f *fat·to/a fait(e)*
— **a mano** a *ma·no fait(e) à la main*
— **in casa** inn *ka·za fait(e) maison • fait(e) sur place*
favata f *fa·va·ta recette rustique de fèves, lard, porc, saucisses, tomates et fines herbes*
fave f pl *fa·vé fèves*
fegato m *fé·ga·to foie*
felino m *fé·li·no type de salami*
ferri, ai *fèr·ri, aille cuit(e) au gril*
fesa f *fè·za veau, en dialecte du Nord*
fetta f *fèt·ta une tranche de viande, fromage, etc.*
fettuccine f pl *fét·tou·tchi·né pâtes en forme de longs rubans*
— **alla romana** *al·la ro·ma·na "à la mode de Rome" – servies avec une sauce bolognaise, des champignons et du fromage de brebis*
fiadoni m pl **alla trentina** *fya·do·ni al·la trènn·ti·na gâteaux fourrés d'amandes, de miel, de cannelle et de rhum*
fiandolein m *fyann·do·leille·ne "lait de poule" à base de jaunes d'œufs, de lait, de sucre et d'un zeste de citron*
fico m *fi·ko figuier • figue*
filoncino m *fi·lonn·tchi·no baguette*
finanziera f *fi·nann·tsyè·ra ris de veau ou d'agneau, champignons et foie de poulet dans une sauce crémeuse*
finocchio m *fi·nok·kyo fenouil*
fior di latte m *fyor di lat·té fromage frais à pâte molle • saveur d'un **gelato***
fiori m pl *fyo·ri fleurs – on mange en particulier les fleurs de courgette*
— **di zucca farciti** *di tsou·ka far·tchi·ti fleurs de courges ou de courgettes farcies et frites*
focaccia f *fo·ka·tcha pain plat souvent rempli de fromage, de jambon, de légumes et d'autres ingrédients*
foglia f **d'alloro** *fo·lya da·lo·ro feuille de laurier*
fondo m *fonn·do fond*
fondua f *fonn·dou·a **fontina** mélangée à du beurre, des œufs, et recouverte de minces tranches de truffe*
fontina f *fonn·ti·na fromage doux, à pâte demi-molle*

formaggio m *for·ma·djo fromage*
forno, al *for·no, al cuit(e) au four*
fragole f pl *fra·go·lé fraises*
freddo/a m/f *frèd·do/a froid(e)*
fresco/a m/f *frè·sko/a frais(fraîche)*
fregola f *frè·go·la type de couscous*
fregnacce f pl *fré·nya·tché crêpes roulées farcies de viande*
frisceu m *fri·chè·ou beignets avec de la laitue, de la petite friture, des courgettes, du foie, de la cervelle, de la merluche, du potiron, etc.*
frisedde m *fri·zèd·dé sorte de biscuit sec en forme d'anneau, mouillé puis servi avec des tomates, de l'huile, du sel et de l'origan*
fritole f pl *fri·to·lé beignets avec des raisins secs, des pignes, du citron confit et de la liqueur*
frittata f *frit·ta·ta omelette, servie froide ou chaude*
frittatensuppe f pl *frit·ta·tènn·sou·pé omelette coupée en tranches minces et servie avec de la couenne*
frittatine f pl **di farina al miele di fichi** *frit·ta·ti·né di fa·ri·na al myè·lé di fi·ki sorte de crêpes servies avec du miel de figues*
frittelle f pl *frit·tèl·lé beignets*
frittelloni m pl *frit·tél·lo·ni tortellinis aux épinards, cuits à l'eau, sautés dans du beurre, avec des raisins secs et du fromage, puis frits dans de la graisse*
fritto/a m/f *frit·to/a frit(e)*
frito m **misto** *fri·to mi·sto mélange d'ingrédients variés, qui changent en fonction de la région et de la période de l'année, frit dans l'huile d'olive (certaines versions contiennent des abats)*
— **abruzzese** *a·brou·tsè·zé artichauts en dés et fenouil bouilli, panés et frits*
frumento m *frou·mènn·to froment*
frutta f *froul·ta fruits • dessert*
— **secca** *sè·ka fruit sec*
frutti m pl **di mare** *froul·ti di ma·ré fruits de mer*
fugazza f *fou·ga·tsa sorte de fougasse*
funghi m pl *founn·gui champignons*
fusilli m pl *fou·zil·li pâtes en forme de tire-bouchon*

G

galani m pl *ga·la·ni* bandes de pâte frites saupoudrées de sucre glace

gallina f *gal·li·na* poule

gambero m *gamm·bé·ro* écrevisse • homard

gamberoni m pl *gamm·bé·ro·ni* crevettes

gambon m *gamm·bonn* pied de porc désossé et saumuré

garagoli m pl *ga·ra·go·li* fruits de mer ressemblant aux bigorneaux

garganelli m pl *gar·ga·nèl·li* pâtes courtes servies avec différentes sauces

gattò m **di patate e salsiccia** *gat·to di pa·ta·té é sal·si·tcha* pain de viande cuit au four avec des patates en purée, des œufs, du jambon et du fromage

gelato m *djé·la·to* glace

genovese, alla *djé·no·vè·zé, al·la* sauce à base d'huile d'olive, d'ail et de fines herbes

gerstensuppe m *guér·stènn·soup·pé* soupe d'orge avec des oignons, du persil, des épices et du **speck**

gianduiotto m *djann·dou·yot·to* chocolat aux noisettes

giardiniera f *djar·di·nyè·ra* légumes macérés

girello m *dji·rèl·lo* morceaux de viande ronds

gnocchi m pl *nyok·ki* petites boulettes de pâte – habituellement boulettes de pommes de terre

gnocchetti m pl *nyok·kèt·ti* petites pâtes en forme de coquille

gnocco m **di pane (al prosciutto)** *nyok·ko di pa·né* (al pro·*chout·to*) morceaux de pain frits dans un mélange de beurre, d'œufs, de lait (et de fromage)

goregone m *go·ré·go·né* corégone (poisson de lac)

gorgonzola m *gor·gonn·dzo·la* fromage de vache persillé, à pâte molle

grana f **(padana)** *gra·na* (pa·*da·no*) fromage à pâte dure, qui ressemble au parmesan

granchio m *grann·kyo* crabe

granita f *gra·ni·ta* glace pilée au sirop

granseola f *grann·sé·o·la* araignée de mer

grano m *gra·no* blé

gran(o)turco m *gra·n(o)·tour·ko* maïs

grappa f *grap·pa* moût de raisin distillé

grissini m pl *gris·si·ni* gressins

guanciale m *gwann·tcha·lé* joue, de cochon habituellement

gubana f *gou·ba·na* pâtisserie

I

impanada f *imm·pa·na·da* tourte aux légumes et à la viande ou au poisson

impepata f **di cozze** *imm·pé·pa·ta di ko·*tsé poisson préparé avec des moules et du citron

infarinata f *inn·fa·ri·na·ta* sorte de polenta en soupe, ou frite en tranches, avec différents types de viandes et de légumes

insalata f *inn·sa·la·ta* salade

— **caprese** *ka·prè·zé* avec de la mozzarella, des tomates et du basilic

— **di carne cruda** *di kar·né krou·da* avec de fines tranches de viande

involtini m pl *inn·vol·ti·ni* rouleaux de viande ou de poisson

— **di carne** *di kar·né* petites tranches de viande, farcies, présentées en rouleau, cuites au four ou au gril

— **siciliani** *si·tchi·lya·ni* viande panée, farcie d'œuf, de jambon et de fromage

J

jota f *yo·ta* soupe de haricots avec du lait et de la polenta • soupe aux haricots, avec des pommes de terre, de la choucroute et de la couenne de porc fumé

L

laganelle f pl **e fagioli** *la·ga·nèl·lé é fa·djo·li* larges feuilles de pâtes, servies dans une soupe aux haricots

lamponi m pl *lamm·po·ni* framboises

lasagne f pl *la·za·nyé* feuilles de pâtes aux œufs

— alla bolognese *al·*la bo·lo·*nyè·*zé lasagnes cuites au four avec une sauce bolognaise, de la béchamel et du parmesan

lattuga f *lat·*tou·ga laitue

lavarelli m pl la·va·*rèl·*li lavarets (poisson)

lecca-lecca f *lèk·*ka *lè·*ka sucette

lenticchie f pl lènn·*ti·*kyé lentilles

lepre f *lè·*pré lièvre

lesso/a m/f *lès·*so/a bouilli(e)

liscio/a m/f *li·*cho/a lisse – caractérise un type de pâtes, à la surface régulière

lianeddè m pl lya·né·*dè* pâtes servies avec une sauce au lapin ou aux pois chiches

lievito m *lyè·*vi·to levure

limone m li·mo·né citron

lingua f *linn·*gwa langue

linguine f pl linn·*gwi·*né rubans de pâtes longs et minces

luccio m *lou·*tcho brochet

luganega f lou·*ga·*né·ga saucisse de porc

luganiga di verze f lou·*ga·*ni·ga di *vèr·*dzé saucisse au chou préparée avec de la viande hachée, du fromage, des œufs et de la chapelure

lumache f pl lou·*ma·*ké escargots

luppolo m *loup·*po·lo houblon

M

maccaruni m pl di casa con ragù mak·ka·*rou·*ni di *ka·*za konn ra·*gou* pâtes en forme de petits tubes, servies avec une sauce bolognaise

maccheroni m pl mak·ké·*ro·*ni pâtes en forme de tube

— alla chitarra *al·*la ki·*ta·*ra spaghettis carrés, généralement servis avec une sauce bolognaise

— con la ricotta konn la ri·*kot·*ta pâtes servies avec de la ricotta, du fromage de brebis et parfois du parmesan

magro/a m/f *ma·*gro/a maigre • sans viande

maiale m ma·*ya·*lé cochon

mais m *ma·*ise maïs

malfatti m pl mal·*fa·*ti boulettes aux épinards préparées avec des œufs et du fromage

malloreddus m pl mal·lo·rè·*dou·*se boulettes au safran avec une sauce bolognaise

maltagliati m pl mal·ta·*lya·*ti pâtes découpées irrégulièrement

mandorle f pl mann·dor·lé amandes

manteca f mann·*tè·*ka boulettes de fromage frais farcies de beurre

mantecato m mann·té·*ka·*to glace crémeuse servie dans une coupe • ingrédients réduits en crème

manzo m *mann·*dzo bœuf

maraschino m ma·ra·*ski·*no marasquin

marcetto m mar·*tchèt·*to gâteau au fromage très épicé

marille f pl ma·*ri·*lé pâtes à la forme excentrique, censées retenir un maximum de sauce

marinara, alla ma·ri·*na·*ra, *al·*la plat au poisson ou aux fruits de mer

maritozzi m pl ma·ri·*to·*tsi petits gâteaux avec des pignons, des raisins secs, un zeste d'orange et des fruits

marrone m mar·ro·né marron (fruit)

marsala f mar·*sa·*la marsala

marubini m pl ma·rou·*bi·*ni pâtes farcies de pain grillé, de parmesan, de courge et d'œufs

mascarpone m ma·skar·*po·*né fromage à pâte molle, très crémeux

maturo/a m/f ma·*tou·*ro/a mûr(e)

mazzafegato f pl ma·tsa·fè·ga·to saucisse de porc sèche, à base de foie haché, de rognons, de tripes et de lobes de poumon

mela f *mè·*la pomme

melagrana f mé·la·*gra·*na grenade

melanzanata f (di Lecce) mé·lann·dza·*na·*ta (di *lè·*tché) sauce aux aubergines • aubergines au four, tomates, oignon, basilic et fromage de brebis

melanzane f pl mé·lann·*dza·*né aubergines

— ripiene ri·*pyè·*né aubergines au four farcies d'œufs, de fromage, de fines herbes, d'épices et recouvertes de chapelure

— violette vyo·*lèt·*té aubergines violettes

meringa f mé·*rinn·*ga meringue

merlano m mére·*la·*no merlan

merluzzo m mére·*lou·*tso cabillaud

mesta f **e fasoi** m pl *mè·sta è fa·zoï* polenta cuite avec des haricots

miele m *myè·lé* miel

migliaccio m **"e cigule** f pl *mi·lya·tcho é tchi·gou·lé* polenta au four avec des saucisses de porc, du fromage de brebis et du poivre

milanese, alla *mi·la·nè·zé, al·la* sauce à la mode de Milan – comprend d'habitude du beurre

millecosedde m *mil·lé·ko·zèd·dé* soupe copieuse avec des légumes verts et des légumes secs, et de petites pâtes

minestra f *mi·nè·stra* terme général indiquant la soupe

— **alla pignata** *al·la pi·nya·ta* avec des haricots, du porc et des légumes verts

— **con ceci** *konn tchè·tchi* avec des pois chiches et des pâtes

minestrone m *mi·né·stro·né* soupe avec des légumes verts et parfois des pâtes ou du riz, des lardons et de la couenne

misticanza f *mi·sti·kann·tsa* salade mixte

misto/a m/f *mi·sto/a* mixte

mollusco m *mol·lou·sko* mollusque

montasio m *monn·ta·zyo* fromage à pâte pressée

montato/a m/f *monn·ta·to/a* monté(e) en neige

morbido/a m/f *mor·bi·do* doux/douce

mortadella f **(di Bologna)** *mor·ta·dèl·la (di bo·lo·nya)* charcuterie à base de porc haché, de lardons et de poivre noir

mostaccioli m pl *mo·sta·tcho·li* petits biscuits enrobés de chocolat

mozzetta f *mo·tsèt·ta* charcuterie à base de cuissot de chèvre de montagne ou de chamois, salée et séchée

mozzarella f *mo·tsa·rèl·la* fromage de vache frais, à pâte molle

— **di bufala** *di bou·fa·la* fabriqué à partir du lait de bufflonne

— **in carrozza** *inn kar·ro·tsa* sur des tranches de pain, trempé dans de l'œuf et de la farine, puis frit

"mpanada f *m·pa·na·da* voir **impanada**

"mpepata f **di cozze** *m·pé·pa·ta di ko·tsé* voir **impepata di cozze**

muggine m *mou·dji·né* mulet

N

napoletana, alla *na·po·lé·ta·na, al·la* à la mode de Naples – généralement à base de tomates et d'ail

nasello m *na·zèl·lo* merlu

"ndugghia f *n·dou·guya* saucisse de porc séchée aux graines de fenouil

nero m **di seppia/calamaro** *nè·ro di sèp·pya/ka·la·ma·ro* encre de seiche

nocciola f *no·tcho·la* noisette

noce m *no·tché* noix

— **di cocco** *di kok·ko* noix de coco

— **moscata** *mo·ska·ta* noix de muscade

norma, alla *nor·ma, al·la* sauce aux aubergines et aux tomates

nostrano m *no·stra·no* fromage à pâte pressée • produit artisanal ou fait maison

O

oca f *o·ka* oie

offelle f pl *of·fèl·lé* biscuits sucrés aux fruits secs

olio m *o·lyo* huile – presque toujours de l'huile d'olive

ombrichelli m pl *omm·bri·kèl·li* gros spaghettis faits maison

opinus m pl *o·pi·nou·se* biscuits en forme de pomme de pin, saupoudrés de sucre fondu et de blanc d'œuf

orata f *o·ra·ta* dorade

orecchiette f pl *o·ré·kyèt·té* pâtes artisanales en forme de coquille, servies avec des légumes et de l'huile d'olive ou une copieuse sauce bolognaise

orzo m *or·dzo* orge

— **e fagioli** *e fa·djo·li* bouillon épais d'orge et de haricots

ossi di morti m pl *os·si di mor·ti* "os de morts" – biscuits très croustillants

ossobuco m *os·so·bou·ko* osso buco

— **milanese** *mi·la·nè·zé* coupé en petits morceaux et cuisiné avec des épices

ostriche f pl *o·stri·ké* huîtres

P

pagnottella f pa·nyot·*tèl*·la *miche de pain*

palle f pl *pal*·lé *boules*
— **del nonno** dél *non*·no *"boules du grand-père" – boulettes de ricotta panées • saucisses de porc*
— **di riso** di *ri*·zo *croquettes de riz*

palombo m pa·*lomm*·bo *palombe • pigeon*
— **alla todina** *al*·la to·*di*·na *pigeon au gril*

pan m **biscotto condito** pann bi·*skot*·to konn·*di*·to *pain grillé avec de l'huile, des tomates et des fines herbes*

panadas f pl pa·*na*·dase *voir* **pancotto**

pancetta f pann·*tchèt*·ta *lard*

pancotto m pann·*kot*·to *soupe de pain bouilli, de fromage, d'œufs et de tomates fraîches*

pane m pa·*né* *pain*
— **all'olio** al·*lo*·lyo *pain à l'huile*
— **aromatico** a·ro·*ma*·ti·ko *pain aux fines herbes ou aux légumes*
— **carasau** ka·ra·*za*·ou *pain ferme que mangent les bergers*
— **casereccio** ka·zé·*rè*·tcho *pain ferme et savoureux*
— **col mosto** kol *mo*·sto *pain aux noix, à l'anis, aux amandes, au raisin, au sucre et au moût*
— **di segale** di *sè*·ga·lé *pain de seigle*
— **frattau** frat·*ta*·ou *tranches de pain avec du fromage de brebis, une sauce tomate ou bolognaise, du bouillon et des œufs*
— **fresa** *frè*·za *pain plat croustillant*
— **integrale** inn·té·*gra*·lé *pain complet*
— **pugliese** pou·*lyè*·zé *grosse miche de pain croustillante*
— **salato** sa·*la*·to *pain salé*
— **toscano** to·*ska*·no *pain sans sel friable*
— **unto** *ounn*·to *tranches de pain grillé avec de l'ail, de l'huile d'olive, du sel et du poivre*

panelle f pl pa·*nèl*·lé *beignets à la farine de pois chiches*

panforte m (**senese**) pann·*for*·té (sé·nè·zé) *gâteau dur avec des amandes, des fruits et des épices*

panino m pa·*ni*·no *sandwich*

paniscia f **novarese** pa·*ni*·cha no·va·*rè*·zé *riz accompagné d'oignons, de saucisses et de soupe*

panna f *pan*·na *crème*
— **cotta** *kot*·ta *dessert crémeux épais*

panpepato m pann·pé·*pa*·to *gâteau en forme d'anneau*

pan m **speziale** pann spé·*tcha*·lé *pain au miel, aux noix, au raisin et aux fruits*

panzanella f pan·tsa·*nèl*·la *pain toscan avec de la sauce tomate, des oignons, de la salade, des anchois, du basilic, de l'huile d'olive, du vinaigre et du sel*

panzerotti m pl pann·tsé·*rot*·ti *pâtes ou pâtisseries en forme de demi-lune*

paparot m pa·pa·*rote* *soupe aux épinards et au maïs*

papassinas m pl pa·pa·*si*·na·se *petits gâteaux en forme de cône*

pappa f *pap*·pa *bouillie pour enfant*
— **col pomodoro** kol po·mo·*do*·ro *soupe avec de minces tranches de pain dur, des tomates et des épices*

pappardelle f pl pap·par·*dèl*·lé *larges rubans de pâtes*
— **alla lepre** *al*·la *lè*·pré *avec du lièvre en civet, du vin rouge, et de la sauce tomate*

parmigiana, alla par·mi·*dja*·na, *al*·la *toute préparation à base de parmesan*

parmigiana f **di melanzane** par·mi·*dja*·na di mé·lann·*dza*·né *aubergines frites recouvertes d'œuf, de basilic, de sauce tomate, d'oignon et de mozzarella*

parmigiano m (**reggiano**) par·mi·*dja*·no (ré·*dja*·no) *parmesan, parfois appelé* **grana**

parrozzo m par·*ro*·tso *pain, parfois enrobé de chocolat*

passatelli m pl pas·sa·*tèl*·li *petites boulettes faites avec des œufs, du parmesan, de la mœlle de bœuf et de la noix de muscade*

pasta f *pa*·sta pâtes • pâte • pâtisserie
— **col bianchetto** kol byann·*kèt*·to spaghettis avec de la petite friture, une sauce tomate épicée et de l'ail
— **cresciuta** kré·*chou*·ta beignets aux anchois ou aux fleurs de courgette
— **e fagioli** é fa·*djo*·li soupe aux haricots avec des pâtes
— **fresca** *frè*·ska terme général pour les pâtes fraîchement confectionnées
pastasciutta f pa·sta·*chout*·ta 'pâtes sèches' • pâtes
pastissada/pastizzada f pa·sti·*ssa*·da/pa·sti·*tsa*·da ragoût de bœuf ou de viande de cheval, aux légumes verts
patate f pl pa·*ta*·té pommes de terre
pecorino m **(romano)** pé·ko·*ri*·no (ro·*ma*·no) fromage de brebis épicé, à pâte dure
penne f pl *pèn*·né pâtes courtes en forme de tube
pepe m *pè*·pé poivre
peperonata f pé·pé·ro·*na*·ta poivrons, oignons et tomates cuits à l'huile d'olive
peperoncini m pl pé·pé·ronn·*tchi*·ni piment
peperoni m pl pé·pé·*ro*·ni poivrons
— **ripieni** ri·*pyè*·ni farcis de différents ingrédients
pere f pl *pé*·ré poires
— **imbottite** imm·bo·*tit*·té poires farcies, cuites au four
persico m *pèr*·si·ko perche (poisson)
pesca f *pè*·ska pêche
pesce m *pè*·ché poisson
pesto m *pè*·sto sauce préparée avec du basilic frais, des pignes, de l'huile d'olive, de l'ail, du fromage et du sel
petto m *pèt*·to poitrine
pettole f pl *pèt*·to·lé rubans de pâtes faits maison, longs et minces
piadina f pya·*di*·na pain rond plat
piccagge f pl pik·*ka*·djé pâtes en longs rubans servies avec du **pesto** ou une sauce aux artichauts et aux champignons
piccata f pik·*ka*·ta veau servi avec une sauce au citron et au marsala

picchi pacchiu m *pik*·ki *pak*·kyou sauce pour pâtes avec des tomates et du piment
pici m pl *pi*·tchi pâtes fraîches qui ressemblent à d'épais spaghettis
piccione m pi·*tcho*·né pigeon
picula f **ad caval** pi·kou·la ad ka·*val* viande de cheval en civet
pinoli m pl *pi*·no·li pignes
pinza f **padovana** *pinn*·tsa pa·do·*va*·na pâtisserie
pinzimonio m *pinn*·tsi·*mo*·nyo sorte de vinaigrette dans laquelle on trempe des légumes crus (voir aussi **cazzimperio**)
pioppparello m pyo·pa·*rèl*·lo pholiote du peuplier (champignon)
pisarei m pl e **fasó** m pl pi·za·*reille* é fa·*zo* boulettes relevées d'une sauce tomate, et servies avec du lard et des haricots cuits
piselli m pl pi·*zèl*·li petits pois
pistum m *pi*·stoumm boulettes aigres-douces servies avec du jus de porc
pitta f *pit*·ta petit pain plat
pitte f *pit*·té petit gâteau en forme de demi-lune
pizza f *pi*·tsa il y a plus de 50 sortes de pizza, différemment garnies
— **a(l) taglio** a(l) *ta*·lyo tranche de pizza
— **dolce di Pasqua** *dol*·tché di *pa*·skwa pizza sucrée aux fruits secs
— **Margherita** mar·gué·*ri*·ta garnie d'ingrédients simples comme de l'huile d'olive, des tomates, de la mozzarella, du basilic et de l'origan
— **rustica** rou·*sti*·ka garnie au choix de jambon, salami, saucisse, œuf ou fromage
pizzaiola, alla pi·tsa·*yo*·la, *al*·la avec une sauce tomate et de l'huile d'olive
pizzoccheri m pl pi·*tso*·ké·ri pâtes courtes aux blé noir servies avec des choux et des pommes de terre
polenta f po·*lènn*·ta polenta
— **al ragù** al ra·*gou* servie avec une sauce bolognaise

— **concia** *konn*-tcha *avec plusieurs fromages*
— **e osei** *é o-zeille servie avec des moineaux, des grives ou des alouettes • biscuit de Savoie avec de la confiture*
— **pasticciata** *pa-sti-tcha-ta au four avec une sauce bolognaise, des champignons et du fromage*
— **sulla spianatoria** *soul-la spya-na-to-rya avec des saucisses, des tomates et du fromage de brebis, servie sur une spianatoria (plat à dessert)*
— **taragna** *ta-ra-nya polenta de blé noir*
polipo m *po-li-po poulpe (voir* **polpi***)*
pollo m *pol-lo poulet*
— **alla diavola** *al-la dya-vo-la au gril avec du poivre rouge ou du piment*
— **con peperoni e patate al coccio** *konn pé-pé-ro-ni é pa-ta-té al ko-tcho cuit à feux doux dans un plat en terre cuite avec de la sauge, des pommes de terre et des poivrons*
polpette f pl *pol-pèt-té boulettes de viande*
polpettine f pl *pol-pét-ti-né petites boulettes de viande*
— **di carne con salsa di pomodoro** *di kar-né konn sal-sa di po-mo-do-ro à la sauce tomate*
polpettone m *pol-pét-to-né pain de viande*
polpi m pl *pol-pi poulpes (qu'on appelle aussi* **polipi***)*
— **alla luciana** *al-la lou-tcha-na poulpes en tranches avec des tomates, de l'huile, de l'ail, du persil et du citron*
— **in purgatorio** *inn pour-ga-to-ryo garnis de tomates, de persil, de piment et d'ail*
pomodori m pl *po-mo-do-ri tomates*
— **secchi** *sèk-ki tomates sèches*
pomodorini m pl *po-mo-do-ri-ni petites tomates • tomates séchées au soleil*
pompelmo m *pomm-pèl-mo pamplemousse*
porchetta f *por kèt ta cochon de lait au four ou au gril*
porcini m pl *por-tchi-ni cèpes*
porco m *por-ko porc*

potizza f *po-ti-tsa gâteau mou préparé avec du pain au levain*
prataiolo m *pra-ta-yo-lo champignon de Paris*
preboggion m *pré-bo-djonn mélange d'herbes des champs*
prosciutto m *pro-chout-to nom donné au jambon coupé en tranches minces*
— **affumicato** *af-fou-mi-ka-to salami fumé*
— **San Daniele** *sann da-nyè-lé jambon cru, doux et délicat*
provola f *pro-vo-la fromage de lait de vache et de buflonne, à pâte demi-dure*
provolone m *pro-vo-lo-né fromage de vache savoureux à pâte demi-molle*
prugna f *prou-nya prune*
puttanesca, alla *pout-ta-nè-ska, a-la "à la mode des putains" – sauce tomate avec du piment, des anchois et des olives noires*

Q

quaglia f pl *kwa-lya caille*
quartirolo m *kwar-ti-ro-lo fromage à pâte molle, doux et délicat*
quattro formaggi *kwat-tro for-ma-dji sauce faite avec quatre fromages différents*
quattro stagioni *kwat-tro sta-djo-ni pizza avec différents ingrédients sur chaque quart*

R

rabarbaro m *ra-bar-ba-ro rhubarbe*
radicchio m *ra-di-kyo chicorée*
— **rosso** *ros-so légume amer avec de longues feuilles rouges*
rafano m tedesco *ra-fa-no té-dè-sko raifort*
ragù m *sauce tomate à la viande, mais parfois aux légumes seulement*
— **alla bolognese** *al-la bo-lo-nyè-zé sauce à base de porc et de veau*
— **alla napoletana** *al-la na-po-lé-ta-na sauce à base de gros morceaux de viande, de légumes et de vin rouge*

rambasicci m pl *ramm·ba·zi·tchi feuilles de chou farcies*

rapa f *ra·pa navet*

ravioli m pl *ra·vyo·li carrés de pâtes habituellement farcis de viande, de parmesan et de chapelure*

— **liguri** *li·gou·ri parfois farcis de ricotta et de fines herbes*

raviolini m pl *ra·vyo·li·ni petits raviolis*

ravioloni m pl *ra·vyo·lo·ni gros raviolis*

razza f *ra·tsa raie (poisson)*

ri(so) in cagnon *ri(zo) inn ka·nyonn riz sauté dans de l'ail, du beurre, de la sauge et saupoudré de parmesan*

ribes m **nero** *ri·bèse nè·ro cassis*

ribes m **rosso** *ri·bèse ro·so groseille rouge*

ribollita f *ri·bol·li·ta soupe de légumes remise sur le feu et épaissie*

ricciarelli m pl *ri·tcha·rèl·li biscuits aux amandes*

ricotta f *ri·kot·ta fromage frais de vache ou de brebis*

— **affumicata** *af·fou·mi·ka·ta ricotta fumée*

— **infornata** *inn·for·na·ta au four*

rigaglie f pl *ri·ga·lyé abattis*

rigatoni m pl *ri·ga·to·ni pâtes coutes en forme de gros tubes*

— **con la pagliata** *konn la pa·lya·ta servis avec des abats de veau*

ripieno m *ri·pyè·no farce*

risi m pl **e bisi** m pl *ri·zi è bi·zi soupe de riz épaisse avec des pois*

risi m pl **e bruscandoli** m pl *ri·zi é brou·skann·do·li pousses de houblon amères, cuites dans un bouillon avec du riz*

riso m *ri·zo riz*

— **al salto** *al sal·to riz bouilli sauté au safran*

— **comune** *ko·mou·né de qualité inférieure, utilisé dans la soupe*

— **fino** *fi·no de bonne qualité avec de gros grains*

— **semifino** *sè·mi·fi·no d'une qualité supérieure au riz* **comune**, *avec de plus gros grains*

— **superfino** *sou·pér·fi·no la meilleure qualité de riz, utilisé pour faire le risotto*

risotto m *ri·zot·to plat à base de riz cuit lentement dans un bouillon, d'une consistance épaisse*

— **alla milanese** *al·la mi·la·nè·zé avec de la moelle de bœuf, du bouillon de viande et du safran*

— **alla monzese** *al·la monn·dzè·zé avec de la saucisse, du safran ou du vin rouge*

— **alla piemontese** *al·la pyé·monn·tè·zé avec du vin blanc et des truffes (et parfois de la sauce tomate)*

— **alla sbirraglia** *al·la sbi·ra·lya avec du blanc de poulet*

— **alla trevisana** *al·la tré·vi·za·na avec de la saucisse ou du foie de poulet*

— **allo zafferano** *al·lo dza·fé·ra·no voir* **risotto alla milanese**

— **con filetti di pesce persico** *konn fi·lèt·ti di pê·ché pèr·si·ko avec des filets de perche*

— **con le rane** *konn lé ra·né aux cuisses de grenouille, avec du bouillon de grenouille et des fines herbes*

— **nero** *nè·ro risotto noir avec des blettes, des oignons et de la seiche*

— **polesano** *po·lé·za·no avec de l'anguille, du mulet, du bar, du vin blanc et du bouillon de poisson*

roast beef m *ro·sbif rosbif*

robiola f *ro·byo·la fromage de vache doux*

romana, alla *ro·ma·na, al·la avec une sauce tomate*

rombo m *romm·bo turbot*

rosolata f *ro·zo·la·ta plat sauté*

rospo m *ro·spo lotte de mer*

rosumada f *ro·zou·ma·da dessert aux œufs avec du vin rouge*

rotolo m *ro·to·lo pâte pliée en deux, farcie d'épinard, de ricotta ou de viande*

ruchetta f *rou·kèt·ta roquette*

rucola f *rou·ko·la roquette*

rum-babà m *roumm ba·ba baba arrosé de rhum et saupoudré de sucre*

ruta f *rou·ta rue (plante)*

S

sa fregula f *sa frè·gou·la* soupe avec des boulettes de farine et de safran

sagne chine f *sa·nyé ki·né* pâtes au four avec des boulettes de viande, des œufs et du fromage

salama f **da sugo ferrarese** *sa·la·ma da sou·go fé·ra·rè·zé* saucisse de porc

salame f **di Felino** *sa·la·mé di fé·li·no* saucisson sec

salami m pl *sa·la·mi* saucissons

salamino m *sa·la·mi·no* petit saucisson

salato/a m/f *sa·la·to/a* salé(e)

sale m *sa·le* sel

salmì m *sal·mi* marinade avec des épices et parfois du vin

salmone m *sal·mo·né* saumon

salsa f *sal·sa* sauce
  — **Alfredo** *al·frè·do* avec du beurre, de la crème, du parmesan et du persil
  — **alla checca** *al·la kèk·ka* sauce tomate froide avec des olives, du basilic, des câpres et de l'origan
  — **alla pizzaiola** *al·la pi·tsa·yo·la* sauce tomate avec de l'ail et de l'origan
  — **di cren** *di krènn* avec du radis râpé, des pommes, de l'oignon, du bouillon et du vin blanc
  — **di pomodoro al tonno e funghi** *di po·mo·do·ro al ton·no é founn·gui* sauce tomate au thon et aux champignons
  — **di pomodoro alla siciliana** *di po·mo·do·ro al·la si·tchi·lya·na* avec des aubergines, des anchois, des olives, des câpres, des tomates et de l'ail
  — **verde** *vèr·dé* sauce verte avec des fines herbes, des câpres, des olives, des noix, des anchois, de la chapelure, de l'ail et du vinaigre

saltimbocca f *sal·timm·bo·ka* "saute dans la bouche" – de petite taille

salume m *sa·lou·mé* charcuterie

sanguinaccio m *sann·gwi·na·tcho* boudin noir préparé avec du sang de porc, des olives et du cacao

saor, in *saor, inn* marinade pour poisson aigre-douce

sarago m *sa·ra·go* brème

sarde f pl *sar·dé* sardines
  — **a scapece** *a ska·pè·tché* sardines frites
  — **alla marchigiana** *al·la mar·ki·dja·na* sardines marinées au four

sardele in saor f pl *sar·dè·lé inn saor* plat de sardines marinées grillées

sartù m **"e riso** m *sar·tou* é *ri·zo* savoureux plat de riz

sas melicheddas m pl *sa·se mé·li·kè·da·se* gâteaux à la pâte d'amandes, saupoudrés de sucre

sausa f **d'avie** *saou·sa da·vi·é* sauce moutarde, aux noix et au miel

savoiardi m pl *sa·vo·yar·di* boudoirs

sbrofadej m *sbro·fa·deille* pâtes épaisses
  — **in brodo** *inn bro·do* au bouillon

scagliuozzoli m pl *ska·lyou·o·tso·li* polenta et provolone frits

scaloppine f pl *ska·lop·pi·né* minces côtelettes de dinde, de porc ou de veau
  — **al marsala** *al mar·sa·la* escalopes de veau au marsala

scamorza f *ska·mor·tsa* fromage frais qui ressemble à de la mozzarella, mais qu'on mange souvent fumé

scampi m pl *skamm·pi* sorte de petites langoustines

scapece m *ska·pè·tché* marinade dans laquelle macère habituellement du poisson
  — **di Vasto** *di va·sto* poisson frit en tranches, mariné

scarole f *ska·ro·lé* scarole

schiaffettuni m pl **chini** *skya·fét·tou·ni ki·ni* macaronis avec du porc et des œufs

schmorbraten m *chmor·bra·tènn* veau mariné, cuit dans du vin et de la sauce tomate

sciatt m *chatte* beignets sucrés contenant de la grappa

scimú'd m *chi·moud* fromage au lait écrémé, salé et épicé

sciroppo m *chi·ro·po* sirop

scivateddi m pl *chi·va·tèd·di* spaghettis épais servis avec une sauce bolognaise et de la ricotta

scottiglia f skot·*ti*·lya *daube à la sauce tomate*

sebadas m pl sé·*ba*·da·se *gros raviolis ronds au fromage et au miel*

seccia f **"mbuttunata** sè·tcha m·bout·tou·*na*·ta *seiche farcie cuite à feu doux avec une sauce tomate*

selvaggina f sél·va·*dji*·na *gibier*

semifreddo m sè·mi·*frèd*·do *dessert crémeux préparé avec de la glace*
— **al torrone** al tor·ro·né *dessert avec du lait, de la vanille, des œufs et du nougat*

semola f sè·*mo*·la *son (de blé) • semoule*

semolino m sé·mo·*li*·no *semoule*

senape f sè·na·pé *moutarde*

seno m sè·no *sein*

seppia f sè·pya *seiche*

serpe m sèr·pé *gâteau aux amandes, au sucre glace ou au chocolat*

sfogliatelle f pl sfo·lya·*tèl*·lé *pâtisserie fourrée de ricotta, de cannelle, de fruits confits et de vanille*

sformato m sfor·*ma*·to *flan*
— **di spinaci con cibreo al vinsanto** di spi·*na*·tchi konn tchi·*brè*·o al vinn·*sann*·to *flan aux épinards, servi avec du foie*

sgombro m *sgomm*·bro *maquereau*

sogliola f *so*·lyo·la *sole*

sopa f **còada** *so*·pa ko·*a*·da *bouillon de viande, pigeon, fromage et pain*

soppressa f sop·*près*·sa *saucisse de porc*

soppressata f sop·prés·*sa*·ta *saucisson épicé, fait avec des morceaux de la tête de cochon et la couenne • saucisson doux de porc et de lard*
— **molisana** mo·li·*za*·na *grosse saucisse*

sorbetto m sor·*bèt*·to *sorbet*

sott'aceti m pl sot·ta·*tchè*·ti *pickles (petits légumes marinés)*

sott'olio m sot·*to*·lyo *petits légumes à l'huile*

spaghetti m pl spa·*guèt*·ti *pâtes alimentaires fines et longues*

spá'tzle m *spa*·tslé *petites boulettes qu'on peut servir en bouillon*

speck m spék *type de jambon fumé*

spiedino/spiedo m spyé·*di*·no/*spyè*·do *brochette*

spezie f pl spè·tsyé *épices*

spigola f *spi*·go·la *loup (de mer)*

spinaci m pl spi·*na*·tchi *épinards*

sponga(r)da f sponn·*ga(r)*·da *dessert à la vanille, aux œufs et parfois aux fruits confits*

spugnola f spou·*nyo*·la *morille*

stecchi m pl *stèk*·ki *bâtonnets • kebabs*
— **alla ligure** *al*·la *li*·gou·ré *avec du veau, du poulet, du ris d'agneau, des œufs, des champignons, des artichauts et des épices*

stiacciata f stya·*tcha*·ta *petit gâteau*

stinco m *stinn*·ko *jarret*

stoccafisso m stok·ka·*fis*·so *stockfisch (morue séchée à l'air)*
— **a brandacujun** a rann·da·*kou*·younn *plat crémeux de patates et de stockfish*
— **accomodato** ak·ko·mo·*da*·to *stockfish cuit à la casserole avec des anchois ou des champignons*

stracchino m strak·*ki*·no *fromage frais délicat*

stracciatella f stra·tcha·*tèl*·la *bouillon avec des œufs battus et du parmesan*

stracotto m stra·*kot*·to *bœuf en civet*

stracotto/a m/f stra·*kot*·to/a *cuit(e) pendant longtemps • en daube*

strangolapreti m pl strann·go·la·*prè*·ti *"étouffe-prêtres" – boulettes de fromage à l'œuf, dont la recette varie selon les régions*

stravecchio m stra·*vè*·kyo *"très vieux" – dont la maturation a duré très longtemps*

stringozzi m pl strinn·*go*·tsi *pâtes courtes à la sauce tomate ou à la sauce bolognaise*

strinù m stri·*nou* *saucisse grillée*

stroscia f **(di Pietrabruna)** *stro*·cha (di pyé·tra·*brou*·na) *gâteau*

strozzapreti m pl stro·tsa·*prè*·ti *pâtes longues • boulettes aux épinards, aux blettes et à la ricotta*

strudel m strou·dél *pâtisserie aux pommes*

stufatino m stou·fa·ti·no *veau en daube cuit avec des tomates et des épices*

supa f **barbetta** sou·pa bar·bèt·ta *consistant bouillon de viande et de légumes*

suppa f *soup·pa soupe*

supplì m *soup·pli boulettes de riz frites (voir* **crocchette***)*

suricitti m pl sou·ri·*tchit*·ti *savoureuses boulettes de* polenta

susamelli m pl sou·za·*mèl*·li *biscuits en forme de S*

T

tacchino m tak·ki·no *dinde*
— **alla gosutta** al·la go·zout·ta *dinde à la casserole avec du fenouil et du bouillon*
— **con sugo di melagrana** konn sou·go di mé·la·gra·na *avec un jus de grenade*

tagliatelle f ta·lya·*tèl*·lé *pâtes en forme de longs rubans*
— **alla salsa di noci** al·la sal·sa di no·tchi *avec des noix, de l'huile, du beurre, de la ricotta et du parmesan*
— **con finocchio selvatico** konn fi·no·kyo sél·va·ti·ko *servi avec une sauce au fenouil, au lard et au persil*

taglierini m pl ta·lyé·ri·ni *minces bandes de pâtes*
— **al ragù** al ra·gou *servi avec une sauce bolognaise*

tagliolini (blò blò) m pl ta·lyo·li·ni (blo blo) *minces bandes de pâtes en bouillon, avec du fromage râpé*

tajarin m pl ta·ya·*rinn* *pâtes minces servies habituellement avec une sauce bolognaise*

taleggio m ta·lè·djo *fromage frais, gras, avec une petite croûte*

taralli m pl ta·ral·li *biscuits salés et croustillants, cuits au four*

tartufo m tar·tou·fo *truffe*

tè m tè *thé*

tegamata f **di maiale** té·ga·ma·ta di ma·ya·lé *casserole de porc et de graines de fenouil*

tegame, in té·ga·mé, inn *frit(e) • braisé(e)*

tegole f pl **d'Aosta** tè·go·lé da·os·ta *biscuits aux amandes*

testaió m té·sta·yo *pâtes carrées servies avec du* pesto *et du parmesan*

testaroli m pl té·sta·ro·li *disques de pâte, un peu comme des galettes*

tiramisù m ti·ra·mi·sou *biscuits de Savoie ou* **savoiardi** *trempés dans du café et disposés en couches avec du mascarpone, puis saupoudrés de cacao*

tòcco m **di carne** tok·ko di kar·né *sauce à base de veau*

toma f to·ma *fromage ferme de vache ou de brebis*
— **piemontese** pyé·monn·tè·zé *variété de* **toma** *un peu plus douce*

tomaxelle f pl to·ma·ksèl·lé *rouleau de veau dans du vin et du bouillon*

tomino m to·mi·no *petit fromage frais*

tonno m ton·no *thon*

torciarelli m pl **al tartufo** tor·tcha·*rèl*·li al tar·tou·fo *pâtes servies avec une sauce à base de fines tranches de porc, d'épices, de champignons, de truffes et de fromage*

torcinelli m pl tor·tchi·*nèl*·li *abats d'agneau ou de chevreau en daube*

torcolo m **di San Costanzo** tor·ko·lo di sann ko·*stann*·tzo *gâteau en forme d'anneau*

torresani m pl tor·ré·za·ni *kebabs de pigeon*

torrone m tor·ro·né *nougat*
— **al cioccolato** al tchok·ko·la·to *nougat très mou au chocolat*

torroni m pl **di semi di sesamo** tor·ro·ni di sè·mi di sè·za·mo *bonbons croustillants aux graines de sésame*

torta f tor·ta *gâteau • tarte*

tortelli m tor·tèl·li *grosses pâtes farcies*
— **di San Leo** di sann lè·o *aux épinards et au fromage*
— **di zucca** di tsouk·ka *au potiron*

tortellini m pl tor·tèl·li·ni *pâtes farcies de viande, parmesan et œufs*

tortelloni m pl tor·tèl·lo·ni *gros tortellinis*

tosella f to-zèl-la *fromage frais frit*

totano m to-ta-no *variété de calamar*

tramezzino m tra-mé-dzi-no *sandwich*

trebbiano m tréb-bya-no *cépage blanc présent dans toute l'Italie*

trenette f pl **al pesto** tré-nèt-té *al* pè-sto *pâtes plates et longues au* **pesto**

trifola f tri-fo-la *truffe blanche*

triglia f tri-lya *moule rouge*

trota f tro-ta *truite*

tubetti m pl tou-bèt-ti *pâtes en forme de petits tubes*

turcinelli m pl **arrostiti** tour-tchi-nèl-li a-ro-sti-ti *abats de veau en daube*

U

uardi m pl **e fasoi** m pl war-di é fa-zoille *soupe aux haricots, à l'orge, aux épices, avec un os de jambon*

umbrici m pl oumm-bri-tchi *spaghettis épais, faits maison*

uova m pl wo-va *œufs*

uva f ou-va *raisin(s)*
— **bianca** byann-ka *raisin(s) blanc(s)*
— **nera** nè-ra *raisin(s) rouge(s)*
— **passa** pas-sa *raisins secs*

V

vapore, cotto/a m/f va-po-ré, ko-to/a *a vapeur, cuit(e) à la*

vecchio/a m/f vèk-kyo/a *vieux/vieille*

ventresca f **di tonno** vènn-trè-ska di to-no *poitrine de thon*

verdura/verdure f vér-dou-ra/ vér-dou-ré *légumes*

verza f vèr-dza *chou frisé*

vialone nano m vya-lo-né na-no *petit grain de riz utilisé pour le risotto*

vincisgrassi m pl vinn-tchiz-gras-si *plat au four copieux, avec des abats, du fromage et parfois des truffes*

viscidu m vi-chi-dou *fromage sec aigre-doux, coupé en tranches et mariné*

vitello m vi-tèl-lo *veau*
— **tonnato** ton-na-to *minces tranches de veau recouvertes d'une sauce au thon, aux câpres et aux anchois*

vongole f pl vonn-go-lé *palourdes*

Z

zabaglione m dza-ba-lyo-né *mousse sucrée à base d'œufs battus, de marsala et de sucre*

zampetto m dzamm-pèt-to *pied de porc, d'agneau ou de veau*

zenzero m dzènn-dzé-ro *gingembre*

zeppule f pl **"e cicenielli** m pl dzép-pou-lé é tchi-tché-nyè-li *beignets au fromage et aux anchois*

zeppule f pl **"e San Giuseppe** dzèp-pou-lé é sann djou-zè-pé *petits gâteaux en forme d'anneau, frits*

zimin m pl dzi-minn *soupe aux haricots, au porc et aux blettes • plat aux calmars et aux blettes*

ziti m pl dzi-ti *longues pâtes épaisses et creuses*

zucca f tsouk-ka *potiron*
— **gialla in agrodolce** djal-la inn a-gro-dol-tché *frit et servi avec des épices et des câpres*

zucchero m tsouk-ké-ro *sucre*

zuccotto m **fiorentino** tsou-kot-to fyo-rènn-ti-no *biscuit de Savoie avec de la liqueur, de la crème anglaise, du chocolat et de la crème instantanée*

zuppa f tsoup-pa *potage*
— **alla canavesana** al-la ka-na-vé-za-na *potage au pain, au chou, avec du beurre, du lard, des oignons et de l'ail*
— **di ceci** di tchè-tchi *potage aux pois chiches*
— **di pesce alla marinara** di pè-ché al-la ma-ri-na-ra *soupe de poisson*
— **"e zuffritto** é dzouf-frit-to *sauce préparée avec des abats de cochon, du vin rouge et de la sauce tomate.*

l'essentiel

l'essenziale

Français	Italien	Prononciation
Au secours !	*Aiuto!*	a·*you*·to
Stop !	*Fermi!*	*fèr*·mi
Circulez !	*Vai via!*	vaille *vi*·a
Au voleur !	*Ladro!*	*la*·dro
Au feu !	*Al fuoco!*	al *fwo*·ko
Attention !	*Attenzione!*	at·tènn·*tsyo*·né

Appelez la police !
Chiami la polizia! — kya·mi la po·li·*tsi*·a

Appelez un docteur !
Chiami un medico! — kya·mi ounn *mè*·di·ko

Appelez une ambulance !
Chiami un'ambulanza! — kya·mi ou·namm·bou·*lann*·tsa

C'est une urgence !
È un'emergenza! — é ou·né·mér·*djènn*·tsa

Pouvez-vous m'aider, s'il vous plaît ?
Mi può aiutare, per favore? — mi pwo a·you·*ta*·ré pér fa·*vo*·ré

Je dois passer un coup de fil.
Devo fare una telefonata. — *dè*·vo fa·ré ou·na té·lé·fo·*na*·ta

signalisation

Carabinieri	ka·ra·bi·*nyè*·ri	**Carabiniers**
Polizia	po·li·*tsi*·a	**Police**
Posto di polizia	*po*·sto di po·li·*tsi*·a	**Hôtel de police**
Pronto soccorso	*pronn*·to sok·*kor*·so	**Urgences**
Questura	kwé·*stou*·ra	**Préfecture de police**

Je suis perdu(e).
Mi sono perso/a. m/f

mi *so*·no *pèr*·so/a

Où sont les toilettes ?
Dove sono i gabinetti?

do·vé *so*·no i ga·bi·*nèt*·ti

police

Où est l'hôtel de police ?
Dov'è il posto di polizia?

do·*vè* il *po*·sto di po·li·*tsi*·a

Je voudrais porter plainte.
Voglio fare una denuncia.

vo·lyo *fa*·ré *ou*·na dé·*nounn*·tcha

On a volé (mon sac).
Mi hanno rubato (la mia borsa).

mi *an*·no rou·*ba*·to (la *mi*·a *bor*·sa)

J'ai perdu (mon portefeuille).
Ho perso (il mio portafoglio).

o *pèr*·so (il *mi*·o por·ta·*fo*·lyo)

Je me suis fait voler.
Sono stato/a derubato/a. m/f

so·no *sta*·to/a dé·rou·*ba*·to/a

Il/elle a été agressé(e).
È stato/a aggredito/a. m/f

é *sta*·to/a ag·gré·*di*·to/a

On m'a violé(e).
Sono stato/a violentato/a. m/f

sono *sta*·to/a vyo·lènn·*ta*·to/a

les forces de l'ordre

En Italie, c'est la *polizia*, la police nationale, et les *carabinieri*, une force de police administrée par le ministère de la Défense, qui veillent à l'ordre public. Ces deux corps s'occupent de nombreux délits, mais pour dénoncer un vol, il vaut mieux s'adresser au *posto di polizia*, le commissariat, ou à la *questura*, la préfecture de police. Si vous êtes toutefois près d'une *caserma* (caserne) de *carabinieri*, n'hésitez pas. Ces derniers vous redirigeront, si nécessaire, vers le bon interlocuteur.

Il/elle a été violé(e).
È stato/a violentato/a. **m/f**　　é *sta*·to/a vyo·lènn·*ta*·to/a

Il/elle a essayé de...	*Ha cercato di...*	a tchér·*ka*·to di...
m'agresser	*aggredirmi*	ag·gré·*dir*·mi
me violer	*violentarmi*	vyo·lènn·*tar*·mi
me voler	*derubarmi*	dé·rou·*bar*·mi

Je voudrais contacter...	*Vorrei contattare...*	vo·*reille* konn·tat·*ta*·ré...
mon ambassade	*la mia ambasciata*	la *mi*·a amm·ba·*cha*·ta
mon consulat	*il mio consolato*	il *mi*·o konn·so·*la*·to

Est-ce que je peux appeler quelqu'un ?
Posso chiamare qualcuno?　　pos·so kya·*ma*·ré kwal·*kou*·no

Est-ce que je peux appeler un avocat ?
Posso chiamare　　pos·so kya·*ma*·ré
un avvocato?　　ou·nav·vo·*ka*·to

Est-ce que je peux avoir un avocat qui parle français ?
Posso avere un avvocato　　pos·so a·*vé*·ré ou·nav·vo·*ka*·to
che parli francese?　　ké *par*·li frann·*tchè*·zé

Est-ce qu'une amende permettrait d'effacer tout ça ?
C'è una multa che　　tché *ou*·na *moul*·ta ké
possiamo pagare per　　pos·*sya*·mo pa·*ga*·ré pér
chiarire tutto questo?　　kya·*ri*·ré *tout*·to kwè·sto

Ce médicament est pour mon usage personnel.
Questo medicinale è　　kwè·sto mé·di·tchi·*na*·lé è
per uso personale.　　pér *ou*·zo pér·so·*na*·lé

J'ai une ordonnance pour ce médicament.
Ho una ricetta per questa　　o *ou*·na ri·*tchèt*·ta pér kwè·sta
medicina.　　mé·di·*tchi*·na

Je (ne) comprends (pas).
(Non) Capisco.　　(nonn) ka·*pi*·sko

On m'accuse de quoi ?
Di che cosa sono stato/a　　di ké *ko*·za *so*·no *sta*·to/a
accusato/a? **m/f**　　ak·kou·*za*·to/a

Excusez-moi.
Mi scusi.   mi *skou*·zi

Désolé(e).
Mi dispiace.   mi di·*spya*·tché

Je ne savais pas que je faisais quelque chose de mal.
Non sapevo che facessi   nonn sa·*pè*·vo ké fa·*tchès*·si
qualcosa di male.   kwal·*ko*·za di *ma*·lé

Ce n'est pas moi qui l'ai fait.
Non sono stato/a io. m/f   nonn *so*·no *sta*·to/a *i*·o

Je suis innocent(e).
Sono innocente.   *so*·no in·no·*tchènn*·té

Tu seras accusé(e) de...	*Sarai accusato/a di...* m/f	sa·*raille* ak·kou·*za*·to/a di...
Il/Elle sera accusé(e) de/pour...	*Lui/Lei sarà accusato/a di...* m/f	*louï*/leille sa·*ra* ak·kou·*za*·to/a di...
agression	*aggressione*	ag·gré·*syo*·né
trouble de	*disturbo*	di·*stour*·bo
l'ordre	*della quiete*	*dèl*·la kwyè·té
public	*pubblica*	*poub*·bli·ka
meurtre	*omicidio*	o·mi·*tchi*·dyo
ne pas avoir	*non avere*	no·na·*vè*·ré
de visa	*un visto*	ounn *vi*·sto
détention	*possesso*	pos·*sè*·so
(de substances	*(di sostanze*	(di so·*stann*·tsé
illégales)	*illecite)*	il·*lè*·tchi·té)
viol	*stupro*	*stou*·pro
vol à l'étalage	*taccheggio*	tak·*kè*·djo
excès de	*eccesso*	é·*tchès*·so
vitesse	*di velocità*	di vé·lo·tchi·*ta*
vol	*furto*	*four*·to

consulter un professionnel de santé

consultare un medico

Français	Italien	Prononciation
Où se trouve...	Dov'è... più	do·vè... pyou
le/la plus proche... ?	vicino/a? m/f	vi·tchi·no/a
la pharmacie	la farmacia f	la far·ma·tchi·a
(de garde)	(di turno)	(di tour·no)
le/la dentiste	il/la dentista m/f	il/la dènn·ti·sta
le médecin	il medico m	il mè·di·ko
l'hôpital	l'ospedale m	lo·spé·da·lé
le cabinet médical	l'ambulatorio m	lamm·bou·la·to·ryo
l'opticien	l'ottico m	lot·ti·ko

J'ai besoin d'un médecin (qui parle français).
Ho bisogno di un medico   o bi·zo·nyo di ounn mè·di·ko
(che parli francese).   (ké par·li frann·tchè·zé)

Est-ce que je peux voir un médecin femme ?
Posso vedere una   po·so vé·dè·ré ou·na
dottoressa?   dot·to·rè·sa

Est-ce que le médecin peut venir ici ?
Può venire qui il medico?   pwo vé·ni·ré kwi il mè·di·ko

J'ai été vacciné(e)	*Sono stato/a*	so·no sta·to/a
contre...	*vaccinato/a per...*	va·tchi·na·to/a pér...
	m/f	
Il/Elle a été	*Lui/Lei è stato/a*	louille/leille è sta·to/a
vacciné(e) contre...	*vaccinato/a per...*	va·tchi·na·to/a pér...
l'hépatite A/B/C	*l'epatite*	lé·pa·ti·té
	A/B/C	a/bi/tchi
le tétanos	*il tetano*	il tè·ta·no
la typhoïde	*il tifo*	il ti·fo

J'ai besoin de...   *Ho bisogno di...*   o bi·*zo*·nyo di...
  nouvelles lunettes   *nuovi occhiali*   nwo·vi ok·*kya*·li
  nouvelles lentilles   *nuove lenti a*   nwo·vé *lènn*·ti a
  de contact   *contatto*   konn·*tat*·to

J'ai fini mes médicaments.
Ho finito la mia   o fi·*ni*·to la *mi*·a
medicina.   mé·di·*tchi*·na

Pourriez-vous me donner une facture pour l'assurance ?
Potrebbe darmi una   po·*trèb*·bé *dar*·mi *ou*·na
ricevuta per   ri·tché·*vou*·ta pér
l'assicurazione?   las·si·kou·ra·*tsyo*·né

le médecin dira...

Quel est le problème ?
Qual'è il problema?   kwa·*lè* il pro·*blè*·ma

Où avez-vous mal ?
Dove Le fa male?   *do*·vé lé fa *ma*·lé

Avez-vous de la température ?
Ha la febbre?   a la *fèb*·bré

Depuis quand vous sentez-vous comme ça ?
Da quanto (tempo) è   da *kwann*·to (*tèmm*·po) è
che si sente così?   ké si *sènn*·té ko·*zi*

Vous avez déjà eu ce genre de symptômes ?
Si è mai sentito/a   si é maille sènn·*ti*·to/a
così prima? **m/f**   ko·*zi* pri·ma

Avez-vous des rapports sexuels réguliers ?
È sessualmente   é sés·sou·al·*mènn*·té
attivo/a? **m/f**   at·*ti*·vo/a

Avez-vous eu des rapports non protégés ?
Ha avuto rapporti   a a·*vou*·to rap·*por*·ti
non protetti?   nonn pro·*tèt*·ti

Êtes-vous allergique à quelque chose ?
È allergico/a   é al·*lèr*·dji·ko/a
a qualcosa? m/f   a kwal·*ko*·za

Prenez-vous des médicaments ?
Sta prendendo   sta prènn·*dènn*·do
medicine?   mé·di·*tchi*·né

Êtes-vous enceinte ?
È incinta?   é inn·*tchinn*·ta

Votre voyage doit durer combien de temps ?
Per quanto tempo   pér *kwann*·to *tèmm*·po
viaggia?   *vya*·dja

Est-ce que vous... ?
buvez	*Beve?*	*bè*·vé
fumez	*Fuma?*	*fou*·ma
vous droguez	*Si droga?*	si *dro*·ga

Il faut qu'on vous hospitalise.
Deve essere ricoverato/a   dè·vé ès·sé·ré ri·ko·vé·*ra*·to/a
in ospedale. m/f   i·no·spé·*da*·lé

Vous devriez le faire contrôler par votre médecin quand vous rentrerez chez vous.
Dovrebbe farlo   do·*vrèb*·bé *far*·lo
controllare dal   konn·trol·*la*·ré dal
medico quando   *mè*·di·ko *kwann*·do
ritorna a casa.   ri·*tor*·na a *ka*·za

Vous devriez rentrer chez vous et vous faire soigner.
Dovrebbe tornare   do·*vrèb*·bé tor·*na*·ré
a casa per farsi curare.   a *ka*·za pér *far*·si kou·*ra*·ré

Vous êtes hypocondriaque.
È un ipocondriaco/a. m/f   é ou·ni·po·konn·*dri*·a·ko/a

Profitez bien de vos vacances !
Vada a godersi   *va*·da a go·*dèr*·si
le vacanze!   lé va·*kann*·tsé

symptômes et condition physique

Je suis malade.
Mi sento male.   mi *sènn*·to *ma*·lé

Mon ami(e) est malade.
Il mio amico è malato. **m**   il *mi*·o a·*mi*·ko è ma·*la*·to
La mia amica è malata. **f**   la *mi*·a a·*mi*·ka è ma·*la*·ta

J'ai mal ici.
Mi fa male qui.   mi fa *ma*·lé kwi

Je me suis blessé(e).
Sono stato/a ferito/a. **m/f**   *so*·no *sta*·to/a fé·*ri*·to/a

J'ai vomi plusieurs fois.
Ho vomitato alcune volte.   o vo·mi·*ta*·to al·*kou*·né *vol*·té

Je n'arrive pas à dormir.
Non riesco a dormire.   nonn ri·è·sko a dor·*mi*·ré

Utilisez une nouvelle seringue, s'il vous plaît.
Usi una siringa   *ou*·si *ou*·na si·*rinn*·ga
nuova, per favore.   *nwo*·va pér fa·*vo*·ré

J'ai ma seringue.
Ho con me la mia siringa.   o konn mé la *mi*·a si·*rinn*·ga

Je ne veux pas de transfusion sanguine.
Non voglio una   nonn *vo*·lyo *ou*·na
trasfusione di sangue.   tra·sfou·*syo*·né di *sann*·gwé

J'ai...	*Ho...*	o...
la tête qui tourne	*il capogiro*	il ka·po·*dji*·ro
des bouffées	*vampate*	vamm·*pa*·té
de chaleur	*di calore*	di ka·*lo*·ré
la nausée	*la nausea*	la *na*·ou·zé·a
des frissons	*i brividi*	i *bri*·vi·di

Je me sens...	Mi sento...	mi *sènn*·to...
mieux	*meglio*	*mè*·lyo
bizarre	*strano/a* **m/f**	*stra*·no/a
faible	*debole*	*dè*·bo·lé
moins bien	*peggio*	*pè*·djo

Je me sens...	Sono...	*so*·no...
anxieux(euse)	*ansioso/a* **m/f**	ann·*syo*·zo/a
déprimé(e)	*depresso/a* **m/f**	dé·*près*·so/a

J'ai...	Ho...	o...
un rhume	*un raffreddore*	ounn raf·fréd·*do*·ré
de la toux	*la tosse*	la *tos*·sé
de la fièvre	*la febbre*	la *fèb*·bré
mal à la tête	*mal di testa*	mal di *tè*·sta
un problème	*un problema*	ounn pro·*blè*·ma
cardiaque	*cardiaco*	kar·*di*·a·ko
la migraine	*un'emicrania*	ou·né·mi·*kra*·nya

Je suis...	Sono...	*so*·no...
asthmatique	*asmatico/a* **m/f**	az·*ma*·ti·ko/a
diabétique	*diabetico/a* **m/f**	dya·*bè*·ti·ko/a
épileptique	*epilettico/a* **m/f**	é·pi·*lèt*·ti·ko/a

J'ai (récemment) eu...
Ho avuto ... (di recente).   o a·*vou*·to... (di ré·*tchènn*·té)

Il/Elle a (récemment) eu...
Ha avuto... (di recente).   a a·*vou*·to... (di ré·*tchènn*·té)

Je prends des médicaments pour...
Prendo la medicina per...   *prènn*·do la mé·di·*tchi*·na pér...

Il/Elle prend des médicaments pour...
Prende la medicina per...   *prènn*·dé la mé·di·*tchi*·na pér...

Pour en savoir plus, consulter le **dictionnaire**.

santé

santé au féminin

Je crois que je suis enceinte.
Penso di essere incinta.   *pènn·so di ès·sé·ré inn·tchinn·ta*

Je suis enceinte.
Sono incinta.   *so·no inn·tchinn·ta*

Je prends la pillule.
Prendo la pillola.   *prènn·do la pil·lo·la*

J'ai (2) semaines de retard.
Sono (due) settimane   *so·no (dou·é) sét·ti·ma·né*
che non mi vengono le   *ké nonn mi vènn·go·no lé*
mestruazioni.   *mé·strou·a·tsyo·ni*

J'ai remarqué une grosseur ici.
Ho notato un nodulo/   *o no·ta·to ounn no·dou·lo/*
gonfiore qui.   *gonn·fyo·ré kwi*

---

le médecin dira...

Est-ce que vous utilisez une méthode contraceptive ?
Prende contraccettivi?   *prènn·dé konn·tra·tchét·ti·vi*

Êtes-vous réglée ?
Ha le mestruazioni?   *a lé mé·strou·a·tsyo·ni*

Êtes-vous enceinte ?
È incinta?   *é inn·tchinn·ta*

Quand avez-vous eu vos règles pour la dernière fois ?
Quand'è l'ultima volta   *kwann·dè loul·ti·ma vol·ta*
che Le sono venute le   *ké lé so·no vé·nou·té lé*
mestruazioni?   *mé·strou·a·tsyo·ni*

Vous êtes enceinte.
È incinta.   *é inn·tchinn·ta*

J'ai besoin...	*Ho bisogno...*	o bi·zo·nyo...
d'une méthode contraceptive	*di contraccettivi*	di konn·tra·tchét·ti·vi
de la pillule du lendemain	*della pillola del mattino dopo*	dé·la pil·lo·la dél mat·ti·no do·po
d'un test de grossesse	*di un test di gravidanza*	di ounn tést di gra·vi·dann·tsa

Pour en savoir plus, consultez le **dictionnaire**.

allergies

Je suis allergique...	*Sono allergico/a...* m/f	so·no al·lèr·dji·ko/a...
Il/Elle est allergique...	*È allergico/a...* m/f	è al·lèr·dji·ko/a...
aux antibiotiques	*agli antibiotici*	a·lyi ann·ti·byo·ti·tchi
aux anti-inflammatoires	*agli antinfiammatori*	a·lyi ann·tinn·fyam·ma·to·ri
à l'aspirine	*all'aspirina*	al·la·spi·ri·na
aux piqûres d'abeille	*alle api*	al·lé a·pi
à la codéine	*alla codeina*	al·la ko·dé·i·na
à la pénicilline	*alla penicillina*	al·la pé·ni·tchil·li·na
au pollen	*al polline*	al pol·li·né

J'ai une allergie de la peau.
Ho un'allergia alla pelle.   o ou·nal·lér·dji·a a·la pèl·lé

Pour en savoir plus sur les allergies alimentaires, consulter le chapitre **végétariens/régimes spéciaux**, p. 159.

parties du corps

J'ai mal à l'estomac.
Mi fa male (lo stomaco).   mi fa *ma*·lé (lo *sto*·ma·ko)

Je n'arrive pas à bouger (ma cheville).
Non riesco a muovere   nonn ri·è·sko a *mwo*·vé·ré
(la caviglia).   (la ka·*vi*·lya)

J'ai une crampe (au pied).
Ho crampi (al piede).   o *kramm*·pi (al *pyè*·dé)

(Ma gorge) est irritée.
(La gola) è gonfia.   (la *go*·la) è *gonn*·fya

Pour en savoir plus sur les parties du corps, consulter le **dictionnaire**.

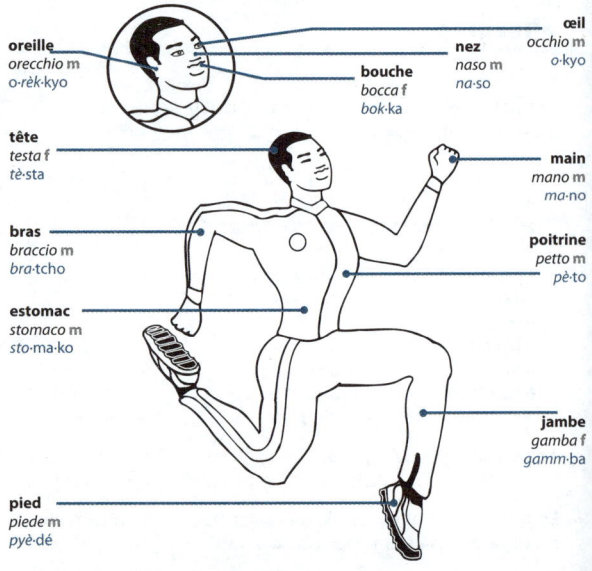

oreille
orecchio m
o·*rèk*·kyo

nez
naso m
na·so

bouche
bocca f
bok·ka

œil
occhio m
o·kyo

tête
testa f
tè·sta

main
mano m
ma·no

bras
braccio m
bra·tcho

poitrine
petto m
pè·to

estomac
stomaco m
sto·ma·ko

jambe
gamba f
gamm·ba

pied
piede m
pyè·dé

pharmacie

J'ai besoin de quelque chose contre (la diarrhée).
Ho bisogno di   o bi·*zo*·nyo di
qualcosa per (la diarrea).   kwal·*ko*·za pér (la dyar·*rè*·a)

Il faut une ordonnance pour (les antihistaminiques) ?
C'è bisogno di una   tché bi·*zo*·nyo di *ou*·na
ricetta per (gli   ri·*tchèt*·ta pér (lyi
antistaminici)?   ann·ti·sta·*mi*·ni·tchi)

Combien de fois par jour ?
Quante volte al giorno?   kwann·té *vol*·té al *djor*·no

Ça me fera dormir ?
Mi farà dormire?   mi fa·*ra* dor·*mi*·ré

Pour en savoir plus, consulter le **dictionnaire**.

---

parler local

dè·vé komm·plé·*ta*·ré il *tchi*·klo
Deve completare   **Vous devez compléter**
il ciclo.   **votre cycle.**

dou·é *vol*·té al *djor*·no (konn i *pa*·sti)
Due volte al giorno   **Deux fois par jour**
(con i pasti).   **(à l'heure des repas).**

kwè·sto la maille *prè*·so
Questo l'ha mai preso?   **En avez-vous déjà pris ?**

sa·*ra* pronn·to fra (*vènn*·ti mi·*nou*·ti)
Sarà pronto fra   **Ça sera prêt d'ici**
(venti minuti).   **(20 minutes).**

---

chez le dentiste

J'ai...	*Ho...*	o...
une dent cassée	*un dente rotto*	ounn *dènn*·té *rot*·to
un trou	*una cavità*	*ou*·na ka·vi·*ta*
mal aux dents	*mal di denti*	mal di *dènn*·ti

J'ai besoin d'un(e)... *Ho bisogno di...* o bi·*zo*·nyo di...
   anesthésiant *un anestetico* ou·na·né·*stè*·ti·ko
   plombage *un'otturazione* ou·not·tou·ra·*tsyo*·né
   couronne *una corona* *ou*·na ko·*ro*·na

J'ai perdu un plombage.
Ho perso un'otturazione. o *pèr*·so ou·not·tou·ra·*tsyo*·né

Mon dentier est cassé.
La mia dentiera è rotta. la *mi*·a dènn·*tyè*·ra è *rot*·ta

J'ai mal aux gencives.
Mi fanno male le gengive. mi *fan*·no ma·lé lé djènn·*dji*·vé

Je ne veux pas qu'on me l'enlève.
Non voglio che mi venga nonn *vo*·lyo ké mi *vènn*·ga
tolto. *tol*·to

Aïe !
Ahi! *a*·i

---

parler local

a·pra *bè*·né la *bok*·ka
  Apra bene la bocca. **Ouvrez bien la bouche.**

nonn lé fa·*ra* ma·lé pér *nyènn*·té
  Non Le farà male per niente. **Vous ne sentirez rien
du tout.**

for·sé lé fa·*ra* ounn po *ma*·lé
  Forse Le farà un po' male. **Ça vous fera peut-être
un peu mal.**

mor·da *kwè*·sto
  Morda questo. **Mordez ça.**

cha·kwi
  Sciacqui! **Rincez-vous la bouche !**

tor·ni kwi ké nonn o fi·*ni*·to
  *Torni qui che non
ho finito.* **Revenez ici, je n'ai pas
fini.**

TOURISME RESPONSABLE

À l'heure des grands débats sur l'avenir de la planète, la question des effets du tourisme se pose avec de plus en plus d'insistance. L'une des réponses dans le cadre de vos voyages consiste à faire en sorte que votre impact sur l'environnement, les cultures régionales et l'économie locale soit aussi positif que possible. Voici quelques phrases basiques pour vous aider…

différences culturelles et communication

J'aimerais apprendre un dialecte régional.
Vorrei imparare un   vor·*reille* im·pa·*ra*·ré ounn
dialetto regionale.   dya·*lét*·to ré·djo·*na*·lé

Voulez-vous que je vous apprenne un peu de français ?
Vuole che le insegni   *vwo*·lé ké lé inn·*sé*·gni
un po' di francese?   ounn po di frann·*tché*·zé

Est-ce une coutume locale ou nationale ?
Questa è un'usanza   *kwé*·sta è ounn ou·*zann*·tsa
locale o nazionale?   lo·*ka*·lé o na·tsyo·*na*·lé

Je respecte vos coutumes.
Rispetto le vostre usanze.   ris·*pét*·to lé *vos*·tré ou·*zan*·tsé

problèmes de société

À quelles difficultés est confrontée cette communauté ?
Quali problemi ci sono   *kwa*·li pro·*blé*·mi tchi *so*·no
da queste parti?   da *kwé*·sté *par*·ti
le crime organisé   *criminalità*   kri·mi·na·li·*ta*
    organizzata f   or·ga·ni·*dza*·ta
le racisme   *razzismo* m   ra·*tsi*·smo
les relations entre   *rapporti fra*   rap·*por*·ti fra
 l'Église et l'État   *Chiesa e Stato* m   *kyé*·za é *sta*·to

| le chômage | *disoccupazione* f | di·zo·kou·pa·*tsyo*·né |

J'aimerais proposer mes compétences.
Vorrei offrirvi la mia
competenza.

vor·*reille* of·*frir*·vi la *mi*·a
komm·pé·*tenn*·tsa

Existe-t-il des programmes de bénévolat dans la région ?
Ci sono programmi di
volontariato da queste
parti?

tchi *so*·no pro·*gram*·mi di
vo·lon·ta·*rya*·to da *kwé*·sté
par·ti

environnement

Où puis-je recycler ceci ?
Dove lo posso riciclare?

do·vé lo *po*·so ri·tchi·*kla*·ré

transports

Peut-on s'y rendre en transports en commun ?
Possiamo arrivarci con
i mezzi pubblici?

po·*sya*·mo ar·ri·*var*·tchi konn
i *mé*·dzi *poub*·bli·tchi

Peut-on s'y rendre en vélo ?
Possiamo arrivarci
in bicicletta?

po·*sya*·mo ar·ri·*var*·tchi
inn bi·tchi·*klét*·ta

Je préfère y aller à pied.
Preferisco andarci
a piedi.

pré·fé·*ris*·ko ann·*dar*·tchi
a *pyé*·di

hébergement

J'aimerais loger dans un hôtel géré localement.
Vorrei stare in un albergo
a gestione locale.

vor·*reille sta*·ré in ounn al·*bèr*·go
a djés·*tyo*·né lo·*ka*·lé

Puis-je arrêter la climatisation et ouvrir la fenêtre ?
Posso spegnere l'aria
condizionata e aprire
la finestra?

po·so spé·gné·ré *la*·ri·a
konn·di·tsyo·*na*·ta é a·*pri*·ré
la fi·*nés*·tra

Ce n'est pas la peine de changer mes draps.

Non c'è bisogno di   nonn tché bi·*zo*·gno di
cambiare le lenzuola.   kamm·*bya*·ré lé lèn·*tswo*·la

achats

Où puis-je acheter des objets/souvenirs produits sur place ?

Dove posso comprare   *do*·vè *po*·so komm·*pra*·ré
oggetti/souvenirs di   o·*djé*·ti/souv·*nir* di
produzione locale?   pro·dou·*tsyo*·né lo·*ka*·lé

Vendez-vous des produits du commerce équitable ?

Vendete prodotti del   vènn·*dé*·té pro·*dot*·ti dèl
Commercio Equo e Solidale?   ko·*mèr*·tcho é·*kwo* é so·li·*da*·lé

alimentation

Vendez-vous ...?	*Vendete ...?*	venn·*dé*·té ...
des produits	*prodotti*	pro·*dot*·ti
alimentaires	*alimentari*	a·li·mènn·*ta*·ri
locaux	*locali*	lo·*ka*·li
des produits	*prodotti*	pro·*do*·ti
bio	*biologici*	bi·o·*lo*·dji·tchi

Quels plats typiques me conseillez-vous de goûter ?

Mi può dire quali piatti   mi pwo *di*·ré *kwa*·li *pyat*·ti
tradizionali dovrei   tra·di·tsyo·*na*·li do·*vrey*
provare?   pro·*va*·ré

visites touristiques

Proposez-vous des circuits culturels ?

Si possono fare   si *po*·so·no *fa*·ré
gite culturali?   *dji*·té koul·tou·*ra*·li

Est-ce que votre agence …?	La vostra agenzia …?	la *vos*·tra a·djèn·*tsi*·a …
donne de l'argent pour les causes humanitaires	fa offerte a organizzazioni umanitarie	fa of·*fèr*·té a or·ga·ni·tsa·*tsyo*·ni ou·ma·ni·*ta*·ryé
fait appel à des guides locaux	assume guide del posto	as·*sou*·mé *goui*·dé dèl *pos*·to
propose des visites d'entreprises locales	visita imprese locali	*vi*·si·ta im·*pré*·zé lo·*ka*·li

Le guide parle-t-il… ?	La guida parla …?	la *gwi*·da parla …
abruzzais	Abruzzese	a·brou·*tsé*·zé
apulien	Pugliese	pou·li·*é*·zé
calabrais	Calabrese	ka·la·*bré*·zé
émilien-romagnol	Emiliano-Romagnolo	é·mi·li·*a*·no ro·ma·*nyo*·lo
frioulan	Friulano	fri·ou·*la*·no
ligure	Ligure	*li*·gou·ré
lombard	Lombardo	lomm·*bar*·do
marchigiano	Marchigiano	mar·ki·*dja*·no
napolitain	Napoletano	na·po·lé·*ta*·no
ombrien	Umbro	*oumm*·bro
piémontais	Piemontese	pié·mon·*té*·zé
romain	Romanesco	ro·ma·*nès*·ko
sarde	Sardo	*sar*·do
sicilien	Siciliano	si·tchi·li·a·no
toscan	Toscano	to·*ska*·no
vénitien	Veneto	*vé*·né·to

Le genre des noms et des adjectifs est indiqué par un m (masculin) et/ou une f (féminin). Si le mot est au pluriel, il sera suivi de pl. Les adjectifs qui se terminent par -e, qui ont la même forme au masculin et au féminin, ne sont suivis d'aucune indication. Les mots et les expressions de ce dictionnaire sont classés par ordre alphabétique. Pour rechercher une expression, rendez-vous au premier mot (par exemple : **en noir et blanc** *in bianco e nero* est classée à "en").

A

à *a* a
— **côté de** *accanto a* ak-*kann*-to a
— **droite** *a destra* a dè-stra
— **l'étranger** *all'estero* al-lè-sté-ro
— **la mer** *al mare* al *ma*-ré
— **la retraite** *in pensione* inn pènn-*syo*-né
— **plein temps** *a tempo pieno* a *tèmm*-po pyè-no
abeille *ape* f *a*-pé
abîmé(e) *guasto/a* gwa-sto/a • *guastato/a* gwa-*sta*-to/a
abîmer *guastare* gwa-*sta*-ré
s'abîmer *guastarsi* gwa-*star*-si
abricot *albicocca* f al-bi-*ko*-ka
accident *incidente* m inn-tchi-*dènn*-té
accord m *accordo* ak-*kor*-do
accrocher *agganciare* ag-gann-*tcha*-ré
acheter *comprare* komm-*pra*-ré
actualité *attualità* f at-tou-a-li-*ta*
acupuncture *agopuntura* f a-go-pounn-*tou*-ra
addition *conto* m *konn*-to
administration *amministrazione* f am-mi-ni-stra-*tsyo*-né
admirer *ammirare* am-mi-*ra*-ré
adonné(e) *dipendente* m/f di-pènn-*dènn*-té
adresse *indirizzo* m inn-di-*ri*-tso
adulte *adulto/a* m/f a-*doul*-to/a
aérobic *aerobica* f a-é-*ro*-bi-ka
aéroport *aeroporto* m a-é-ro-*por*-to
affaire *affare* m pl af-*fa*-re

affranchir *affrancare* af-frann-*ca*-ré
Afrique *Africa* f a-*fri*-ka
âge *età* f é-*ta*
agence de voyage *agenzia* f *di viaggio* a-djènn-*tsi*-a di *vya*-djo
agenda *agenda* f a-*djènn*-da
agir *agire* a-*dji*-ré
agneau *agnello* m a-*nyèl*-lo
agressif(ive) *aggressivo/a* m/f ag-gré-*si*-vo/a
agriculteur(trice) *agricoltore/agricoltrice* m/f a-gri-kol-*to*-ré/a-gri-kol-*tri*-tché
agriculture *agricoltura* f a-gri-kol-*tou*-ra
aide *aiuto* a-*you*-to
aider *aiutare* a-you-*ta*-ré
aides sociales *assistenza* f *sociale* as-si-*stènn*-tsa so-*tcha*-lé
aiguille *ago* m *a*-go
— **de seringue** *ago* m *da siringa* a-go da si-*rinn*-ga
aiguisé(e) *affilato/a* m/f af-fi-*la*-to/a
ail *aglio* m *a*-lyo
aile *ala* f *a*-la
aimer *amare* a-*ma*-ré
air *aria* f *a*-rya
— **conditionné** *aria condizionata* a-rya konn-di-tsyo-*na*-ta
alcool *alcol* m al-kol
Allemagne *Germania* f djér-*ma*-nya
aller *andare* ann-*da*-ré
s'en aller *andarsene* ann-dar-*sé*-né
(un) aller simple *(un biglietto di) solo andata* (ounn bi-*lyèt*-to di) *so*-lo ann-*da*-ta

(billet) aller-retour *(biglietto) di andata e ritorno* (bi·l*yè*·to) di ann·*da*·ta é ri·*tor*·no

allergia *allergia* f al·lér·*dji*·a

allocations chômage *sussidio* m *di disoccupazione* sous·*si*·dyo di di·zok·kou·pa·*tsyo*·né

allonger *allungare* al·lounn·*ga*·ré

s'allonger *stendersi* stènn·dér·si

allumage *ascensione* f a·chènn·*syo*·né

allumette *fiammifero* m pl fyam·*mi*·fé·ro

alpinisme *alpinismo* m al·pi·*niz*·mo

altitude *quota* f *kwo*·ta

amande *mandorla* f *mann*·dor·la

amant *amante* m a·*mann*·té

ambassade *ambasciata* f amm·ba·*cha*·ta

ambassadeur(drice) *ambasciatore/ ambasciatrice* m/f amm·ba·cha·*to*·ré/ amm·ba·cha·*tri*·tché

ambulance *ambulanza* f

amende *multa* f *moul*·ta

Amérique *America* f a·*mè*·ri·ka

ami(e) *amico/a* m/f a·*mi*·ko/a

ampoule (électrique) *lampadina* f lamm·pa·*di*·na

ampoule *vescica* f vé·*chi*·ka

amusant(e) *divertente* di·vér·*tènn*·té

amuser *divertire* di·vér·*ti*·ré

s'amuser *divertirsi* di·vér·*tir*·si

analgésique *analgesico* m a·nal·*djè*·zi·ko

analyse de sang *analisi* f *del sangue* a·*na*·li·zi dél *sann*·gwé

ananas *ananas* m *a*·na·nas

ancien(ne) *antico/a* m/f ann·*ti*·ko/a

anglais(e) *inglese* inn·*glè*·zé

angle *angolo* m *ann*·go·lo

Angleterre *Inghilterra* f inn·guil·*tèr*·ra

animal *animale* m a·ni·*ma*·lé

anneau *anello* m a·*nèl*·lo

année *anno* m *an*·no

cette année *quest'anno* m kwè·*stan*·no

l'année dernière *l'anno* m *scorso* *lan*·no *skor*·so

anniversaire *compleanno* m komm·plé·*an*·no

annonce *annuncio* m an·*nounn*·tcho

annuaire téléphonique *elenco* m *telefonico* é·*lènn*·ko té·lé·*fo*·ni·ko

annuel(le) *annuale* an·nou·*a*·lé

antibiotiques *antibiotici* m pl ann·ti·*byo*·ti·tchi

antihistaminiques *antistaminici* m pl ann·ti·sta·*mi*·ni·tchi

antinucléaire *antinucleare* ann·ti·nou·klé·*a*·ré

antiseptique *antisettico* m ann·ti·*sèt*·ti·ko

appareil *apparecchio* m ap·pa·rè·kyo

— auditif *apparecchio acustico* ap·pa·rè·kyo a·*kou*·sti·ko

— photo *macchina* f *fotografica* *mak*·ki·na fo·to·*gra*·fi·ka

appartement *appartamento* m ap·par·ta·*mènn*·to

appel *chiamata* f kya·*ma*·ta

— à la charge du destinataire *chiamata* f *a carico del destinatario* kya·*ma*·ta a *ka*·ri·ko dél dé·sti·na·*ta*·ryo

appendicite *appendicite* f ap·pènn·*di*·tchi·té

apprendre *imparare* imm·pa·*ra*·ré

après *dopo do*·po

après-demain *dopodomani* do·po·do·*ma*·ni

après-midi *pomeriggio* m po·mé·*ri*·djo

après-rasage *dopobarba* m do·po·*bar*·ba

après-shampooing *balsamo* m *per i capelli bal*·sa·mo pér i ka·*pè*·li

arachides *arachidi* f pl a·*ra*·ki·di

araignée *ragno* m *ra*·nyo

arbitre *arbitro* m *ar*·bi·tro

arbre *albero* m *al*·bé·ro

archéologique *archeologico/a* m/f ar·ké·o·*lo*·dji·ko/a

architecte *architetto* m ar·ki·*tèt*·to

architecture *architettura* f ar·ki·tét·*tou*·ra

argent (matière) *argento* m ar·*djènn*·to

argent *denaro* m dé·*na*·ro • *soldi* m pl *sol*·di

armoire *armadio* m ar·*ma*·dyo

arrêt *fermata* f fér·*ma*·ta

— d'autobus *fermata* f *d'autobus* fér·*ma*·ta *da*·ou·to·bou·se

arrêter *fermare* fér·*ma*·ré

— (un voleur) *arrestare* ar·ré·*sta*·ré

arrivée *arrivo* m ar·*ri*·vo

arriver *arrivare* ar·ri·va·ré
art *arte* f ar·té
artiste *artista* m et f ar·ti·sta
arts martiaux *arti* f pl *marziali* ar·ti
  mar·tsya·li
ASA *ASA* a·za
ascenseur *ascensore* m a·chènn·so·ré
Asie *Asia* f a·zya
asperges *asparagi* m pl a·spa·ra·dji
aspirateur *aspiratore* m a·spi·ra·to·ré
aspirine *aspirina* f a·spi·ri·na
asseoir *sedere* sé·dè·ré
assez *abbastanza* ab·ba·stann·tsa
assiette *piatto* m pyat·to
  — **creuse** *piatto fondo* pyat·to fonn·do
assurance *assicurazione* f
  as·si·kou·ra·tsyo·né
asthme *asma* f az·ma
atelier *laboratorio* m la·bo·ra·to·ryo
athlétisme *atletica* f a·tlè·ti·ka
attendre *aspettare* a·spét·ta·ré
attente (sur la liste d') *attesa* f *(in lista d')*
  at·tè·za (inn *li*·sta d')
aube *alba* f al·ba
auberge de jeunesse *ostello* m *della*
  gioventù o·stèl·lo dè·la djo·vènn·tou
aubergine *melanzana* f mé·lann·dza·na
aucun(e) des deux *nessuno/a dei due* m/f
  nés·sou·no/a deille dou·é
aujourd'hui *oggi* o·dji
aussi *anche* ann·ké
Australie *Australia* f a·ou·stra·lya
autel *altare* m al·ta·ré
autobus *autobus* m a·ou·to·bou·se
autocar *pullman* m *poul*·mann
automatique *automatico/a* m/f
  a·ou·to·ma·ti·ko/a
automne *autunno* m a·ou·toun·no
autorisation *permesso* m pér·*mès*·so
autoroute *autostrada* f
  a·ou·to·stra·da
auto-stop *autostop* a·ou·to·stop
autre *altro/a* m/f al·tro/a
autrefois *una volta* f ou·na *vol*·ta
avant *prima* pri·ma
avant-hier *altro ieri* m
  al·tro yè·ri

avare *avaro/a* m/f a·va·ro/a
avec *con* konn
aventure *avventura* f av·vènn·tou·ra
avenue *viale* m vya·lé
aveugle *cieco/a* m/f tchè·ko/a
avion *aereo* m a·è·ré·o
aviron *canottaggio* m ka·not·ta·djo
aviser *avvertire* av·vér·ti·ré
avocat (fruit) *avocado* m a·vo·ka·do
avocat(e) *avvocato/a* m/f av·vo·ka·to/a
avoine *avena* f a·vè·na
avoir *avere* a·vè·ré
  — **besoin de** *avere bisogno di*
  a·vè·ré bi·zo·nyo di
  — **faim** *avere fame* fa·vè·ré fa·mé
  — **soif** *avere sete* f a·vè·ré sè·té
  — **sommeil** *avere sonno* m a·vè·ré *son*·no
avortement *aborto* m a·bor·to

B

baby-sitter *baby-sitter* m et f bé·bi·*sit*·tér
bac *traghetto* m tra·guèt·to
bagage *bagaglio* m ba·ga·lyo
  — **autorisé** *bagaglio* m *consentito*
  ba·ga·lyo konn·sènn·ti·to
  — **à main** *bagaglio* m a *mano* ba·ga·lyo
  a *ma*·no
bain *bagno* m ba·nyo
baiser *bacio* m ba·tcho
bal *ballo* m bal·lo
balcon *balcone* m bal·ko·né
balle *palla* f pal·la
  — **de golf** *palla* f *da golf* pal·la da golf
ballet *balletto* m bal·lè·to
ballon *pallone* m pal·lo·né
bande *fascia* f fa·cha
banque *banca* f bann·ka
baptême *battesimo* m bat·tè·zi·mo
bar *locale* m lo·ka·lé
barque *barca* f bar·ka
bas *calze* f pl kal·tsé
bas(se) *basso/a* m/f *bas*·so/a
base-ball *baseball* m bè·zbol
basket-ball *pallacanestro* f
  pal·la·ka·*nè*·stro
bateau *nave* f na·vé

batterie *batteria* f bat·té·ri·a
beau/belle *bello/a* m/f bèl·lo/a
beaucoup *molto*
beaucoup de *molto/a* m/f mol·to/a
beau-père *suocero* m swo·tché·ro
bêche *vanga* f vann·ga
belle-mère *suocera* f swo·tché·ra
berceau *culla* f koul·la
berner *imbrogliare* imm·bro·lya·ré
besoin *bisogno* m bi·zo·nyo · **besoin de (avoir)** *avere bisogno di* a·vè·ré bi·zo·nyo di
betterave *barbabietola* f bar·ba·byè·to·la
beurre *burro* m bour·ro
bible *bibbia* f bib·bya
bibliothèque *biblioteca* f bi·bli·o·tè·ka
bicyclette *bicicletta* f bi·tchi·klèt·ta · **faire du vélo** *andare in bicicletta* ann·da·ré inn bi·tchi·klèt·ta
bidon *bidone* m bi·do·né
bientôt *presto* m/f prè·sto
bière *birra* f bir·ra
— **blonde** *birra f chiara* bi·ra kya·ra
bijou *gioiello* m djo·yèl·lo
billard *biliardo* m bi·lyar·do
billet *biglietto* m bi·lyèt·to
— **de banque** *banconota* f bann·ko·no·ta
billetterie *biglietteria* f bi·lyét·té·ri·a
biscuit *biscotto* m bi·skot·to
blanc/blanche *bianco/a* m/f byann·ko/a
blessé(e) *ferito/a* m/f fé·ri·to/a
blesser *ferire* f fé·ri·ré
blessure *ferita* f fé·ri·ta
bleu *livido* m li·vi·do
bleu(e) (clair) *azzurro/a* m/f a·dzour·ro/a
bleu(e) (foncé) *blu* blou
blond(e) *biondo/a* m/f byonn·do/a
bloqué(e) *bloccato/a* m/f blok·ka·to/a
bœuf *manzo* m mann·dzo
boire *bere* bè·ré
bois *legno* m lè·nyo
— **à brûler** *legna f da ardere* lè·nya da ar·dé·ré
boisson *bevanda* f bé·vann·da
boîte *scatola* f ska·to·la · **petite boîte** *scatoletta* f ska·to·lèt·ta

— **de conserve** *barattolo* m ba·rat·to·lo
— **aux lettres** *buca f delle lettere* bou·ka dé·lé lèt·té·ré
bon(ne) *buono/a* m/f bwo·no/a
bonbons *caramelle* f pl ka·ra·mèl·lé
— **à la menthe** *caramelle f pl alla menta* ka·ra·mèl·lé a·la mènn·ta
bondé(e) *affollato/a* m/f af·fol·la·to/a
bord, à *a bordo* a bor·do
bord de mer *lungomare* m lounn·go·ma·ré
bottes *stivali* m pl sti·va·li
bouche *bocca* f bok·ka
boucherie *macelleria* f ma·tchél·lé·ri·a
bouchon *tappo* m tap·po · **bouchons d'oreille** *tappi* m pl *per le orecchie* tap·pi pér lé o·rèk·kyé
boucles d'oreille *orecchini* m pl o·rék·ki·ni
bouddhiste *buddista* m et f boud·di·sta
boue *fango* m fann·go
boulangerie *panetteria* f pa·nét·té·ri·a
boussole *bussola* f bous·so·la
bouteille *bottiglia* f bot·ti·lya
bouton *bottone* m bot·to·né
boxe *pugilato* m pou·dji·la·to
braille *braille* m braille
bras *braccio* m bra·tcho
brebis *pecora* f pè·ko·ra
brillant(e) *brillante* m/f bril·lann·té
briquet *accendino* m a·tchènn·di·no
bronchite *bronchite* f bronn·ki·té
brosse à dents *spazzolino* m *da denti* spa·tso·li·no da dènn·ti
brûler *bruciare* brou·tcha·ré
brûlure *scottatura* f skot·ta·tou·ra
brumeux(euse) *nebbioso/a* m/f néb·byo·zo/a
bruyant(e) *rumoroso/a* m/f rou·mo·ro·zo/a
budget *bilancio* m bi·lann·tcho
bureau *ufficio* m ouf·fi·tcho
— **de poste** *ufficio postale* ouf·fi·tcho po·sta·lé
— **des objets perdus** *ufficio oggetti smarriti* ouf·fi·tcho o·djèt·ti sma·ri·ti

C

cabine téléphonique *cabina* f *telefonica* ka·*bi*·na té·lé·*fo*·ni·ka

câbles de démarrage *cavi* m pl *con morsetti* ka·vi konn mor·*sèt*·ti

cacahouète *arachide* f a·ra·ki·dé

cacao *cacao* m ka·*ka*·o

cadeau *regalo* m ré·*ga*·lo
— **de mariage** *regalo* m *di nozze* ré·*ga*·lo di *no*·tsé

cadenas *lucchetto* m lou·*kèt*·to

café *caffè* m kaf·fè • *bar* m bar

cahier *quaderno* m kwa·*dèr*·no

caisse *cassa* f *kas*·sa

caissier(ère) *cassiere/a* m/f kas·*syè*·ré/a

calculatrice *calcolatrice* f kal·ko·la·*tri*·tché

calendrier *calendario* m ka·lènn·*da*·ryo

caméra vidéo *videocamera* f vi·dé·o·*ka*·mé·ra

camion *camion* m *ka*·myonn

campagne *campagna* f kamm·*pa*·nya

camper *campeggiare* kamm·pé·*dja*·ré

camping *campeggio* m kamm·*pè*·djo

Canada *Canada* m *ka*·na·da

canard *anatra* f *a*·na·tra

cancer *cancro* m *kann*·kro

caravane *roulotte* f rou·*lot*·té

carême *quaresima* f kwa·rè·zi·ma

carotte *carota* f ka·ro·ta

carte *carta* f pl *kar*·ta • *tessera* f *tès*·sé·ra
— **d'embarquement** *carta d'imbarco* *kar*·ta dimm·*bar*·ko
— **d'identité** *carta d'identità* *kar*·ta di·dènn·ti·*ta* • *documento d'identità* do·kou·mènn·to di·dènn·ti·*ta*
— **de crédit** *carta di credito* *kar*·ta di *krè*·di·to
— **grise** *libretto* m *di circolazione* li·*brèt*·to di tchir·ko·la·*tsyo*·né
— **postale** *cartolina* f kar·to·*li*·na
— **téléphonique** *scheda* f *telefonica* *skè*·da té·lé·*fo*·ni·ka

carton *scatola* f *ska*·to·la

cartouche de camping-gaz *cartuccia* f *di ricambio del gas* kar·*tou*·tcha di ri·*kamm*·byo dél gaz

cascade *cascata* f ka·*ska*·ta

casher *kasher* ka·chér

casier *armadietto* m ar·ma·*dyèt*·to
— **à bagages** *armadietto per i bagagli* ar·ma·*dyèt*·to pér i ba·*ga*·lyi

casino *casinò* m ka·zi·no

casque *casco* m *ka*·sko

cassé(e) *rotto/a* m/f *rot*·to/a

casser *rompere* romm·pé·ré

casserole *pentola* f *pènn*·to·la

cassette *cassetta* f kas·*sèt*·ta
— **vidéo** *videonastro* m vi·dé·o·*na*·stro

catholique *cattolico/a* m/f kat·to·li·ko/a

caution *caparra* f ka·*pa*·ra

cave *cantina* f kann·*ti*·na
— **viticole** *cantina* f kann·*ti*·na

caviar *caviale* m ka·*vya*·lé

CD *cidì* m tchi·di

ce(t)/cette *questo/a* m/f kwè·sto/a

ceinture de sécurité *cintura* f *di sicurezza* tchinn·*tou*·ra di si·kou·*rè*·tsa

célébration *celebrazione* f tché·lé·bra·*tsyo*·né

célèbre *famoso/a* m/f fa·*mo*·zo/a

célibataire (homme) *celibe* m *tchè*·li·bé

célibataire (femme) *nubile* f nou·bi·lé

cendrier *portacenere* m por·ta·*tchè*·né·ré

centime *centesimo* m tchènn·*tè*·zi·mo

centimètre *centimetro* m tchènn·*ti*·mé·tro

centre *centro* m *tchènn*·tro
— **commercial** *centro* m *commerciale* *tchènn*·tro kom·mér·*tcha*·lé
— **historique** *centro* m *storico* *tchènn*·tro *sto*·ri·ko
— **téléphonique** *centro* m *telefonico* *tchènn*·tro té·lé·*fo*·ni·ko

céréales *cereali* m pl tché·ré·*a*·li

certificat *certificato* m tchér·ti·fi·*ka*·to

chacun(e) *ciascuno/a* m/f tcha·*skou*·no/a

chaîne *catena* f ka·*tè*·na
— **de bicyclette** *catena* f *di bicicletta* ka·*tè*·na di bi·tchi·*klèt*·ta

— de montagne *catena* f *di montagne* ka·tè·na di monn·*ta*·nyé

chaines (pour la neige) *catene* f pl *da neve* ka·tè·né da nè·vé

chaise *sedia* f sè·dya • *sedile* m sé·*di*·lé

chaleur *caldo* m *kal*·do

chambre *camera* f ka·mé·ra

— à air *camera* f *d'aria* ka·mé·ra *da*·rya

— à coucher *camera* f *da letto* ka·mé·ra da *lèt*·to

— double *camera* f *doppia* ka·mé·ra *dop*·pya

— simple *camera* f *singola* ka·mé·ra *sinn*·go·la

champignon *fungo* m *founn*·go

championnat *campionato* m kamm·pyo·*na*·to

chance *fortuna* f for·*tou*·na

chanceux(euse) *fortunato/a* m/f for·tou·*na*·to/a

chandail *maglione* m ma·*lyo*·né

chandelle *candela* f kann·dè·la

change *cambio* m *(valuta)* kamm·byo (va·*lou*·ta)

changement de vitesse *cambio* m *kamm*·byo

changer *cambiare* kamm·*bya*·ré

chanson *canzone* f kann·*tso*·né

chant *canto* m kann·to

chanter *cantare* kann·*ta*·ré

chanteur(euse) *cantante* m/f kann·*tann*·té

chapeau *cappello* m kap·pè·lo

charcuterie *salumeria* f sa·lou·mé·*ri*·a

chariot *carrello* m kar·*rèl*·lo

charpentier *carpentiere* m kar·pènn·*tyè*·ré

chasse *caccia* f ka·tcha

chat *gatto* m *gat*·to

château *castello* m ka·stèl·lo

chaton *gattino* m gat·*ti*·no

chaud(e) *caldo/a* m/f *kal*·do/a

chauffage *riscaldamento* m ri·skal·da·*mènn*·to

— central *riscaldamento* m *centrale* ri·skal·da·*mènn*·to tchènn·*tra*·lé

chaussettes *calzini* m pl cal·*tsi*·ni

chaussures *scarpe* f pl *skar*·pé

— de foot *scarpette* f pl skar·*pèt*·té

— de marche *scarponi* m pl skar·po·ni

— de ski *scarponi* m pl *(da sci)* skar·po·ni (da chi)

chef *capo* m *ka*·po

chemin *sentiero* m sènn·*tyè*·ro

chemise *camicia* f ka·*mi*·tcha

chèque *assegno* m as·sè·nyo

cher/chère *caro/a* m/f ka·ro/a

chercher *cercare* tchér·*ka*·ré

cheval *cavallo* m ka·*va*·lo • **faire du cheval** *andare a cavallo* ann·*da*·ré a ka·*val*·lo • *cavalcare* ka·val·*ka*·ré

cheville *caviglia* f ka·*vi*·lya

chèvre *capra* f *ka*·pra

chewing-gum *gomma* f *da masticare* *gom*·ma da ma·sti·*ka*·ré

chien *cane* m ka·né

— d'aveugle *cane* m *guida* ka·né *gwi*·da

chiot *cucciolo* m kou·tcho·lo

chocolat *cioccolato* m tchok·ko·*la*·to

chômeur(euse) *disoccupato/a* m/f di·zok·kou·*pa*·to/a

chou *cavolo* m ka·vo·lo

chou-fleur *cavolfiore* m ka·vol·*fyo*·ré

choux de Bruxelles *cavoletti* m pl *di Bruxelles* ka·vo·lè·ti di brouk·*sèl*

chrétien(ne) *cristiano/a* m/f kri·*stya*·no/a

cidre *sidro* m *si*·dro

ciel *cielo* m tchè·lo

cigare *sigaro* m *si*·ga·ro

cigarette *sigaretta* f si·ga·*rèt*·ta

cime *cima* f *tchi*·ma

cinéma *cinema* m *tchi*·né·ma

cirque *circo* m *tchir*·ko

ciseaux *forbici* f pl *for*·bi·tchi

citron *limone* m li·mo·né

clair(e) *chiaro/a* m/f *kya*·ro/a

classe *classe* f *klas*·sé • **première/seconde classe** *prima/seconda classe* f *pri*·ma/ sé·*konn*·da *klas*·sé

— affaires *classe* f *business* *kla*·sé *biz*·nèse

— économique *classe* f *turistica* *klas*·sé tou·*ri*·sti·ka

classique *classico/a* m/f *kla*·si·ko/a
clavier *tastiera* f ta·*stiè*·ra
clef *chiave* f *kya*·vé
client(e) *cliente* m et f kli·*ènn*·té
clignotant *freccia* f *frè*·tcha
clôture *recinto* m ré·*tchinn*·to
cochon *maiale* m ma·*ya*·lé
code postal *codice* m *postale* ko·di·tché
po·*sta*·lé
cœur *cuore* m *kwo*·ré
coffre-fort *cassaforte* f kas·sa·*for*·té
coiffeur (pour hommes) *barbiere* m
bar·*byè*·ré
coiffeur(euse) *parrucchiere/a* m/f
par·rou·*kyè*·ré/a
col (montagne) *passo* m *pas*·so
colère *rabbia* f *rab*·bia · **en colère**
arrabbiato/a m/f a·rab·*bya*·to/a
colis *pacchetto* m pak·*kè*·to
collant *collant* f pl kol·*lannt*
collègue *collega* m et f kol·*lè*·ga
colline *collina* f kol·*li*·na
collyre *collirio* m kol·*li*·ryo
combien *quanto/a* m/f *kwann*·to/a
combinaison de plongée *muta di
subacqueo* f *mou*·ta di sou·ba·*kwé*·o
comédie *commedia* f kom·*mè*·dya
commande *ordine* m *or*·di·né
commander *ordinare* or·di·*na*·ré
comme *come* ko·*mé*
commencer *cominciare* ko·minn·*tcha*·ré
comment *come* ko·*mé*
commerce *commercio* m kom·*mèr*·tcho
commission *commissione* f kom·mi·*syo*·né
communion *comunione* f
ko·mou·*nyo*·né
communiste *comunista* m et f
ko·mou·*ni*·sta
compagnon/compagne *compagno/a*
m/f kom·*pa*·nyo/a
complet(ète) *completo/a* m/f
komm·*plè*·to/a
comprendre *capire* ka·*pi*·ré
compris(e) *compreso/a* m/f komm·*prè*·zo/a
compte *conto* m *konn*·to
— **bancaire** *conto* m *in banca* *conn*·to
inn *bann*·ka

compter *contare* konn·*ta*·ré
comptoir *bancone* m bann·*ko*·né
concert *concerto* m konn·*tchèr*·to
concombre *cetriolo* m tché·tri·o·lo
conduire *guidare* gwi·*da*·ré · *portare*
por·*ta*·ré
confession (religieuse) *confessione* f
konn·fés·*syo*·né
confirmer *confermare* konn·fér·*ma*·ré
confiture *marmellata* f mar·mél·*la*·ta
confortable *comodo/a* m/f *ko*·mo·do/a
congelé(e) *congelato/a* m/f
konn·djé·*la*·to/a
congeler *congelare* konn·djé·*la*·ré
connaître *conoscere* ko·*no*·ché·ré
conservateur(trice) *conservatore/
conservatrice* m/f konn·sér·va·*to*·ré/
konn·sér·va·*tri*·tché
consigne *deposito* m *bagagli* dé·*po*·zi·to
ba·*ga*·lyi
constipation *stitichezza* f sti·ti·*kè*·tsa
constructeur(trice) *costruttore/
costruttrice* m/f ko·strout·*to*·ré/
ko·strout·*tri*·tché
construction *costruzione* ko·strou·*tsyo*·né
construire *costruire* ko·strou·*i*·ré
consulat *consolato* m konn·so·*la*·to
consulter *consultare* konn·soul·*ta*·ré
contraceptif *contraccettivo* m
konn·tra·tchét·*ti*·vo
contrat *contratto* m konn·*trat*·to
contrôler *controllare* konn·trol·*la*·ré
contrôleur *controllore* m
konn·trol·*lo*·ré
corde *corda* f *kor*·da
— **à linge** *corda* f *del bucato* *kor*·da dél
bou·*ka*·to
corps *corpo* m *kor*·po
correspondance *coincidenza* f
ko·inn·tchi·*dènn*·tsa
corrompre *corrompere* kor·*romm*·pé·ré
corrompu(e) *corrotto/a* m/f kor·*rot*·to/a
côte *costa* f *ko*·sta
côté *lato* m *la*·to
côté de, à *accanto a* ak·*kann*·to a
coton *cotone* m ko·*to*·né · **en (coton)** *di
(cotone)* di (ko·*to*·né)

cou *collo* m *ko·*lo
couche (de bébé) *pannolino* m
    pan·no·*li·*no
couche *strato* m *stra·*to
    — **d'ozone** *strato* m *d'ozono*
    *stra·*to do·*dzo·*no
coucher du soleil *tramonto* m
    tra·*monn·*to
coudre *cucire* kou·*tchi·*ré
couleur *colore* m *ko·lo·*ré
couloir *corridoio* m kor·ri·*do·*yo
coup de fil *chiamata* f kya·*ma·*ta
coupable *colpevole* kol·pè·vo·lé
coupe de cheveux *taglio* m *di capelli*
    *ta·*lyo di kap·*pè·*li
Coupe du monde *Coppa* f *del mondo*
    *kop·*pa dél *monn·*do
coupe-ongles *tagliaunghie* m
    ta·lya·*ounn·*guyé
couper *tagliare* ta·*lya·*ré
cour (tribunal) *corte* f *kor·*té
courageux(euse) *coraggioso/a* m/f
    ko·ra·*djo·*zo/a
courant (électrique) *corrente* f kor·*rènn·*té
courgettes *zucchini* m pl tsouk·*ki·*ni
courir *correre* kor·*ré·*ré
courrier *posta* f *po·*sta
    — **prioritaire** *posta* f *prioritaria po·*sta
    pri·o·ri·*ta·*rya
courroie de ventilation *cinghia* f *della*
    ventola tchinn·guya dèl·la *vènn·*to·la
cours *corso* m *kor·*so
course *corsa* f *kor·*sa • *gara* m *ga·*ra
court(e) *corto/a* m/f *kor·*to/a
coussin *cuscino* m kou·*chi·*no
couteau *coltello* m kol·*tèl·*lo
coûter *costare* ko·*sta·*ré
coutume *abitudine* f a·bi·*tou·*di·né
couturier *sarto* m *sar·*to
couvent *convento* m konn·*vènn·*to
couvert (restaurant) *coperto* m ko·*pèr·*to
couverts *posate* f pl po·*za·*té
couverture *coperta* f ko·*pèr·*ta
couvertures et draps *coperte* f pl
    e lenzuola f pl ko·*pèr·*té é *lènn·*zwo·la
crayon *matita* f ma·*ti·*ta
crèche *asilo* m *nido* a·*zi·*lo *ni·*do

crème (fraîche) *panna* f *pan·*na
    — **à raser** *crema* f *da barba*
    *krè·*ma da *bar·*ba
    — **acide** *panna* f *acida pan·*na *a·*tchi·da
    — **bronzante** *lozione* f *abbronzante*
    lo·*tsyo·*né ab·bronn·*dzann·*té
    — **hydratante** *idratante* m i·dra·*tann·*té
    — **solaire** *crema* f *solare krè·*ma so·*la·*ré
crevaison *bucatura* f bou·ka·*tou·*ra
cricket *cricket* m *kri·*kète
criminalité *criminalità* f kri·mi·na·li·*ta*
Croatie *Croazia* m kro·*a·*tsya
croisement *incrocio* m inn·*kro·*tcho
croix *croce* f *kro·*tché
croyant(e) *religioso/a* m/f ré·li·*djo·*zo/a
cru(e) *crudo/a* m/f *krou·*do/a
cuillère *cucchiaio* m kouk·*kya·*yo • **petite**
    cuillère *cucchiaino* m kouk·kya·*i·*no
cuir *cuoio* m *kwo·*yo
cuisine *cucina* f kou·*tchi·*na
cuisiner *cucinare* kou·tchi·*na·*ré
cuisinier(ère) *cuoco/a* m/f *kwo·*ko/a
cure-dent *stuzzicadenti* m
    stou·tsi·ka·*dènn·*ti
curry *curry* m *kour·*ri
    — **en poudre** *polvere* f *da curry pol·*vé·ré
    da *kour·*ri
CV *curriculum vitae* m kour·ri·kou·*loumm*
    *vi·*té
cyclisme *ciclismo* m tchi·*kliz·*mo
cycliste *ciclista* m et f tchi·*kli·*sta
cystite *cistite* f tchi·*sti·*té

D

dangereux(euse) *pericoloso/a* m/f
    pé·ri·ko·lo·zo/a
dans *dentro dènn·*tro
    — **(1 heure)** *entro (un'ora)* ènn·tro
    (ounn·o·ra)
danse *ballo* m *bal·*lo
danser *ballare* bal·*la·*ré
date *data* f *da·*ta
    — **de naissance** *data* f *di nascita*
    *da·*ta di *na·*chi·ta
dealer *spacciatore/spacciatrice* m/f
    spa·tcha·*to·*ré/spa·tcha·*tri·*tché

début *inizio* m i·*ni*·tsyo

décalage horaire *disturbi* m pl *da fuso orario* di·*stour*·bi da fou·zo o·*ra*·ryo

déchets *rifiuti* m pl ri·*fiu*·ti
— **nucléaires** *scorie* f pl *radioattive* sko·rye ra·dyo·at·*ti*·vé
— **toxiques** *rifiuti* m pl *tossici* ri·*fyou*·ti *tos*·si·tchi

défectueux(euse) *difettoso/a* m/f di·fét·*to*·zo/a

dégustation de vins *degustazione* f *dei vini* dé·gou·sta·*tsyo*·né *deille vi*·ni

dehors *fuori* fwo·ri

déjà *già* dja

délit *delitto* m dé·*lit*·to

demain *domani* do·*ma*·ni

demander *richiedere* ri·kyè·dé·*ré*

démangeaison *prurito* m prou·*ri*·to

démocratie *democrazia* f dé·mo·kra·*tsi*·a

dent *dente* m *dènn*·té

dentelle *merletto* m mér·*lèt*·to

dentifrice *dentifricio* m dénn·ti·*fri*·tcho

dentiste *dentista* m et f dènn·*ti*·sta

déodorant *deodorante* m dé·o·do·*rann*·té

dépannage *riparazione* f ri·pa·ra·*tsyo*·né

départ *partenza* f par·*tènn*·tsa

dépôt *deposito* m dé·*po*·zi·to

depuis *da* da

dérailleur *cambio* m *di velocità kamm*·byo di vé·lo·tchi·*ta*

dernier(ère) *ultimo/a* m/f *oul*·ti·mo/a

derrière *dietro dyè*·tro

descendre *scendere chènn*·dé·ré
— **à l'hôtel** *fermarsi in albergo* fér·*mar*·si i·nal·*bèr*·go

désinfectant *disinfettante* m di·zinn·fét·*tann*·té

désirer *desiderare* dé·si·dé·*ra*·ré

dessert *dolce* m *dol*·tché

destination *destinazione* f dé·sti·na·*tsyo*·né

détendre *rilassare* ri·las·*sa*·ré
se détendre *rilassarsi* ri·las·*sar*·si

diabète *diabete* m dya·*bè*·té

diaphragme *diaframma* m dya·*tram*·ma

diapositive *diapositiva* m dya·po·zi·*ti*·va

---

diarrhée *diarrea* f dyar·*rè*·a

dictionnaire *vocabolario* m vo·ka·bo·*la*·ryo

diesel *diesel* m di·zél

dieu/déesse *dio/dea* m/f di·o/*dè*·a

différence de fuseau horaire *differenza* f *di fuso orario* dif·fé·*rènn*·tsa di *fou*·zo o·*ra*·ryo

différent(e) *diverso/a* di·*vèr*·so/a • *differente* dif·fé·*rènn*·té

difficile *difficile* dif·fi·tchi·lé

dimension *dimensione* f di·ménn·*syo*·ne

dinde *tacchino* m tak·*ki*·no

dîner *cena* f *tchè*·na

diplôme *titolo* m *di studio ti*·to·lo di *stou*·dyo

dire *dire* di·ré

direct(e) *diretto/a* m/f di·*rèt*·to/a

direction *direzione* f di·ré·*tsyo*·né

discrimination *discriminazione* f di·skri·mi·na·*tsyo*·né

dispute *bisticcio* m bi·*sti*·tcho • *lite* f *li*·té

disputer *sgridare* sgri·*da*·ré
se disputer *litigare* li·ti·*ga*·ré

disquette *dischetto* m di·*skèt*·to

distributeur (automatique) de billets *Bancomat* m *bann*·ko·mat

divertissement *divertimento* m di·vér·ti·*mènn*·to

divorcé(e) *divorziato/a* m/f di·vor·*tsya*·to/a

doigt *dito* m *di*·to, *dita* pl *di*·ta
— **de pied** *dito* m *del piede di*·to dél *pyè*·dé

dollar *dollaro* m *dol*·la·ro

dôme *duomo* m *dwo*·mo

dommage *danno* m *dan*·no

donner *dare da*·ré
— **un coup de pied** *dare un calcio da*·ré ounn *kal*·tcho

dormir *dormire* dor·*mi*·ré

dos *schiena* f *skyè*·na

dose excessive *dose* f *eccessiva do*·zé é·tchés·*si*·va

douane *dogana* f do·*ga*·na

double *doppio/a* m/f *dop*·pyo/a

douche *doccia* f do·tcha

douleur *dolore* m do·*lo*·ré
douleurs menstruelles *dolori* m pl
  mestruali do·*lo*·ri mé·*strou*·a·li
  — prémenstruelles *tensione* f
  premestruale tènn·*syo*·né
  pré·mé·*strou*·a·lé
douloureux(euse) *doloroso/a* m/f
  do·lo·ro·zo/a
doux/douce *dolce* dol·tché • *morbido/a*
  m/f mor·bi·do/a
douzaine *dozzina* f do·*dzi*·na
drame *dramma* m *dram*·ma
drap *lenzuolo* m lènn·*tswo*·lo, *lenzuola* f pl
  lènn·*tswo*·la
drapeau *bandiera* f bann·*dyè*·ra
drogue *droga* f sg *dro*·ga
droit(e) *diritto/a* m/f dir·*ri*·to/a • **(à) droite**
  (a) destra (a) dè·stra • **(de) droite** *(di)*
  destra (di) *dè*·stra
droits de l'homme *diritti* m pl *umani*
  di·*rit*·ti ou·*ma*·ni
dur(e) *duro/a* m/f *du*·ro/a
durant *durante* dou·*rann*·té

E

eau *acqua* f *a*·kwa
  — bouillie *acqua bollita*
  a·kwa bol·*li*·ta
  — chaude *acqua calda a*·kwa *kal*·da
  — du robinet *acqua del rubinetto*
  a·kwa del rou·bi·*nèt*·to
  — minérale *(acqua) minerale* f *(a*·kwa)
  mi·né·*ra*·lé
  — plate *acqua non gassata*
  a·kwa nonn gas·*sa*·ta
écharpe *sciarpa* f *shar*·pa
échecs *scacchi* m pl *skak*·ki
échographie *ecografia* f é·ko·gra·*fi*·a
école *scuola* f *skwo*·la
  — maternelle *asilo* m a·*zi*·lo
économique *economico/a* m/f
  é·ko·no·mi·ko/a
Écosse *Scozia* f *sko*·tsya
écouter *ascoltare* a·skol·*ta*·ré
écrevisse *gambero* m *gamm*·bé·ro
écrire *scrivere skri*·vé·ré

écrivain(e) *scrittore/scrittrice* m/f
  skrit·*to*·ré/skrit·*tri*·tché
eczéma *eczema* m ék·*dzè*·ma
édifice *edificio* m é·di·*fi*·tcho
éducation *istruzione* f i·strou·
  tsyo·né
effacer *cancellare* kann·tchél·*la*·ré
église *chiesa* f *kyè*·za
égoïste *egoista* m/f é·go·*i*·sta
élections *elezioni* f pl é·lé·*tsyo*·ni
électricien(ne) *elettricista* m et f
  é·lét·tri·*tchi*·sta
électricité *elettricità* f é·lét·tri·tchi·*ta*
elle *lei* leille
embarrassé(e) *imbarazzato/a* m/f
  imm·ba·ra·*tsa*·to/a
embout *boccaglio* m bok·*ka*·lyo
embouteillage *ingorgo* m inn·*gor*·go
embrasser *baciare* ba·*tcha*·ré • *abbracciare*
  ab·bra·*tcha*·ré
embrayage *frizione* f fri·*tsyo*·né
émotif(ive) *emotivo/a* m/f
  é·mo·ti·vo/a
employé(e) *impiegato/a* m/f
  imm·pyé·*ga*·to/a
employeur(euse) *datore/datrice* m/f *di*
  lavoro da·*to*·ré/da·*tri*·tché di la·*vo*·ro
emprunter *prendere in prestito*
  prènn·dé·ré inn *prè*·sti·to
en *in* inn
  — bas *giù* djou
  — bonne santé *in buona salute* inn
  bwo·na sa·*lou*·té
  — colère *arrabbiato/a* m/f
  ar·rab·*bya*·to/a
  — face de *di fronte a* di *fronn*·té a
  — montée *in salita* inn sa·*li*·ta
  — noir et blanc *in bianco e nero* inn
  byann·ko é *nè*·ro
  — panne *guasto/a* m/f *gwa*·sto/a
  — retard *in ritardo* m/f inn ri·*tar*·do
  — vente *in vendita* inn *vènn*·di·ta
encaisser un chèque *riscuotere un*
  assegno ri·skwo·té·ré ounn as·*sè*·nyo
en-cas *spuntino* m spounn·*ti*·no
enceinte *incinta* inn·*tchinn*·ta
encore *di nuovo* di *nwo*·vo
  pas encore *non ancora* nonn ann·*ko*·ra

endroit *luogo* m *lwo*-go

énergie *energia* f é-nér-*dji*-a
— **nucléaire** *energia* f *nucleare*
é-nér-*dji*-a nou-klé-*a*-ré

enfant *bambino/a* m/f bamm-*bi*-no/a • *bimbo/a* m/f bimm-bo/a

enflure *gonfiore* m gonn-*fyo*-ré

ennuyé(e) *annoiato/a* m/f an-no-ya-to/a

ennuyeux(euse) *noioso/a* m/f no-yo-zo/a

énorme *enorme* é-*nor*-mé

enregistrement (aéroport) *accettazione* f a-tché-ta-*tsyo*-né

enregistrement (hôtel) *registrazione* f ré-dji-stra-*tsyo*-né

enrhumé(e) *raffreddato/a* m/f raf-fré-*da*-to/a

enseignant(e) *insegnante* m et f inn-sé-*nyann*-té

ensemble *insieme* inn-*syè*-mé

ensoleillé(e) *soleggiato/a* m/f so-lé-*dja*-to/a

entendre *sentire* sènn-*ti*-ré

enterrement *funerale* m fou-né-*ra*-lé

entorse *storta* f *stor*-ta

entraînement *allenamento* m al-lé-na-*mènn*-to

entre *fra* fra

entrée *entrata* f ènn-*tra*-ta • *ingresso* m inn-*grè*-so

entreprise *ditta* f *dit*-ta

entrer *entrare* ènn-*tra*-ré

entretien (de sélection) *colloquio* m *(selettivo)* kol-*lo*-kwi-o (sé-lé-*ti*-vo)

enveloppe (matelassée) *busta* f *(imbottita)* bou-sta imm-bot-*ti*-ta

environnement *ambiente* m amm-*byènn*-té

envoyer *mandare* mann-*da*-ré

épais(se) *spesso/a* m/f *spès*-so/a

épaule *spalla* f *spal*-la

épicerie *drogheria* f dro-gué-*ri*-a

épilepsie *epilessia* f é-pi-lés-*si*-a

épinards *spinaci* m pl spi-*na*-tchi

épouser *sposare* spo-*za*-ré

équipe *squadra* f *skwa*-dra

équipement *attrezzatura* f at-tré-tsa-*tou*-ra

érotique *erotico/a* m/f é-ro-ti-ko/a

erreur *sbaglio* m *sba*-lyo

érythème fessier *sfogo* m *da pannolino* *sfo*-go da pan-no-*li*-no

escalade *roccia* m *ro*-tcha • **faire de l'escalade** *(andare su) roccia* m (ann-*da*-ré sou) *ro*-tcha

escalader *scalare* ska-*la*-ré

escalator *scala* f *mobile* ska-la mo-bi-lé

escalier *scale* f pl *ska*-lé

escargot *lumaca* f lou-*ma*-ka

escrime *scherma* f *skèr*-ma

espace *spazio* m *spa*-tsyo

Espagne *Spagna* f *spa*-nya

espèce *specie* f *spè*-tché
— **en voie de disparition** *specie* f *in via di estinzione* *spè*-tché inn *vi*-a di é-stinn-*tsyo*-né
— **protégée** *specie* f *protetta* *spè*-tché prot-*tè*-ta

essais nucléaires *esperimenti* m pl *nucleari* é-spé-ri-*mènn*-ti nou-klé-*a*-ri

essayer *provare* pro-*va*-ré

essence *benzina* f bènn-*dzi*-na

essuyer *asciugare* a-*chou*-ga-ré

est *est* m é-ste

esthéticien(ne) *estetista* m et f é-sté-*ti*-sta

estomac *stomaco* m *sto*-ma-ko

et *e* é

étage *piano* m *pya*-no

étal *banco* m *bann*-ko

étape *tappa* f *tap*-pa

état *stato* m *sta*-to
— **civil** *stato* m *civile sta*-to tchi-*vi*-lé

États-Unis d'Amérique *Stati* m pl *Uniti d'America sta*-ti ou-*ni*-ti da-*mè*-ri-ka

été *estate* f é-*sta*-té

étiquette *etichetta* f é-ti-*kèt*-ta

étoffe *stoffa* f *stof*-fa

étoile *stella* f *stèl*-la
(quatre) étoiles *(a quattro) stelle* (a *kwat*-tro) *stèl*-lé

étourdi(e) *stordito/a* m/f stor-*di*-to/a

étrange *strano/a* m/f *stra*-no/a

étranger(ère) *straniero/a* m/f stra-*nyè*-ro/a • **(à) l'étranger** *(all') estero* (a)-*lè*-sté-ro

être *essere* *ès·sé·ré*
  — d'accord *essere d'accordo* *ès·sé·ré dak·kor·do(*
  — en colère *essere arrabbiato/a* m/f *é·sé·ré ar·rab·bya·to/a*
  — enrhumé(e) *essere raffreddato/a* m/f *ès·sé·ré raf·fréd·da·to/a*
  — pressé(e) *avere fretta* *a·vè·ré frèt·ta*
être en retard *in ritardo* *inn ri·tar·do*
étroit(e) *stretto/a* m/f *strèt·to/a*
étudiant(e) *studente/studentessa* m/f *stou·dènn·té/stou·dènn·tès·sa*
euro *euro* m inv *è·ou·ro*
Europe *Europa* f *é·ou·ro·pa*
européen(ne) *europeo/a* m/f *é·ou·ro·pè·o/a*
euthanasie *eutanasia* f *é·ou·ta·na·zi·a*
examen *esame* m *é·za·mé*
excédent de bagages *bagaglio* m *in eccedenza* *ba·ga·lyo inn é·tché·dènn·tsa*
excellent(e) *ottimo/a* m/f *ot·ti·mo/a*
exclu(e) *escluso/a* m/f *é·sklou·zo/a*
excursion *gita* f *dji·ta*
exemple *esempio* m *é·zèmm·pyo*
expérience *esperienza* f *é·spé·ryènn·tsa*
exploitation *sfruttamento* m *sfrout·ta·mènn·to*
exposition *esposizione* f *é·spo·zi·tsyo·né*
express *espresso/a* m/f *é·sprès·so/a*

facile *facile* *fa·tchi·lé*
faible *debole* *dè·bo·lé*
faim *fame* f *fa·mé* • **avoir faim** *avere fame* f *a·vè·ré fa·mé*
fait(e) à la main *fatto/a* m/f *a mano* *fat·to/a a a ma·no*
  — maison *casalingo/a* f *ka·za·linn·go/a*
faire *fare* *fa·ré*
  — de l'auto-stop *fare l'autostop* *fa·ré la·ou·to·stop*
  — du cheval *andare a cavallo* *ann·da·ré a ka·val·lo* • *cavalcare* *ka·val·ka·ré*
  — de l'escalade *(andare su) roccia* m *(ann·da·ré sou) ro·tcha*
  — du surf *praticare il surf* *pra·ti·ka·ré il sourf*

— du vélo *andare in bicicletta* *ann·da·ré inn bi·tchi·klèt·ta*
  — (un sport) *praticare (uno sport)* *pra·ti·ka·ré (ou·no sporte)*
fait(e) *fatto/a* m/f *fat·to/a*
  — main *fatto/a* m/f *a mano* *fat·to/a a ma·no*
  — maison *casalingo/a* f *ka·za·linn·go/a*
famille *famiglia* f *fa·mi·lya*
farine *farina* f *fa·ri·na*
fascinant(e) *affascinante* *af·fa·chi·nann·té*
fatigué(e) *stanco/a* m/f *stann·ko/a*
fausse couche *aborto* m *spontaneo* *a·bor·to sponn·ta·né·o*
faute *colpa* f *kol·pa*
fauteuil roulant *sedia* f *a rotelle* *sè·dya a ro·tèl·lé*
faux/fausse *sbagliato/a* m/f *sba·lya·to/a* • *falso/a* m/f *fal·so/a*
fax *fax* m faks
femme *donna* f *don·na* • *moglie* f *mo·lyé*
fenêtre *finestra* f *fi·nè·stra*
  — (de voiture, d'avion) *finestrino* m *fi·né·stri·no*
fer à repasser *ferro* m *da stiro* *fèr·ro da sti·ro*
ferme *fattoria* f *fat·to·ri·a*
fermé(e) *chiuso/a (a chiave)* m/f *kyou·zo/a (a kya·vé)*
fermer *chiudere* *kyou·dé·ré*
fermeture *chiusura* *kyou·zou·ra*
festival *festival* m *fè·sti·val*
fête *festa* f *fè·sta*
feu *fuoco* m *fwo·ko*
feu (tricolore) *semaforo* m *sé·ma·fo·ro*
feuille *foglia* f *fo·lya*
fiançailles *fidanzamento* f *fi·dann·tsa·mènn·to*
fiancé(e) *fidanzato/a* m/f *fi·dann·tsa·to/a*
ficelle *spago* m *spa·go*
fièvre *febbre* f *fèb·bré*
fiévreux(euse) *febbrile* *féb·bri·lé*
figue *fico* m *fi·ko*
fil (à coudre) *filo* m *fi·lo*
fil dentaire *filo* m *dentario* *fi·lo dènn·ta·ryo*
fille *figlia* f *fi·lya*
film *film* m film

fils *figlio* m *fì·*lyo
fin *fine* f *fi·*né
finir *finire* fi·*ni·*ré
flash (d'appareil photo) *flash* m flèche
fleur *fiore* m *fyo·*ré
fleuriste *fioraio* m et f fyo·*ra·*yo
flocons de maïs *fiocchi* m pl *di mais*
*fyok·*ki di *ma·*i·se
foie *fegato* m *fè·*ga·to
football *calcio* m *kal·*tcho
footing *footing* m fou·tinng
fond *fondo* fonn·do
  au fond *in fondo* inn *fonn·*do
forces armées *forze* f pl *armate* for·tsé
ar·*ma·*té
forêt *foresta* f fo·rè·sta
forme *forma* f *for·*ma
formulaire *modulo* m *mo·*dou·lo
fort(e) *forte* m/f for·té
fortune *fortuna* f for·*tou·*na
fou/folle *pazzo/a* m/f *pa·*tso/a
four *forno* m *for·*no
four à micro-ondes *forno* m *a microonde*
*for·*no a *mi·*kro·*onn·*dé
fourchette *forchetta* f for·*kèt·*ta
fourgon *furgone* m four·*go·*né
fourmi *formica* f for·*mi·*ka
fragile *fragile* fra·dji·lé
frais/fraiche *fresco/a* m/f frè·sko/a
fraise *fragola* f *fra·*go·la
framboise *lampone* m lamm·*po·*né
France *Francia* f *frann·*tcha
frein *freno* m frè·no
frère *fratello* m fra·*tèl·*lo
frigidaire *frigorifero* m fri·go·*ri·*fé·ro
frire *friggere* fri·djé·ré
froid(e) *freddo/a* m/f frèd·do/a
fromage *formaggio* m for·*ma·*djo
  — frais *formaggio* m *fresco* for·*ma·*djo
  frè·sko
frontière *confine* m konn·fi·né
fruits *frutta* f frout·ta
fumer *fumare* fou·*ma·*ré
fumeur *fumatore* m fou·ma·*to·*ré
  non-fumeur *non fumatore* nonn
  fou·ma·*to·*ré
futur *futuro* m fou·*tou·*ro

gagnant(e) *vincitore/vincitrice* m/f
vinn·tchi·*to·*ré/vinn·tchi·*tri·*tché
gagner *vincere* vinn·tché·ré
galerie d'art *galleria* f *d'arte* gal·lé·*ri·*a
dar·té
gants *guanti* m pl *gwann·*ti
garage *garage* m ga·ra·je
garçon *bambino* m bamm·*bi·*no · **petit**
  garçon *bambino* m bamm·*bi·*no
gare *stazione* f sta·*tsyo·*né
  — ferroviaire *stazione* f *ferroviaria*
  sta·*tsyo·*né fé·ro·*vya·*rya
  — routière *stazione* f *d'autobus*
  sta·*tsyo·*né da·ou·to·bou·se
gastroentérite *gastroenterite* f
ga·stro·ènn·té·*ri·*té
gâteau *torta* f tor·ta
gauche *sinistra* f si·*ni·*stra
(de) gauche *(di) sinistra* (di) si·*ni·*stra
gaufre *cialda* chal·da
gay *gay* gueille
gaz *gas* m gaz
gel *gelo* m djè·lo
geler *gelare* djè·*la·*ré
gencive *gengiva* f djènn·*dji·*va
gendarmerie *carabinieri* m pl
ka·ra·bi·*nyè·*ri
général(e) *generale* djé·né·*ra·*lé
genou *ginocchio* m dji·*no·*kyo, *ginocchia*
  pl dji·*no·*kya
gens *gente* djènn·té
gentil(le) *gentile* djènn·*ti·*lé
gilet de sauvetage *giubbotto* m *di*
salvataggio djoub·*bot·*to di sal·va·*ta·*djo
gingembre *zenzero* m dzènn·dzé·ro
glace (eau) *ghiaccio* m *guya·*tcho
glace (crème glacée) *gelato* m djé·*la·*to
glacier *gelateria* f djé·la·té·*ri·*a
gorge *gola* f *go·*la
gourde *borraccia* f bor·ra·tcha
gouvernement *governo* m go·vèr·no
gramme *grammo* m pl *gram·*mo
grand(e) *grande* grann·dé
grandir *crescere* krè·ché·ré
grand-mère *nonna* f *non·*na

grand-père *nonno* m *non*·no
gratuit(e) *gratuito/a* m/f gra·tou·i·to/a
grêle *grandine* f *grann*·di·né • **chute de grêle** *grandinata* f grann·di·*na*·ta
(en) grève *(in) sciopero* m inn cho·pé·ro
grille-pain *tostapane* m to·sta·pa·né
grippe *influenza* f inn·flou·ènn·tsa
gris(e) *grigio/a* m/f gri·djo/a
gros(se) *grasso/a* m/f gras·so/a
grosseur *nodulo* m *no*·dou·lo
grotte *grotta* f *grot*·ta
groupe *gruppo* m *group*·po
   — **de rock** *gruppo* m rock *group*·po rok
   — **sanguin** *gruppo* m *sanguigno* *group*·po sann·*gwi*·nyo
guerre *guerra* f *gwèr*·ra
guichet automatique (de billets) *distributore* m *automatico di biglietti* di·stri·bou·*to*·ré a·ou·to·*ma*·ti·ko di bi·*lyèt*·ti
guide *guida* f *gwi*·da
   — **audio** *guida* f *audio* gwi·da a·ou·dyo
   — **des spectacles** *guida* f *agli spettacoli* gwi·da a·lyi spét·*ta*·ko·li
   — **touristique** *guida* f *turistica* gwi·da tou·ri·sti·ka
guidon *manubrio* m ma·*nou*·bri·o
guitare *chitarra* f ki·*tar*·ra
gymnastique *ginnastica* f dji·*na*·sti·ka
gynécologue *ginecologo/a* m/f dji·né·*ko*·lo·go/a

H

halal *halal* a·*lal*
hall *atrio* m *a*·tryo
hammac *amaca* f *a*·ma·ka
hand-ball *pallamuro* f pal·la·*mou*·ro
handicapé(e) *disabile* di·za·bi·lé
harcèlement *molestia* f mo·lè·stya
hareng *aringa* f a·*rinn*·ga
haricots *fagioli* m pl fa·*djo*·li
haschish *hashish* m *a*·chiche
haut(e) *alto/a* m/f *al*·to/a
hauteur *altezza* f al·*tè*·tsa
hépatite *epatite* f é·pa·*ti*·té

herbe *erba* f *èr*·ba • **fines herbes** *erbe* f pl *èr*·bé
herboriste *erborista* m et f *ér*·bo·ri·sta
heure *ora* f o·ra
heureux(euse) *felice* m/f fé·*li*·tché
hier *ieri* yè·ri
hindou(e) *indù* m et f *inn*·*dou*
hindouiste *induista* m et f *inn*·*doui*·sta
histoire *storia* f *sto*·rya
historique *storico/a* m/f *sto*·ri·ko/a
hiver *inverno* m *inn*·*vèr*·no
hockey *hockey* m o·*ki*
   — **sur glace** *hockey* m *su ghiaccio* o·ki sou *guya*·tcho
homéopathie *omeopatia* f o·mé·o·pa·*ti*·a
homme *uomo* m *wo*·mo
homme/femme d'affaires *uomo/donna d'affari* m/f wo·mo/*don*·na daf·*fa*·ri
homosexuel(le) *omosessuale* m et f o·mo·sés·sou·a·lé
hôpital *ospedale* m o·spé·*da*·lé
horaire *orario* m o·*ra*·ryo
horaire d'ouverture *orario* m *di apertura* o·ra·ryo di a·pér·*tou*·ra
horloge *orologio* m o·ro·lo·djo
horrible *orrendo/a* m/f or·*rènn*·do/a
hors-bord *motoscafo* m mo·to·*ska*·fo
hospitalité *ospitalità* f o·spi·ta·li·*ta*
hôtel *albergo* m al·*bèr*·go
   — **de police** *posto* m *di polizia* po·sto di po·li·*tsi*·a
housse (d'oreiller) *federa* f fè·dé·ra
huile *olio* m o·lyo
   — **d'olive** *olio* m *d'oliva* o·lyo do·*li*·va
huître *ostrica* f o·stri·ka
hurler *urlare* our·*la*·ré

I

ici *qui* kwi
idiot(e) *idiota* m et f i·*dyo*·ta
il *lui* lou·*i*
île *isola* f *i*·zo·la
illégal(e) *illegale* il·lé·*ga*·lé
ils *loro* lo·ro
immigration *immigrazione* f im·mi·gra·*tsyo*·né

imperméable *impermeabile* m
  imm·pér·mé·*a*·bi·lé
important(e) *importante*
  imm·por·*tann*·té
impossible *impossibile* imm·pos·*si*·bi·lé
impressionner *allucinare*
  al·lou·tchi·*na*·ré
imprimante *stampante* f stamm·*pann*·té
incident *incidente* m inn·tchi·*dènn*·té
inconfortable *scomodo/a* m/f
  sko·mo·do/a
inconnu(e) *sconosciuto/a* m/f
  sko·no·*chou*·to/a
indigestion *indigestione* f
  inn·di·djé·*styo*·né
indiquer *indicare* inn·di·*ka*·ré
industrie *industria* f inn·*dou*·stri·a
infection *infezione* f inn·fé·*tsyo*·né
infirmier(ère) *infermiere/a* m/f
  inn·fér·*myè*·ré/a
inflammation *infiammazione* f
  inn·fyam·ma·*tsyo*·né
inflation *inflazione* f inn·fla·*tsyo*·né
influence *influenza* f inn·flou·*ènn*·tsa
informations *informazioni* f pl
  inn·for·ma·*tsyo*·ni
informatique *informatica* f inn·for·*ma*·ti·ka
informel(le) *informale* inn·for·*ma*·lé
infraction *infrazione* inn·fra·*tsyo*·né
ingénieur(e) *ingegnere* m et f
  inn·djé·*nyè*·ré
ingrédient *ingrediente* m inn·gré·*dyènn*·té
inhalateur *inalatore* m i·na·la·*to*·ré
injection *iniezione* f i·nyé·*tsyo*·né
innocent(e) *innocente* in·no·*tchènn*·té
inondation *inondazione* f
  i·nonn·da·*tzyo*·né
inquiet(ète) *preoccupato/a* m/f
  pré·ok·kou·*pa*·to/a
insecte *insetto* m inn·*sèt*·to
insolite *insolito/a* m/f inn·so·*li*·to/a
instituteur(trice) *maestro/a* m/f
  ma·è·stro/a
instructeur(trice) *istruttore/istruttrice* m/f
  i·strout·*to*·ré/i·strout·*tri*·tché
intéressant(e) *interessante*
  inn·té·ré·*sann*·té

international(e) *internazionale*
  inn·tér·na·tsyo·*na*·lé
Internet *Internet* m inn·tér·*nète*
interprète *interprete* m/f inn·tèr·pré·té
interurbain(e) *interurbano/a* m/f
  inn·té·rour·ba·no/a
intervalle *intervallo* m inn·tér·*val*·lo
intervention (chirurgicale) *intervento* m
  inn·tér·*vènn*·to
intoxication alimentaire *intossicazione*
  f *alimentare* inn·tos·si·ka·*tsyo*·né
  a·li·mènn·*ta*·ré
inviter *invitare* inn·vi·*ta*·ré
Irlande *Irlanda* f ir·*lann*·da
Italie *Italia* f i·*ta*·lya
italien(ne) *italiano/a* m/f i·ta·*lya*·no/a
itinéraire *itinerario* m i·ti·né·*ra*·ryo
ivre *ubriaco/a* m/f ou·bri·*a*·ko/a

J

jaloux(ouse) *geloso/a* m/f djé·*lo*·zo/a
jamais *mai* maille
jambe *gamba* f *gamm*·ba
jambon (cuit) *prosciutto* m *(cotto)*
  pro·*chout*·to *(kot*·to)
Japon *Giappone* m djap·*po*·né
jardin *giardino* m djar·*di*·no
jardinage *giardinaggio* m djar·di·*na*·djo
jardiner *giardinare* djar·di·*na*·ré
jaune *giallo/a* m/f djal·lo/a
je *io* i·o
jeans *jeans* m pl djinn·se
jetable *usa e getta* ou·za e *djèt*·ta
jeton *gettone* m djét·*to*·né
jeu *gioco* m *djo*·ko
  — **vidéo** *gioco* m *elettronico djo*·ko
  é·lét·*tro*·ni·ko
jeune *giovane* djo·va·né
jockey *fantino* m fann·*ti*·no
jogging *footing* m fou·*tinng*
jouer *giocare* djo·*ka*·ré
  — **au foot** *giocare a calcio* djo·*ka*·ré a
  kal·tcho
  — **de la guitare** *suonare la chitarra*
  swo·*na*·ré la ki·*tar*·ra
jour *giorno* m *djor*·no

Jour de l'an *Capodanno* m *ka*·po *dan*·no
journal *giornale* m djor·*na*·lé
journaliste *giornalista* m et f djor·na·*li*·sta
judo *giudò* m djou·*do*
juge *giudice* m djou·di·tché
juif/juive *ebreo/a* m/f é·*brè*·o/a
jumeaux/jumelles *gemelli/e* m/f pl
djé·*mèl*·li/é
jumelles *binocolo* m bi·*no*·ko·lo
jupe *gonna* f *gon*·na
jus *succo* m *souk*·ko
— **de fruit** *succo* m *di frutta souk*·ko di
frout·ta
— **de fruit frais** *spremuta* f spré·*mou*·ta
— **d'orange (en bouteille)** *succo* m
d'arancia souk·ko da·*rann*·tcha
— **d'orange (frais)** *spremuta* m
d'arancia spré·*mou*·ta da·*rann*·tcha
jusqu'à *fino a* fi·no a
juste *giusto/a* m/f djou·sto/a

K

kilo *chilo* m *ki*·lo
kilomètre *chilomètre* m ki·*lo*·mé·tro
kiosque (à journaux) *edicola* f é·*di*·ko·la
kit *valigetta* f va·li·djèt·ta
— **d'urgence** *valigetta* f *del pronto
soccorso* va·li·djèt·ta dél *pronn*·to sok·kor·so
kiwi *kiwi* m *ki*·wi
kyste ovarien *cisti* f *ovarica tchi*·sti
o·*va*·ri·ka

L

là *là* la
là-bas *laggiù* la·*djou*
lac *lago* m *la*·go
laid(e) *brutto/a* m/f *brout*·to/a
laine *lana* f *la*·na
laisser *lasciare* la·*cha*·ré
lait *latte* m *lat*·té
— **de soja** *latte* m *di soia* la·té di *so*·ya
— **écrémé** *latte* m *scremato* la·té
skré·*ma*·to
— **hydratant** *fluido* m *idratante*
flou·i·do i·dra·*tann*·té

laitue *lattuga* f lat·*tou*·ga
lames de rasoir *lamette* f pl *(da barba)*
la·*mèt*·té (da *bar*·ba)
lampada *lampe* m *lam*·pa·da
langue *lingua* f *linn*·gwa
lapin *coniglio* m ko·*ni*·lyo
lard *pancetta* f pann·*tchèt*·ta • *lardo* m
lar·do
large *largo/a* m/f *lar*·go/a
laver *lavare* la·*va*·ré
se laver *lavarsi* la·*var*·si
laverie automatique
lavanderia f *a gettone* la·vann·dé·*ri*·a a
djét·to·né
laxatif *lassativo* m las·sa·*ti*·vo
légal(e) *legale* lé·*ga*·lé
léger/légère *leggero/a* m/f lé·djè·ro/a
légume *legume* m lé·*gou*·mé
légumes verts *verdura* f vér·dou·ra
légumes marinés *sott'aceti* m pl
sot·ta·*tchè*·ti
lent(e) *lento/a* m/f *lènn*·to/a
lentement *lentamente*
lènn·ta·*mènn*·té
lentille *lenticchia* f lènn·*tik*·kya
lentilles de contact *lenti* f pl *a contatto*
lènn·ti a konn·*tat*·to
lequel *il quale* il *kwa*·lé
lesbienne *lesbica* f lé·sbi·ka
lessive *detersivo* m
dé·tér·*si*·vo
lettre *lettera* f *lèt*·té·ra
lever *alzare* al·*dza*·ré
se lever *alzarsi* al·*dzar*·si
lèvres *labbra* f pl *lab*·bra
lézard *lucertola* f lou·*tchèr*·to·la
librairie *libreria* f li·bré·*ri*·a
libre *libero/a* m/f li·bé·ro/a
lieu de naissance *luogo* m *di nascita*
lwo·go di *na*·chi·ta
ligne *linea* f *li*·né·a
— **aérienne** *linea f aerea* li·né·a·a·è·ré·a
— **téléphonique directe** *telefono* m
diretto té·*lè*·fo·no di·*rèt*·to
lime à ongles *limetta* f li·*mèt*·ta
limite de vitesse *limite* m *di velocità*
li·mi·té di vé·lo·tchi·*ta*

limonade *limonata* f li·mo·*na*·ta

lingerie *biancheria* f *intima* byann·ké·*ri*·a *inn*·ti·ma

lire *leggere* lè·djé·ré

liste *elenco* m é·*lènn*·ko

lit *letto* m *lèt*·to

— **à deux places** *letto* m *matrimoniale* *lè*·to ma·tri·mo·*nya*·lé

lits jumeaux *due letti* dou·é *lèt*·ti

litre *litro* m *li*·tro

livre *libro* m *li*·bro

livre sterling *sterlina* f stér·*li*·na

local(e) *locale* lo·*ka*·lé

location de voitures *autonoleggio* m a·ou·to·no·*lè*·djo

logement *alloggio* m al·*lo*·djo

loi *legge* f lè·djé

loin *lontano* lonn·*ta*·no

lointain(e) *lontano/a* m/f lonn·*ta*·no/a • *remoto/a* m/f re·*mo*·to/a

long/longue *lungo/a* m/f lounn·go/a

louer *noleggiare* no·lé·*dja*·ré • *prendere in affitto* *prènn*·dé·ré inn af·*fit*·to

lourd(e) *pesante* pé·*zann*·té

loyer *affitto* m af·*fit*·to

luge *slitta* f *slit*·ta • **faire de la luge** *andare in slitta* ann·*da*·ré inn *slit*·ta

lune *luna* f *lou*·na

— **de miel** *luna* f *di miele* *lou*·na di *myè*·lé

pleine lune *luna* f *piena* *lou*·na *pyè*·na

lubrifiant *lubrificante* m lou·bri·fi·*kann*·té

lumière *luce* f *lou*·tché

lunettes *occhiali* m pl ok·*kya*·li

— **de ski** *occhiali* m pl *da sci* ok·*kya*·li da chi

— **de soleil** *occhiali* m pl *da sole* ok·*kya*·li da *so*·lé

luxe *lusso* lous·so

de luxe *di lusso* di *lous*·so

lycée *scuola* f *superiore* skwo·la sou·pé·*ryo*·ré

M

mâcher *masticare* ma·sti·*ca*·ré

machine *macchina* f *mak*·ki·na

— **à coudre** *macchina* f *per cucire* *mak*·ki·na pér kou·*tchi*·ré

— **à laver** *lavatrice* f la·va·*tri*·tché

mâchoire *mascella* f ma·*chèl*·la

macrobiotique *macrobiotica* f ma·kro·byo·ti·ka

madame *signora* f si·*gno*·ra

magasin *negozio* m né·*go*·tsyo • **grand magasin** *grande magazzino* m *grann*·dé ma·ga·*dzi*·no

— **d'alimentation** *alimentari* m pl a·li·mènn·*ta*·ri

— **d'articles de camping** *negozio* m *da campeggio* né·*go*·tsyo da kamm·*pè*·djo

— **d'articles de sport** *negozio* m *di articoli sportivi* né·*go*·tsyo di ar·*ti*·ko·li spor·*ti*·vi

— **de chaussures** *negozio* m *di scarpe* né·*go*·tsyo di *skar*·pé

— **de jouets** *negozio* m *di giocattoli* né·*go*·tsyo di djo·*kat*·to·li

— **de souvenirs** *negozio* m *di souvenir* né·*go*·tsyo di *sou*·ve·nir

— **de vêtements** *negozio* m *di abbigliamento* né·*go*·tsyo di ab·bi·*lya*·*mènn*·to

— **de vins** *bottiglieria* f bot·ti·lyé·*ri*·a

magazine *rivista* f ri·*vi*·sta

magnétoscope *videoregistratore* m vi·dé·o·ré·dji·stra·*to*·ré

maigre *magro/a* m/f *ma*·gro/a

mail *email* m *i*·meille

maillet *mazzuolo* m ma·*tswo*·lo

maillot *maglia* f *ma*·lya

— **de bain** *costume* m *da bagno* ko·*stou*·mé da *ba*·nyo

— **de corps** *canottiera* f ka·not·*tyè*·ra

main *mano* f *ma*·no

maintenant *adesso* a·*dès*·so

maire *sindaco* m *sinn*·da·ko

mais *ma* ma

maison *casa* f *ka*·za • **fait maison**
  casalingo/a f ka·za·linn·go/a
maîtresse *amante* f a·*mann*·té
mal *mal* m mal
  — **à la tête** *mal* m *di testa* mal di *tè*·sta
  — **de dents** *mal* m *di denti* mal di *dènn*·ti
  — **de mer** *mal* m *di mare* mal di *ma*·ré
  — **de ventre** *mal* m *di pancia* mal di
  pann·tcha
  — **des transports (en avion)** *mal* *di*
  aereo mal di a·è·ré·o
  — **des transports (en voiture)** *mal* m
  di macchina mal di *mak*·ki·na
malade *malato/a* m/f ma·*la*·to/a
maladie *malattia* f ma·lat·*ti*·a
  — **vénérienne** *malattia* f *venerea*
  ma·lat·*ti*·a vé·nè·ré·a
maman *mamma* f *mam*·ma
mammographie *mammografia* f
  mam·mo·gra·*fi*·a
manager *manager* m *ma*·na·djeur
mandarine *mandarino* m mann·da·*ri*·no
manger *mangiare* mann·*dja*·ré
mangue *mango* m *mann*·go
manifestation *manifestazione* f
  ma·ni·fé·sta·*tsyo*·né
manœuvre *manovale* m et f ma·no·*va*·lé
manquer *mancare* mann·*ka*·ré
manteau *cappotto* m ka·*pot*·to
manuel(le) *manuale* ma·nou·*a*·lé
maquillage *trucco* m *trouk*·ko
marbre *marmo* m *mar*·mo
marchand(e) de fruits et légumes
  fruttivendolo/a m/f frout·ti·*vènn*·do·lo/a
marché *mercato* m mér·*ka*·to
marcher *camminare* kam·mi·*na*·ré
marée *marea* f ma·*rè*·a
margarine *margarina* f mar·ga·*ri*·na
mari *marito* m ma·*ri*·to
mariage *matrimonio* m ma·tri·mo·nyo
marié(e) *sposato/a* m/f spo·*za*·to/a
marquer *segnare* sé·*nya*·ré
marron *marrone* m/f mar·ro·né
marteau *martello* m mar·*tèl*·lo
massage *massaggio* m mas·*sa*·djo
match *partita* f par·*ti*·ta
matelas *materasso* m ma·té·*ras*·so

matin *mattina* f mat·*ti*·na
mayonnaise *maionese* f ma·yo·nè·zé
mécanicien(ne) *meccanico* m et f
  mék·*ka*·ni·ko
méchant(e) *cattivo/a* m/f kat·*ti*·vo/a
médecin *medico* m mè·di·ko
médecine *medicina* f mé·di·*tchi*·na
médicament *medicina* f mé·di·*tchi*·na
méditation *meditazione* f
  mé·di·ta·*tsyo*·né
meilleur(e) *migliore* mi·*lyo*·ré
mélanger *mescolare* mé·sko·*la*·ré
mélodie *melodia* f mé·lo·*di*·a
melon *melone* m mé·*lo*·né
membre *socio* m/f *so*·tcho/a
même *stesso/a* m/f *stè*·so/a
mendiant(e) *mendicante* m et f
  mènn·di·*kann*·té
menteur(euse) *bugiardo/a* m/f
  bou·*djar*·do/a
menu *menu* m mé·*nou*
mer *mare* m *ma*·ré • **(à la) mer** *(al) mare*
  (al) *ma*·ré
mère *madre* f *ma*·dré
merveilleux(euse) *meraviglioso/a* m/f
  mé·ra·vi·*lyo*·zo/a
message *messaggio* m més·*sa*·djo
messe *messa* f *mès*·sa
métal *metallo* m mé·*tal*·lo
métallique *metallico/a* m/f mé·*tal*·li·ko/a
métier *mestiere* m mé·*styè*·ré
mètre *metro* m *mè*·tro
métro(politain) *metropolitana* f
  mé·tro·po·li·*ta*·na
mettre *mettere* *mèt*·té·ré
meuble *mobile* m pl *mo*·bi·le
midi *mezzogiorno* m *mè*·dzo *djor*·no
miel *miele* m *myè*·lé
mignon(ne) *carino/a* m/f ka·*ri*·no/a
migraine *emicrania* f é·mi·*kra*·nya
millimètre *millimetro* m mil·*li*·mé·tro
mini-bar *frigobar* m fri·go·*bar*
mini-dictionnaire *vocabolarietto* m
  vo·ca·bo·la·*rièt*·to
minuit *mezzanotte* f mè·dza *no*·té
minuscule *minuscolo/a* m/f
  mi·*nou*·sko·lo/a

minute *minuto* m mi·*nou*·to
miroir *specchio* m *spèk*·kyo
mode *moda* f *mo*·da
modem *modem* m *mo*·dème
moderne *moderno/a* m/f mo·*dèr*·no/a
moins *(di) meno* (di) *mè*·no
mois *mese* m *mè*·zé
moitié *mezzo* m *mè*·dzo
monastère *monastero* m mo·na·*stè*·ro
monde *mondo* m *monn*·do
moniteur(trice) *maestro/a* m/f ma·*è*·stro/a
monnaie (pièces) *spiccioli* m pl *spi*·tcho·li
monnaie *resto* m *rè*·sto
mononucléose *mononucleosi* m
  mo·no·nou·klé·o·zi
montagne *montagna* f monn·*ta*·nya
monter dans *salire su* sa·*li*·ré su
montre *orologio* m o·ro·lo·djo
montrer *mostrare* mo·*stra*·ré
monument *monumento* m
  mo·nou·*mènn*·to
morsure *morso* m *mor*·so
mort(e) *morto/a* m/f *mor*·to/a
mosquée *moschea* f mo·*skè*·a
moteur *motore* m mo·*to*·ré
moto *moto* f *mo*·to
mouche *mosca* f *mo*·ska
mouchoir *fazzoletto* m fa·tso·*lèt*·to
mouchoirs en papier *fazzolettini* m pl *di carta* fa·tso·lét·*ti*·ni di *kar*·ta
mouillé(e) *bagnato/a* m/f ba·*nya*·to/a
moules *cozze* f pl *ko*·tsé
mourir *morire* mo·*ri*·ré
moustique *zanzara* f dzann·*dza*·ra
moutarde *senape* f *sè*·na·pé
moyens de communication *mezzi* m pl *di comunicazione* *mè*·tsi di kom·mou·ni·ka·*tsyo*·né
muesli *muesli* m *mou*·sli
muet(te) *muto/a* m/f *mou*·to/a
muguet *mughetto* m mou·*guèt*·to
mur *muro* m *mou*·ro
muscle *muscolo* m *mou*·sko·lo
musée *museo* m mou·*zè*·o
musicien(ne) *musicista* m et f
  mou·zi·*tchi*·sta
  — **de rue** *musicista* m et f *di strada* mou·zi·*tchi*·sta di *stra*·da

musique *musica* f *mou*·zi·ka
musulman(e) *musulmano/a* m/f
  mou·soul·*ma*·no/a

N

nager *nuotare* nwo·*ta*·ré
nappe *tovaglia* f to·*va*·lya
narine *narice* f na·*ri*·tché
nasal(e) *nasale* na·*za*·lé
natation *nuoto* m *nwo*·to
national(e) *nazionale* na·tsyo·*na*·lé
nationalité *nazionalità* f na·tsyo·na·li·*ta*
nature *natura* f na·*tou*·ra
nausée *nausea* f na·ou·zé·a
  — **matinale** *nausea* f *mattutina* na·ou·zé·a mat·tou·*ti*·na
nécessaire *necessario/a* m/f né·tchés·*sa*·ryo/a
neige *neve* f *nè*·vé
nettoyage *pulizia* f pou·li·*tsi*·a
  — **à sec** *lavaggio* m *a secco* la·*va*·djo a *sè*·ko
nez *naso* m *na*·zo
niveau *livello* m li·*vèl*·lo
Noël *Natale* m na·*ta*·lé
noir(e) *nero/a* m/f *nè*·ro/a
noix *noce* f no·*tché*
nom *nome* m no·*mé*
  — **de famille** *cognome* m ko·*nyo*·mé
nombre *numero* m *nou*·mé·ro
non *no* no
nord *nord* m norde
normal(e) *normale* nor·*ma*·lé
nourriture *cibo* m *tchi*·bo
  — **pour bébé** *cibo* m *da bebè* *tchi*·bo da bé·*bè*
nous *noi* noï
nouveau/nouvelle *nuovo/a* m/f *nwo*·vo/a
nouvelles *notizie* f pl no·*ti*·tsyé
nuage *nuvola* f *nou*·vo·la
nuageux(euse) *nuvoloso/a* m/f nou·vo·*lo*·zo/a
nuit *notte* f *not*·té
numérique *digitale* di·dji·*ta*·lé
numéro de plaque d'immatriculation *numero* m *di targa* nou·mé·ro di *tar*·ga

O

objectif *obiettivo* m o·byét·*ti*·vo

objet ancien *pezzo* m *di antiquariato*
pè·tso di ann·ti·kwa·*rya*·to

objets de valeur *oggetti* m pl *di valore*
o·djèt·ti di va·*lo*·ré

occasion *seconda mano* m/f sé·*konn*·da
ma·no • **d'occasion** *di seconda mano*
m/f di sé·*konn*·da *ma*·no

océan *oceano* m o·tché·a·no

odeur *odore* m o·*do*·ré

œil *occhio* m *ok*·kyo

œuf *uovo* m *wo*·vo • *uova* pl *wo*·va

œuvre (d'art) *opera* f *(d'arte)* o·pé·ra
(dar·té)

office du tourisme *ufficio* m *del turismo*
ouf·*fi*·tcho dél tou·*riz*·mo

oignon *cipolla* f tchi·*pol*·la

oiseau *uccello* m ou·*tchèl*·lo

olive *oliva* f o·*li*·va

ombre *ombra* f *omm*·bra

opéra (genre) *opera* f *lirica* o·pé·ra *li*·ri·ka

opéra (bâtiment) *teatro* m *dell'opera*
té·*a*·tro dél·o·pé·ra

opérateur(trice) *operatore/operatrice* m/f
o·pé·ra·*to*·ré/o·pé·ra·*tri*·tché

opinion *opinione* f o·pi·*nyo*·né

or *oro* m *o*·ro

orage *temporale* m témm·po·*ra*·lé

orange (couleur) *arancione*
a·rann·*tcho*·né

orange (fruit) *arancia* f a·*rann*·tcha

orchestre *orchestra* f or·*kè*·stra

ordinaire *ordinario/a* m/f or·di·*na*·ryo/a

ordinateur *computer* m komm·*pyou*·teur

ordonnance *ricetta* f ri·*tchèt*·ta

ordures *spazzatura* f pl spa·*tsa*·*tou*·ra

oreille *orecchio* m o·*rèk*·kyo

original(e) *originale* m/f o·ri·dji·*na*·lé

os *osso* m *os*·so

ou *o* o

où *dove* do·*vé*

oublier *dimenticare* di·*mènn*·ti·*ka*·ré

ouest *ovest* m o·*véste*

oui *sì* si

ouvert(e) *aperto/a* m/f a·*pèr*·to/a

ouvre-boîte(s) *apriscatole* m
a·pri·*ska*·to·lé

ouvre-bouteille(s) *apribottiglie* m
a·pri·bot·*ti*·lyé

ouvrier(ère) *operaio/a* m/f o·pé·*ra*·yo/a

ouvrir *aprire* a·*pri*·ré

oxygène *ossigeno* m os·*si*·djé·no

P

pacemaker *pacemaker* m
peille·se·meille·keur

page *pagina* f pa·*dji*·na

paiement *pagamento* m pa·ga·*mènn*·to

pain *pane* m pa·*né*
   — de seigle *pane* m *di segala* pa·né di
sè·ga·la
   — complet *pane* m *integrale* pa·né
inn·*té·gra*·lé
   — grillé *pane* m *tostato* pa·né to·*sta*·to

paire *paio* m pa·yo

paix *pace* f pa·tché

palais *palazzo* m pa·*la*·tso

pamplemousse *pompelmo* m
pomm·*pèl*·mo

panier *cestino* m tché·*sti*·no

panorama *veduta* f vé·*dou*·ta

pantalon *pantaloni* m pl pann·ta·*lo*·ni

papa *papà* m pa·*pa*

papetier *cartolaio* m kar·to·*la*·yo

papier *carta* f *kar*·ta
   — toilette *carta* f *igienica* kar·ta
i·*djè*·ni·ka

papiers *documenti* m pl do·kou·*mènn*·ti

papillon *farfalla* f far·*fal*·la

Pâques *Pasqua* f pa·skwa

paquet *pacchetto* m pa·*kèt*·to

par *per* pè·re
   — avion *via* f *aerea* vi·a·a·è·ré·a
   — jour *al giorno* al djor·no

parapluie *ombrello* m omm·*brèl*·lo

parasol *ombrellone* m omm·brèl·*lo*·né

parc *parco* m par·ko
   — national *parco* m *nazionale* par·ko
na·tsyo·*na*·lé

parce que *perché* pér·*ké*

pardonner *perdonare* pér·do·*na*·ré

pare-brise *parabrezza* m pa·ra·*brè*·dza

parents *genitori* m pl djé·ni·*to*·ri
paresseux(euse) *pigro/a* m/f *pi*·gro/a
parfois *a volte* a *vol*·té
parfum *profumo* m pro·*fou*·mo
pari *scommessa* f skom·*mè*·sa
parking *parcheggio* m par·*kè*·djo
parlement *parlamento* m par·la·*mènn*·to
parler *parlare* par·la·ré
paroi *parete* f pa·*rè*·té
parole *parola* f pa·*ro*·la
partager *condividere* konn·di·vi·*dé*·ré
parti *partito* m par·*ti*·to
partie *parte* f *par*·té
partir *partire* par·*ti*·ré
pas du tout *niente* *nyènn*·té
passager(ère) *passeggero/a* m/f pas·sé·*djé*·ro/a
passe (sport) *passaggio* m pas·*sa*·djo
passé *passato* m pas·*sa*·to
passeport *passaporto* m pas·sa·*por*·to
passe-temps *passatempo* m pas·sa·*tèmm*·po
pastèque *anguria* f ann·*gou*·rya
pâté *paté* m pa·té
pâtes *pasta* f *pa*·sta
pâtisserie *pasticceria* f pa·sti·tché·*ri*·a
pauvre *povero/a* m/f po·*vé*·ro/a
pauvreté *povertà* f po·ver·*ta*
payer *pagare* pa·*ga*·ré
pays *paese* m pa·*è*·zé
Pays-Bas *Paesi Bassi* m pl pa·*è*·zi *bas*·si
pays de Galles *Galles* m *ga*·lè·se
peau *pelle* f *pèl*·lé
pêche (activité) *pesca* f *pé*·ska
pêche (fruit) *pesca* f *pè*·ska
pédale *pedale* m pé·*da*·lé
peigne *pettine* m *pèt*·ti·né
peindre *dipingere* di·*pinn*·djé·ré
peintre *pittore/pittrice* m/f pit·*to*·ré/pit·*tri*·tché
peinture *pittura* f pi·*tou*·ra
pellicule photo *rullino* m roul·*li*·no
penderie *guardaroba* m gwar·da·*ro*·ba
pénicilline *penicillina* f pé·ni·tchil·*li*·na
pénis *pene* m *pè*·né
penser *pensare* pénn·*sa*·ré

pension *pensione* f pènn·*syo*·né
perdre *perdere* pèr·*dé*·ré
perdu(e) *perso/a* m/f *pèr*·so/a
père *padre* m *pa*·dré
permanent(e) *permanente* m/f pér·ma·*nènn*·té
permis de conduire *patente* f *(di guida)* pa·*tènn*·té (di *gwi*·da)
permission *permesso* m pér·*mès*·so
persil *prezzemolo* m pré·*tsè*·mol lo
personne *persona* f pér·*so*·na
personnel(le) *personale* m/f pér·so·*na*·lé
d'ici peu *fra poco* fra *po*·ko
petit(e) *piccolo/a* m/f *pik*·ko·lo/a
petit(e) ami(e) *ragazzo* m ra·*ga*·tso • *ragazza* f ra·*ga*·tsa
petit-déjeuner *(prima) colazione* f *(pri*·ma) ko·la·*tsyo*·né
petit-fils/petite-fille *nipote* m et f ni·*po*·té
pétition *petizione* f pé·ti·*tsyo*·né
petits pois *piselli* m pl pi·*zèl*·li
peu *po'* po
  — **d'ici peu** *fra poco* fra *po*·ko
  — **de** *pochi/e* m/f *po*·ki/é
  — **un peu** *un po'* ounn po
peut-être *forse* *for*·sé
phare *faro* m *fa*·ro
pharmacie *farmacia* f far·ma·*tchi*·a
pharmacien(ne) *farmacista* m et f far·ma·*tchi*·sta
photo *foto* f *fo*·to
photographe *fotografo* m fo·*to*·gra·fo
photographie *fotografia* f fo·to·gra·*fi*·a
pièce *pezzo* m *pè*·tso
  — **de fabrication artisanale** *pezzo* m *d'artigianato* *pè*·tso dar·ti·dja·*na*·to
  — **de théâtre** *commedia* f kom·*mè*·dya
pièces (de monnaie) *monete* f pl mo·*nè*·té
pied *piede* m *pyè*·dé
pierre *pietra* f *pyè*·tra
piéton(ne) *pedone* m/f pé·*do*·né
pile *pila* f *pi*·la
pilule *pillola* f *pil*·lo·la
  — **(anticontraceptive)** *pillola* f *(anticoncezionale)* *pil*·lo·la (ann·ti·konn·tché·tsyo·*na*·lé)

— du lendemain *pillola* f *del mattino dopo* pi·lo·la dél mat·ti·no do·po

piment *peperoncino* m pé·pé·ronn·tchi·no

pince à épiler *pinzette* f pl pinn·tsè·té

pioche *piccone* m pik·ko·né

piolet *piccozza* f pik·ko·tsa

pique-nique *picnic* m pik·nik

piquets (de tente) *picchetti* m pl *(per la tenda)* pi·kèt·ti (pér la tènn·da)

piqûre *puntura* f pounn·tou·ra

piscine *piscina* f pi·chi·na

pistache *pistacchio* m pi·stak·kyo

piste *pista* f pi·sta

— cyclable *ciclopista* f tchi·klo·pi·sta

place *piazza* f pya·tsa

place (assise) *posto* m po·sto

plage *spiaggia* f spya·dja

plaindre *compatire* komm·pa·ti·ré

se plaindre *lamentarsi* la·mènn·tar·si

plaire *piacere* pya·tchè·ré

plaisanterie *scherzo* m skèr·tso

plan *pianta* f pyann·ta

planche de surf *tavola da surf* ta·vo·la da soorf

planète *pianeta* m pya·nè·ta

plante *pianta* f pyann·ta

plaque d'immatriculation *targa* f tar·ga

plastique *plastica* f pla·sti·ka

plat(e) *piatto/a* m/f pyat·to/a

plateau (vaisselle) *vassoio* m vas·so·yo • *altopiano* m al·to·pya·no

plein(e) *pieno/a* m/f pyè·no/a • **(à) plein temps** *(a) tempo pieno* (a) tèmm·po pyè·no

plomb *piombo* m pyomm·bo • **sans plomb** *senza piombo* sènn·tsa pyomm·bo

plongée *immersioni* f pl im·mér·syo·ni

— (avec masque et tuba) *snorkelling* m snor·kél·linng

plonger *tuffarsi* touf·far·si

pluie *pioggia* m pyo·dja

plus (di) *più* (di) pyou

pneu *gomma* f gom·ma

poche *tasca* f ta·ska

poêle *padella* f pa·dèl·la

poêle (de chauffage) *stufa* f stou·fa

— à gaz *stufa* f *(a gas)* stou·fa a gaz

poésie *poesia* f po·é·zi·a

poids *peso* m pè·zo

poignet *polso* m pol·so

point *punto* m pounn·to

poire *pera* f pè·ra

poireau *porro* m por·ro

pois chiches *ceci* m pl tchè·tchi

poisson *pesce* m pè·ché

poissonnerie *pescheria* f pé·ské·ri·a

poitrine *petto* m pèt·to

poivre *pepe* m pè·pé

poivron *peperone* m pé·pé·ro·né

police (nationale) *polizia* f po·li·tsi·a

politicien *politico* m po·li·ti·ko

politique *politica* f po·li·ti·ka

pollen *polline* m pol·li·né

pollution *inquinamento* m inn·kwi·na·mènn·to

pomme *mela* f mè·la

— de terre *patata* f pa·ta·ta

pompe *pompa* f pomm·pa

poney *cavallino* m ka·val·li·no

pont *ponte* m ponn·té

populaire *popolare* po·po·la·ré

population *cittadinanza* f tchit·ta·di·nann·tsa

porc *maiale* m ma·ya·lé

port *porto* m por·to

portable *portatile* por·ta·ti·lé

(ordinateur) portable (computer) *portatile* m (komm·pyou·teur) por·ta·ti·lé

(téléphone) portable (telefono) *cellulare* m (té·lé·fo·no) tchél·lou·la·ré

portail *cancello* m kann·tchèl·lo

porte *porta* f por·ta

portefeuille *portafoglio* m por·ta·fo·lyo

porter (avec soi) *portare* por·ta·ré

porter (sur soi) *indossare* inn·dos·sa·ré

posemètre *esposimetro* m é·spo·zi·mé·tro

possible *possibile* pos·si·bi·lé

poste ordinaire *posta* f *ordinaria* po·sta or·di·na·rya

— restante *fermo* m *posta* fèr·mo po·sta

pot d'échappement *tubo* m *di scappamento* tou·bo di skap·pa·mènn·to

potable *potabile* po-*ta*-bi-lé
poterie *pignatta* f pi-*nyat*-ta
poteries *oggetti* m pl *in ceramica* o-*djèt*-ti
  inn tché-*ra*-mi-ka
potiron *zucca* f *tsouk*-ka
poulet *pollo* m *pol*-lo
poumons *polmoni* m pl pol-*mo*-ni
poupée *bambola* f *bamm*-bo-la
pour *per* pér
  — **toujours** *per sempre* pér *sèmm*-pré
pourboire *mancia* f *mann*-tcha
pourcentage *percentuale* f
  pér-*tchènn*-tou-a-lé
pourquoi *perché* pér-*ké*
pousser *spingere* spinn-*djé*-ré
pousses de soja *germogli* m pl *(di soia)*
  djér-*mo*-lyi (di *so*-ya)
pouvoir *potere* m po-*tè*-ré
pouvoir *potere* po-*tè*-ré
poux *pidocchi* m pl pi-*dok*-ki
précédent(e) *precedente* pré-tché-*dènn*-té
précieux(euse) *prezioso/a* m/f
  pré-*tsyo*-zo/a
préféré(e) *preferito/a* m/f pré-fé-*ri*-to/a
préférer *preferire* pré-fé-*ri*-ré
premier *primo* m
  — **ministre** *primo ministro* m/f *pri*-mo
  mi-*ni*-stro
première *prima* f *pri*-ma
prendre *prendere* prènn-dé-ré
préparer *preparare* pré-pa-*ra*-ré
près (de) *vicino (a)* vi-*tchi*-no (a)
préservatif *preservativo* m pré-zér-va-*ti*-vo
président *presidente* m/f pré-zi-*dènn*-té
pressé(e) *fretta* *frèt*-ta
pressing *lavanderia* f la-vann-dé-*ri*-a
pression *pressione* f prés-*syo*-né
prêt(e) *pronto/a* m/f pronn-to/a
prêtre *prete* m *prè*-té
prier *pregare* pré-*ga*-ré
prière *preghiera* f pré-*guyè*-ra
principal(e) *principale* prinn-tchi-*pa*-lé
printemps *primavera* f pri-ma-*vè*-ra
prise (électrique) *spina* f *spi*-na
  — **multiple** *spina* f *multipla* *spi*-na
  moul-ti-pla
prison *prigione* f pri-*djo*-né

prisonnier(ère) *prigioniero/a* m/f
  pri-djo-*nyè*-ro/a
privé(e) *privato/a* m/f pri-*va*-to/a
prix *prezzo* m *prè*-tso
  — **du billet** *prezzo* m *d'ingresso*
  prè-tso dinn-*grès*-so
problème *problema* m pro-*blè*-ma
  — **cardiaque** *problema* m
  cardiaco pro-*blè*-ma kar-*di*-a-ko
prochain(e) *prossimo/a* m/f pros-si-mo/a
proche *vicino/a* m/f vi-*tchi*-no/a
produire *produrre* pro-*dour*-ré
produits artisanaux *oggetti* m pl
  d'artigianato o-*djèt*-ti dar-ti-dja-*na*-to
professeur(e) *professore/professoressa*
  m/f pro-fés-so-ré/pro-fés-so-*rès*-sa
profession *mestiere* m mé-*styè*-ré
profit *profitto* m pro-*fit*-to
profond(e) *profondo/a* m/f pro-*fonn*-do/a
programme *programma* m pro-*gram*-ma
projecteur *proiettore* m pro-yét-*to*-ré
promenade *gita* f *dji*-ta • *passeggiata* f
  pas-sé-*dja*-ta
promesse *promessa* f pro-*mès*-sa
propre *pulito/a* m/f pou-*li*-to/a
propriétaire *padrone/padrona* m/f *di casa*
  pa-*dro*-né/pa-*dro*-na di *ka*-za
propriétaire *proprietario/a* m/f
  pro-pri-é-*ta*-ryo/a
prorogation *proroga* f pro-*ro*-ga
protégé(e) *protetto/a* m/f pro-*tèt*-to/a
protéger *proteggere* pro-*tè*-djé-ré
protester *protestare* pro-té-*sta*-ré
provisions *provviste* m pl prov-*vi*-sté
  — **alimentaires** *provviste* m pl
  alimentari prov-vi-sté a-li-*mènn*-*ta*-ri
prugne *prugna* f *prou*-nya
prune *prugna* f *prou*-nya
pub *pub* m poub
puce *pulce* f *poul*-tché
pull *maglione* m ma-*lyo*-né
pur(e) *puro/a* m/f *pou*-ro/a

Q

quai *binario* m bi-*na*-ryo
qualité *qualità* f kwa-*li*-ta
quand *quando* *kwann*-do

quantité *quantità* f kwann·ti·*ta*
quarantaine *quarantena* f kwa·rann·*tè*·na
quart *quarto* m *kwar*·to
quartier *quartiere* m kwar·*tyè*·ré
quasiment *quasi* kwa·zi
quatre *quattro* *kwat*·tro
quatrième *quarto* *kwar*·to
quelque chose *qualcosa* kwal·*ko*·za
quelques *alcuni/e* m/f pl al·*kou*·ni/é
question *domanda* f do·*mann*·da • **poser une question** *fare una domanda* fa·*ré ou*·na do·mann·*da*
queue *coda* f *ko*·da
qui *chi* ki
quincaillerie *ferramenta* f fér·ra·*mènn*·ta
quinze jours *quindici giorni* m pl *kwinn*·di·tchi *djor*·ni
quoi *che (cosa)* ké (*ko*·za)

R

racisme *razzismo* m ra·*tsiz*·mo
raconter *raccontare* rak·konn·*ta*·ré
radiateur *radiatore* m ra·dya·*to*·ré
radis *ravanello* m ra·va·*nèl*·lo
raide *ripido/a* m/f ri·*pi*·do/a
raifort *rafano* m *ra*·fa·no
raisin(s) *uva* f pl *ou*·va
raisins secs *uva* f *passa ou*·va *pas*·sa
raison *ragione* f ra·*djo*·né
ramasser *raccogliere* rak·ko·*lyé*·ré
randonnée *escursione* f é·skour·*syo*·né
— **pédestre** *escursionismo* m *a piedi* é·skour·syo·*niz*·mo a *pyè*·dé
rapide *rapido/a* m/f *ra*·pi·do/a • *veloce* vé·*lo*·tché
rapport *rapporto* m rap·*por*·to
rapports protégés *rapporti* m pl *protetti* rap·*por*·ti pro·*tèt*·ti
raquette *racchetta* f rak·*kèt*·ta
rare *raro/a* m/f *ra*·ro/a
rasage *rasatura* f ra·za·*tou*·ra
raser *fare la barba* fa·*ré* la *bar*·ba
rasoir *rasoio* m *(elettrico)* ra·*zo*·yo (é·*lèt*·tri·ko)
rat *topo* m *to*·po
rayon(s) *raggio/raggi* m *ra*·djo/*ra*·dji

réalisateur(trice) *regista* m et f ré·*dji*·sta
réaliste *realistico/a* m/f ré·a·li·sti·ko/a
récemment *di recente* di ré·*tchènn*·té
recevoir *ricevere* ri·*tchè*·vé·ré
récifs *scogliera* f sko·*lyè*·ra
récit *racconto* m rak·*konn*·to
recommandé *(posta)* *raccomandata* f (*po*·sta) rak·ko·mann·*da*·ta
recommander *raccomandare* rak·ko·mann·*da*·ré
reçu *ricevuta* f ri·tchè·*vou*·ta
recyclable *riciclabile* ri·tchi·*kla*·bi·lé
recycler *riciclare* ri·tchi·*kla*·ré
réfrigérateur *frigo* m *fri*·go
réfugié *rifugiato/a* m/f ri·fou·*dja*·to/a
refuser *rifiutare* ri·fyou·*ta*·ré
regarder *guardare* gwar·*da*·ré
régime *dieta* f *dyè*·ta
région *regione* f ré·*djo*·né
régional(e) *regionale* ré·djo·*na*·lé
règle *regola* f *rè*·go·la
règles *mestruazioni* f pl mé·strou·a·*tsyo*·ni
reine *regina* f ré·*dji*·na
religion *religione* f ré·li·*djo*·né
relique *reliquia* f ré·*li*·kwi·a
remboursement *rimborso* m rimm·*bor*·so
remercier *ringraziare* rinn·gra·*tsya*·ré
remonte-pente *sciovia* f cho·*vi*·a
rencontrer *incontrare* inn·konn·*tra*·ré
rendez-vous *appuntamento* m ap·pounn·ta·*mènn*·to
rendre visite *andare a trovare* ann·*da*·ré a tro·*va*·ré
réparer *riparare* ri·pa·*ra*·ré
repas *pranzo* m *prann*·dzo
— **froid** *pasto* m *freddo* pa·sto *frè*·do
réponse *risposta* f ri·*spo*·sta
reposer *riposare* ri·po·za·ré
réseau *rete* f *rè*·té
réservation *prenotazione* f pré·no·ta·*tsyo*·né
réserver *prenotare* pré·no·*ta*·ré
réserves *provviste* m pl prov·*vi*·sté
résidence universitaire *collegio* m *universitario* kol·*lè*·djo ou·ni·vér·si·ta·ryo

respirer *respirare* ré·spi·*ra*·ré
restaurant *ristorante* m ri·sto·*rann*·té
· *locale* m lo·*ka*·lé
retard *ritardo* m ri·*tar*·do · **en retard** *in ritardo* inn ri·*tar*·do
retourner *ritornare* ri·tor·na·ré
retrait des bagages *ritiro* m *bagagli* ri·*ti*·ro ba·*ga*·lyi
retraite *pensione* f pènn·*syo*·né · **(à) la retraite** *(in) pensione* (inn) pènn·*syo*·né
retraité(e) *pensionato/a* m/f pènn·syo·*na*·to/a
rétribution *compenso* m komm·*pènn*·so
rêve *sogno* m *so*·nyo
réveil *sveglia* f svè·lya
réveiller *svegliare* své·*lya*·ré
se réveiller *svegliarsi* své·*lyar*·si
rêver *sognare* so·*nya*·ré
revue *rivista* f ri·*vi*·sta
rhume *raffredore* m raf·fré·*do*·ré
· **rhume des foins** *febbre* f *da fieno* fèb·bré *da* fyè·no · **enrhumé(e)** *raffreddato/a* m/f raf·fréd·*da*·to/a
riche *ricco/a* m/f *rik*·ko/a
rien *niente* nyènn·té
rire *ridere* ri·dé·ré
risque *rischio* m ri·skyo
ristourne *sconto* m *skonn*·to
rivière *fiume* m *fyou*·mé
riz *riso* m *ri*·zo
— **complet** *riso* m *integrale* ri·zo inn·té·*gra*·lé
robe *abito* m a·bi·to
robinet *rubinetto* m rou·bi·*nèt*·to
roche *roccia* f ro·tcha
(musique) rock *(musica)* f *rock (mou*·zi·ka) rok
roi *re* m ré
roman *romanzo* m ro·*mann*·dzo
· **architecture romane** *architettura romanica* f ar·kit·tét·tou·ra ro·*ma*·ni·ka
romantique *romantico/a* m/f ro·*mann*·ti·ko/a
rond(e) *rotondo/a* m/f ro·*tonn*·do/a
rond-point *rotonda* m ro·*tonn*·da
rose *rosa* m/f ro·za

roue *ruota* f *rwo*·ta
rouge *rosso/a* m/f *ros*·so/a
rouge à lèvres *rossetto* m ros·sè·to
rougeole *morbillo* m mor·*bil*·lo
rougeurs *sfogo* m *sfo*·go
route *strada* f *stra*·da
rue *strada* f *stra*·da
ruelle *vicolo* m *vi*·ko·lo
ruines *rovine* f pl ro·*vi*·né
ruisseau *ruscello* m rou·*chèl*·lo
rythme *ritmo* m ri·tmo

S

sable *sabbia* f *sa*·bya
sac *borsa* f *bor*·sa
— **à dos** *zaino* m *dza*·i·no
— **à main** *borsetta* f bor·*sèt*·ta
— **de couchage** *sacco* m *a pelo* sak·ko a pè·lo
sachet *sacchetto* m sak·*kèt*·to
saint *santo/a* m/f *sann*·to/a
Saint-Sylvestre *san Silvestro* m sann sil·vè·stro
saison *stagione* f sta·*djo*·né
salade *insalata* f inn·sa·*la*·ta
salaire *stipendio* m sti·*pènn*·dyo
sale *sporco/a* m/f spor·ko/a
salle *sala* f *sa*·la
— **d'attente** *sala* f *d'attesa* *sa*·la dat·tè·sa
— **de bain(s)** *bagno* m *ba*·nyo
— **de gym** *palestra* f pa·lè·stra
— **de transit** *sala* f *di transito* *sa*·la di *trann*·zi·to
salon de coiffure *parrucchiere* m par·rou·*kyè*·ré
samedi *sabato* m *sa*·ba·to
sanctuaire *santuario* m sann·tou·a·ryo
sandales *sandali* m pl *sann*·da·li
sandwich *panino* m pa·*ni*·no · *tramezzino* m tra·mé·*dzi*·no
sang *sangue* m *sann*·gwé
sans *senza* sènn·tsa
— **plomb** *senza piombo* sènn·tsa *pyomm*·bo
sans-abri *senzatetto* m&f sènn·tsa·*tèt*·to

santé *salute* f sa·*lou*·té
sardine *sardina* f sar·*di*·na
sauce *sugo* m *sou*·go
  — au piment rouge *salsa* f
  di peperoncino rosso sal·sa di
  pé·pé·ronn·*tchi*·no ros·so
  — de soja *salsa* f *di soia* sal·sa di so·ya
  — tomate *salsa* f *di pomodoro* sal·sa di
  po·mo·do·ro
saucisse *salsiccia* f sal·*si*·tcha
saucisson *salame* m sa·*la*·mé
saumon *salmone* m sal·*mo*·né
sauna *sauna* f sa·ou·na
sauter *saltare* sal·*ta*·ré
savoir *sapere* sa·pè·ré
savon *sapone* m sa·po·né
savoureux(euse) *gustoso/a* m/f
  gou·*sto*·zo/a
scanner *scanner* m skan·nér
scène (théâtre) *palcoscenico* m
  pal·ko·chè·ni·ko
science *scienza* f chènn·tsa
score *punteggio* m pounn·tè·djo
sculpture *scultura* f skoul·*tou*·ra
seau *secchio* m sèk·kyo
sec/sèche *secco/a* m/f sèk·ko/a
second(e) *secondo/a* m/f sé·*konn*·do/a
seconde *secondo* m sé·*konn*·do
secrétaire *segretario/a* m/f sé·gré·*ta*·ryo/a
sein *seno* m sè·no
sel *sale* m sa·lé
self-service *self-service* self·sèr·vi·se
selle *sella* f sèl·la
semaine *settimana* f sét·ti·*ma*·na
  — de Pâques *settimana* f *santa*
  sét·ti·*ma*·na sann·ta
semblable *simile* m/f si·mi·lé
sensuel(le) *sensuale* m/f sénn·sou·*a*·lé
sentier *sentiero* m sènn·*tyè*·ro
  — de montagne *sentiero* m *di*
  montagna sènn·tyè·ro di monn·*ta*·nya
  — de randonnée *itinerario*
  m *escursionistico* i·ti·né·*ra*·ryo
  é·skour·syo·ni·sti·ko
sentiments *sentimenti* m pl sènn·ti·*mènn*·ti
sentir *sentire* sènn·*ti*·ré
séparé(e) *separato/a* m/f sé·pa·*ra*·to/a

série (télévisée) *serie* f *(televisiva)* sè·ryé
  (té·lé·vi·*si*·va) • *telenovela* f té·lé·no·vè·la
sérieux(euse) *serio/a* m/f sè·ryo/a
seringue *siringa* f si·rinn·ga
séropositif(ive) *sieropositivo/a* m/f
  syé·ro·po·zi·*ti*·vo/a
serpent *serpente* m sér·*pènn*·té
serrure *serratura* f sér·ra·*tou*·ra
serveur(euse) *cameriere/a* m/f
  ka·mé·*ryè*·ré/a
service *servizio* m sér·*vi*·tsyo
  — militaire *servizio* m *militare*
  sér·*vi*·tsyo mi·li·*ta*·ré
serviette *asciugamano* m a·chou·ga·*ma*·no
  — de table *tovagliolo* m to·va·*lyo*·lo
  — hygiénique *salva slip* m *sal*·va slipe
  • *pannolino* m pan·no·*li*·no
serviettes hygiéniques *assorbenti* m pl
  igienici as·sor·*bènn*·ti i·djè·ni·tchi
seul(e) *da solo/a* m/f da so·lo/a
seulement *solo* so·lo
sexe *sesso* m sès·so
sexisme *sessismo* m sés·*siz*·mo
shampooing *shampoo* m *shamm*·pou
short *pantaloncini* m pl pann·ta·lonn·*tchi*·ni
si *se* sé
  — seulement *magari* m ma·*ga*·ri
sida *AIDS* m aille·*dze*
siège *posto* m po·sto
  — enfant *seggiolino* m sé·djo·*li*·no
signature *firma* f *fir*·ma
signe *segno* m sè·nyo
simple *semplice* m/f *sèmm*·pli·tché
sirop pour la toux *sciroppo* m *per la tosse*
  chi·*rop*·po pér la *tos*·sé
skier *sciare* cha·ré
ski *sci* m chi
  — nautique *sci* m *acquatico* chi a·*kwa*·ti·ko
Slovénie *Slovenia* f slo·vè·nya
socialiste *socialista* m et f so·tcha·*li*·sta
soda *bibita* f *bi*·bi·ta
sœur *sorella* f so·*rèl*·la
sœur (religieuse) *suora* f *swo*·ra
soie *seta* f sè·ta
soif *sete* f sè·té • **avoir soif** *avere sete* f
  a·vè·ré sè·té
soigner *curare* kou·*ra*·ré

soir *sera* f *sè*·ra

  ce soir *stasera* sta·*sè*·ra

sol *pavimento* m pa·vi·*mènn*·to

soldat *soldato* m sol·*da*·to

solde *saldo* m *sal*·do

soldes *saldi* m *sal*·di

soleil *sole* m so·*lé*

sombre *scuro/a* m/f *skou*·ro/a

sommeil *sonno* m *son*·no • **avoir sommeil** *avere sonno* m a·*vè*·ré *son*·no

somnifère *sonnifero* m son·*ni*·fé·ro

sortie *uscita* f ou·*chi*·ta

sortir (avec) *uscire (con)* ou·*chi*·ré (konn)

souhaiter *desiderare* dé·zi·dé·*ra*·ré • *augurare* a·o·gou·*ra*·ré • **souhaiter la bienvenue à** *dare il benvenuto a* *da*·ré il bènn·vé·*nou*·to a

soupe *minestra* f mi·*nè*·stra

sourd(e) *sordo/a* m/f *sor*·do/a

sourire *sorridere* sor·*ri*·dé·ré

souris (d'ordinateur) *mouse* m ma·*ousse*

souris (rongeur) *topo* m *to*·po

sous *sotto* *sot*·to

sous-titres *sottotitoli* m pl sot·to·*ti*·to·li

soutien-gorge *reggiseno* m ré·dji·*sè*·no

souvenir *ricordo* m ri·*kor*·do • **se souvenir** *ricordarsi* m ri·kor·*dar*·si

souvent *spesso* *spès*·so

sparadrap *cerotti* m pl tché·*rot*·ti

spécial(e) *speciale* spé·*tcha*·lé

spécialement *specialmente* spé·*tchal·mènn*·té

spécialiste *specialista* m et f spé·tcha·*li*·sta

spectacle *spettacolo* m spét·*ta*·ko·lo

spermicide *spermicida* f spér·mi·*tchi*·da

spirale *spirale* f spi·*ra*·lé

sport *sport* m *sport*

sportif(ive) *sportivo/a* m/f spor·*ti*·vo/a

sports aquatiques *sport* m *acquatici* *sport* a·*kwa*·ti·tchi

  — automobiles *automobilismo* m a·ou·to·mo·bi·*liz*·mo

stade *stadio* m *sta*·dyo

station *stazione* f sta·*tsyo*·né

  — de métro *stazione* f *della metropolitana* sta·*tsyo*·né *dèl*·la mé·tro·po·li·*ta*·na

  — de taxis *posteggio* m *di tassì* po·*stè*·djo di ta·*si*

station-service *stazione* f *di servizio* sta·*tsyo*·né di sér·*vi*·tsyo • *distributore* m di·stri·bou·*to*·ré

statue *statua* f *sta*·tou·a

steak *bistecca* f bi·*stèk*·ka

stick pour les lèvres *burro* m *per le labbra* *bour*·ro pér lé *la*·bra

stupide *stupido/a* m/f *stou*·pi·do/a

style *stile* m *sti*·lé

stylo (à bille) *penna* f *(a sfera)* *pèn*·na (a *sfè*·ra)

sucette *ciucciotto* m tchou·*tchot*·to

sucre *zucchero* m *tsouk*·ké·ro

sucreries *dolciumi* m pl dol·*tchou*·mi

sud *sud* m *soude*

Suisse *Svizzera* f svi·*tsè*·ra

suivre *seguire* sé·*gwi*·ré

supermarché *supermercato* m sou·pér·mér·*ka*·to

superstition *superstizione* f sou·pér·sti·*tsyo*·né

supporter *fare il tifo* fa·ré il *ti*·fo

supporteurs *tifosi* m pl ti·*fo*·zi

supporteur(trice) *tifoso/a* m/f ti·*fo*·zo/a

sur *sopra* so·pra • **su** sou

sur(e) *sicuro/a* m/f si·*kou*·ro/a

surf des neiges *surf* m *da neve* sourf da *nè*·vé

surgelés *surgelati* m pl sour·djé·*la*·ti

surnom *soprannome* m so·pran·*no*·mé

surprise *sorpresa* f sor·*prè*·sa

synagogue *sinagoga* f si·na·*go*·ga

synthétique *sintetico/a* m/f sinn·*tè*·ti·ko/a

T

tabac *tabacco* m ta·*bak*·ko

tabac (magasin) *tabaccheria* f ta·bak·ké·*ri*·a

table *tavola* f *ta*·vo·la

tableau *quadro* m *kwa*·dro

tachymètre *tachimetro* m ta·*ki*·mé·tro

taille (vêtements) *taglia* f *ta*·lya

taille-crayon *temperino* m tèmm·pé·*ri*·no

talc *borotalco* m bo·ro·*tal*·ko

tampons *tamponi* m pl tamm·*po*·ni

tante *zia* f *tsi·*a

tard *tardi* *tar·*di

tarif *tariffa* f ta·*rif·*fa

tasse *tazza* f *ta·*tsa

taux de change *tasso* m *di cambio* tas·so di *kamm·*byo

taxe *tassa* f *ta·*sa

— **d'aéroport** *tassa* f *aeroportuale* tas·sa a·é·ro·por·tou·a·lé

taxi *tassì* m tas·*si*

tee-shirt *maglietta* f ma·*lyèt·*ta

télécommande *telecomando* m té·lé·ko·*mann·*do

télégramme *telegramma* m té·lé·*gram·*ma

téléobjectif *teleobiettivo* m té·lé·o·byét·*ti·*vo

téléphérique *funivia* f fou·ni·*vi·*a

téléphone *telefono* m té·*lè·*fo·no

— **public** *telefono* m *pubblico* té·lè·fo·no *pou·*bli·ko

téléphoner *telefonare* té·lé·fo·*na·*ré

télésiège *seggiovia* f sé·djo·*vi·*a

télévision *televisione* f té·lé·vi·*zyo·*né

température *temperatura* f témm·pé·ra·*tou·*ra

temple *tempio* m *tèmm·*pyo

temps *tempo* m *tèmm·*po

· **à temps partiel** *ad orario ridotto* ad o·*ra·*ryo ri·*dot·*to

tennis *tennis* m *tèn·*ni·se

— **de table** *ping-pong* m pinng·*ponng*

tension artérielle *pressione* f *del sangue* prés·syo·né dél *sann·*gwé

tente *tenda* f *tènn·*da

terrain *campo* m *kamm·*po

— **de golf** *campo* m *da golf kamm·*po da golf

— **de jeux** *parco* m *giochi par·*ko *djo·*ki

— **de tennis** *campo* m *da tennis kamm·*po da *tèn·*ni·se

terre *terra* f *tèr·*ra · **Terre** *Terra* f *tèr·*ra

terrible *terribile* m/f tér·*ri·*bi·lé

test de grossesse *test* m *di gravidanza* tést *di* gra·vi·*dann·*tsa · **pap test** m pap tèste

tête *testa* f *tè·*sta

tétine *ciucciotto* m tchou·*tchot·*to

thé *tè* m tè

théâtre *teatro* m té·*a·*tro

thon *tonno* m *ton·*no

tiède *tiepido/a* m/f tyè·pi·do/a

timbre *francobollo* m frann·ko·*bol·*lo

timide *timido/a* m/f *ti·*mi·do/a

tirer *tirare* ti·*ra·*ré

tofu *tofu* m *to·*fou

toilettes *gabinetto* m ga·bi·*nèt·*to

— **publiques** *gabinetto* m *pubblico* ga·bi·*nèt·*to *poub·*bli·ko

tomate *pomodoro* m po·mo·*do·*ro

tombe *tomba* f *tomm·*ba

tonalité *segnale* m *(acustico)* sé·*nya·*lé (a·*kou·*sti·ko)

torche électrique *torcia* f *elettrica* *tor·*tcha é·*lèt·*tri·ka

toucher *toccare* tok·*ka·*ré

toujours *sempre* *sèmm·*pré

tour *torre* f *tor·*ré

tourte *torta* f *tor·*ta

touriste *turista* m et f tou·*ri·*sta

tourner *girare* dji·*ra·*ré

tout(e) *tutto/a* m/f *tout·*to/a

tous/toutes *tutti/e* m/f *tout·*ti/é

tousser *tossire* tos·*si·*ré

toux *tosse* tos·sé

toxicomane *tossicomane* tos·si·ko·ma·né

toxicomanie *tossicodipendenza* f tos·si·ko·di·pènn·*dènn·*tsa

trace *pista* f *pi·*sta

traduire *tradurre* tra·*dour·*ré

trafic *traffico* m *traf·*fi·ko

train *treno* m *trè·*no

traitement *salario* m sa·*la·*ryo · **traitement médical** *trattamento* m trat·ta·*ménn* to, *cura* f *cou* ra

tram *tram* m tram

tranche *fetta* f *fèt·*ta

tranquille *tranquillo/a* m/f trann·*kwil·*lo/a

transport *trasporto* m tra·*spor·*to

travail *lavoro* m la·*vo·*ro

travailler *lavorare* la·vo·*ra·*ré

— **à son compte** *lavorare in proprio* la·vo·*ra·*ré inn *pro·*pri·o

travailleur(euse) *lavoratore/lavoratrice* m/f la·vo·ra·to·ré/la·vo·ra·*tri·*tché

traveller's chèque *assegno* m *di viaggio*
as·sè·nyo di *vya·*djo

travesti *travestito* m tra·vé·*sti·*to

tremblement de terre *terremoto* m
tér·ré·*mo·*to

triste *triste* tri·sté

troisième *terzo/a* m/f tèr·tso/a

trop *troppo/a* m/f sg *trop·*po/a

trop (cher/chère) *troppo (caro/a) trop·*po
(*ka·*ro/a)

trop de *troppi/e* m/f pl *trop·*pi/e

trottoir *marciapiede* m mar·tcha·pyè·dé

trouble *disturbo* dis·*tour·*bo

troubles liés au décalage horaire
disturbi m pl *da fuso orario*
di·*stour·*bi da fou·zo o·ra·ryo

trousse de premiers secours *corredo* m
antinfortunistico kor·rè·do
ann·tinn·for·tou·*ni·*sti·ko

trouver *trovare* tro·*va·*ré

tu *tu* tou

tuer *ammazzare* am·ma·*tsa·*ré

TV *TV* f ti·*vou*

TVA *IVA* f i·va

type *tipo* m ti·po

typique *tipico/a* m/f ti·pi·ko/a

U

ulcère *ulcera* f oul·*tchè·*ra

ultérieur(e) *ulteriore* oul·té·*rio·*ré

ultime *ultimo* oul·ti·mo

ultrasensible *ultrasensibile*
oul·tra·sènn·*si·*bi·lé

unanime *unanime* ou·*na·*ni·mé

unifier *unificare* ou·ni·fi·*ka·*ré

uniforme *divisa* f di·*vi·*za

union *unione* f ou·*nyo·*né

unique *unico/a* m/f ou·ni·ko/a

univers *universo* m ou·ni·*vèr·*so

universel(le) *universale* ou·ni·vér·*sa·*lé

université *università* f ou·ni·vér·si·*ta*

urgence *emergenza* f é·mér·*djènn·*tsa

urgent(e) *urgente* m/f our·*djènn·*té

usager *utente* m/f ou·*tènn·*té

user *usare* ou·*za·*ré

usine *fabbrica* f fab·bri·ka

ustensile *utensile* ou·*tènn·si·*lé

utile *utile* ou·ti·lé

V

vacance *vacanza* f va·*kann·*tsa

vacant(e) *libero/a* m/f li·bè·ro/a

vaccination *vaccinazione* f
va·tchi·na·tsyo·né

vache *mucca* f mouk·ka

vagin *vagina* f va·*dji·*na

vague *onda* f onn·da

valeur *valore* m va·*lo·*ré

valider *convalidare* konn·va·li·*da·*ré

valise *valigia* f va·li·dja

vallée *valle* f val·lé

veau *vitello* m vi·tèl·lo

végétarien(ne) *vegetariano/a* m/f
vé·djé·ta·*rya·*no/a

vélo *bici* f *bi·*tchi
— **de course** *bici* f *da corsa bi·*tchi
da *kor·*sa
— **tout-terrain** *mountain bike* m
mounn·tènn baille·ke

velours *velluto* m vél·*lou·*to

vendre *vendere* vènn·dé·ré

vénéneux(euse) *velenoso/a* m/f
vé·lé·*no·*zo/a

venir *venire* vé·ni·ré

vent *vento* m vènn·to

vente *vendita* f vènn·di·ta

ventilateur *ventilatore* m vènn·ti·la·to·ré

verre (matière) *vetro* m vè·tro

verre (pour boire) *bicchiere* m bik·*kyè·*ré

vert(e) *verde* vèr·dé

veste *giacca* f djak·ka

vestiaire *spogliatoio* m spo·lya·to·yo

vêtement(e) *abbigliamento* m
ab·bi·lya·*mènn·*to

veuf/veuve *vedovo/vedova* m/f vé·do·vo/
vé·*do·*va

via *via* f vi·a

viande *carne* f kar·né
— **blanche** *carne* f *bianca kar·*né byann·ca
— **hachée** *carne* f *tritata kar·*né tri·ta·ta
— **rouge** *carne* f *rossa kar·*né ros·sa

vide *vuoto/a* m/f vwo·to/a

vie *vita* f *vi*·ta
vieux/vieille *vecchio/a* m/f *vèk*·kyo/a
vignette *bollo* m *di circolazione* *bol*·lo di tchir·ko·la·*tsyo*·né
vignoble *vigneto* m vi·*nyè*·to
village *villaggio* m vil·*la*·djo
ville *città* f tchit·*ta*
vin *vino* m *vi*·no
— **blanc** *vino* m *bianco* *vi*·no byann·ko
— **mousseux** *vino* m *spumante* *vi*·no spou·*mann*·té
— **rouge** *vino* m *rosso* *vi*·no *ros*·so
vinaigre *aceto* m a·*tchè*·to
viol *stupro* m *stou*·pro
violet *viola* *vyo*·la
virus *virus* m *vi*·rou·se
visa *visto* m *vi*·sto
visage *faccia* f *fa*·tcha
visite *visita* f *vi*·zi·ta · **rendre visite** *andare a trovare* ann·*da*·ré a tro·*va*·ré
— **guidée** *visita* f *guidata* *vi*·zi·ta gwi·*da*·ta
visiter *visitare* vi·si·ta·ré · **fare una visita** *fa*·ré ou·na *vi*·si·ta
vitamines *vitamine* f pl vi·ta·*mi*·né
vitesse *velocità* f vé·lo·tchi·*ta*
vivre *vivere* *vi*·vé·ré
voir *vedere* vé·dè·ré
voisin(e) *vicino/a* m/f vi·*tchi*·no/a
voiture *macchina* f *mak*·ki·na
voix *voce* f *vo*·tché
vol *volo* m *vo*·lo
volé(e) *rubato/a* m/f rou·*ba*·to/a

voler *volare* vo·*la*·ré
voler (quelqu'un/quelque chose) *(de) rubare* (dé)·rou·*ba*·ré
voleur(euse) *ladro/a* m/f *la*·dro/a
volley-ball *pallavolo* f pal·la·*vo*·lo
vomir *vomitare* vo·mi·*ta*·ré
voter *votare* vo·*ta*·ré
vouloir *volere* vo·*lè*·ré
vous (de politesse) *Lei* leille
voyage d'affaires *viaggio* m *d'affari* *vya*·djo da·*fa*·ri
voyager *viaggiare* vya·*dja*·ré
vrai(e) *vero/a* m/f *vè*·ro/a
vue *vista* f *vi*·sta

W.-C. *servizi* m pl *igienici* sér·*vi*·tsi
wagon-lit *vagone* m *letto* va·*go*·né *lèt*·to
wagon-restaurant *carrozza* f *ristorante* kar·*ro*·tsa ri·sto·*rann*·té
week-end *fine settimana* m *fi*·né sét·ti·*ma*·na

yaourt *yogurt* m *yo*·gourte

Z

zoo *giardino* m *zoologico* djar·*di*·no dzo·o·*lo*·dji·ko
zoom *zoom* m dzoumm

Le genre des noms et des adjectifs est indiqué par un **m** (masculin) et/ou un **f** (féminin). Si le mot est au pluriel, il sera suivi de pl. Les adjectifs qui se terminent par -e, qui ont la même forme au masculin et au féminin, ne sont suivis d'aucune indication. Les mots et les expressions de ce dictionnaire sont classés par ordre alphabétique. Pour rechercher une expression, rendez-vous au premier mot (par exemple : **in buona salute** *en bonne santé* est classée à "in").

A

a a *à*

a bordo a *bor*·do *à bord*

abbastanza ab·ba·*stann*·tsa *assez*

abbigliamento m ab·bi·lya·*mènn*·to *vêtement(s)*

abbracciare ab·bra·*tcha*·ré *embrasser*

abitare a·bi·*ta*·ré *habiter (quelque part)*

abito m *a*·bi·to *robe*

aborto m a·*bor*·to *avortement*
　　— spontaneo sponn·*ta*·né·o *fausse couche*

accanto ak·*kann*·to *à côté*

accanto a ak·*kann*·to *à côté de*

accendino m a·tchènn·*di*·no *briquet*

accetazione f a·tché·ta·*tsyo*·né *enregistrement (aéroport)*

aceto m a·*tchè*·to *vinaigre*

acqua f *a*·kwa *eau*
　　— bollita bol·*li*·ta *eau bouillie*
　　— calda *kal*·da *eau chaude*
　　— del rubinetto dél rou·bi·*nèt*·to *eau du robinet*
　　— minerale mi·né·*ra*·lé *eau minérale*
　　— non gassata nonn gas·*sa*·ta *eau naturelle*

adesso a·*dès*·so *maintenant*

adulto/a m/f a·*doul*·to/a *adulte*

aereo m a·è·ré·o *avion*

aerobica f a·é·ro·bi·ka *aérobic*

aeroporto m a·é·ro·*por*·to *aéroport*

affari m pl af·*fa*·ri *affaires*

affascinante af·fa·chi·*nann*·té *fascinant(e) • attirant(e)*

affitto m af·*fi*·to *loyer*

affollato/a m/f af·fo·*la*·to/a *bondé(e)*

agenda f a·*djènn*·da *agenda*

agenzia f **di viaggio** a·djènn·*tsi*·a di *vya*·djo *agence de voyages*

agganciare ag·gann·*tcha*·ré *accrocher*

aggiustare a·djou·*sta*·ré *réparer*

aggressivo/a m/f ag·gré·*si*·vo/a *agressif(ive)*

aglio m *a*·lyo *ail*

agnello m a·*nyèl*·lo *agneau*

ago m *a*·go *aiguille*

agopuntura f a·go·pounn·*tou*·ra *acupuncture*

agricoltore/agricoltrice m/f a·gri·kol·*to*·ré/a·gri·kol·*tri*·tché *agriculteur(trice)*

agricoltura f a·gri·kol·*tou*·ra *agriculture*

AIDS m aille·di·è·sé (ou aille·*dze*) *sida*

aiutare a·you·*ta*·ré *aider*

ala f *a*·la *aile*

alba f *al*·ba *aube*

albergo m al·*bèr*·go *hôtel*

albero m *al*·bé·ro *arbre*

albicocca f al·bi·*ko*·ka *abricot*

alcuni/e m/f pl al·*kou*·ni/é *certain(e)s • quelques*

alimentari m a·li·*mènn*·ta·ri *épicerie • supérette*

alimento m a·li·*mènn*·to *aliment*

al giorno al *djor*·no *par jour*

al mare al *ma*·ré *à la mer*

all'estero al *lè*·sté·ro *à l'étranger*

allenamento m al·lé·na·*mènn*·to *entraînement*

allergia f al·lér·*dji*·a *allergie*

alloggio m al·*lo*·djo logement

allucinare al·lou·tchi·*na*·ré impressionner

alpinismo m al·pi·*niz*·mo alpinisme

altare m al·*ta*·ré autel

altezza f al·*tè*·tsa hauteur

alto/a m/f *al*/to/a haut(e) • grand(e)

altopiano m al·to·*pya*·no plateau

altro/a m/f *al*·tro/a autre

  — **ieri** m *yè*·ri avant-hier

amaca f *a*·ma·ka hammac

amante m/f a·*mann*·té amant • maîtresse

amare a·*ma*·ré aimer

ambasciata f amm·ba·*cha*·ta ambassade

ambasciatore/ambasciatrice m/f amm·ba·cha·*to*·ré/amm·ba·cha·*tri*·tché ambassadeur(drice)

ambiente m amm·*byèn*·té environnement

ambulanza f amm·bou·*lann*·tsa ambulance

amico/a m/f a·*mi*·ko/a ami(e)

ammazzare am·ma·*tsa*·ré tuer

amministrazione f am·mi·ni·stra·*tsyo*·né administration

analgesico m a·nal·*djé*·zi·ko analgésique

analisi f **del sangue** a·*na*·li·si dél *sann*·gwé analyse de sang

ananas m a·na·nas ananas

anatra f *a*·na·tra canard

anche *ann*·ké aussi

ancora ann·*ko*·ra encore

andare ann·*da*·ré aller

  — **a cavallo** a ka·*val*·lo faire du cheval

  — **a vedere** a vé·*dè*·ré aller voir

  — **in bicicletta** inn bi·tchi·*klè*·ta faire du vélo

  — **in slitta** inn *slit*·ta faire de la luge

  — **su roccia** sou *ro*·tcha faire de l'escalade

andata f ann·*da*·ta aller • **solo andata** *so*·lo ann·*da*·ta aller simple • **andata e ritorno** ann·*da*·ta é ri·*tor*·no aller-retour

anello m a·*nèl*·lo bague

angolo m *ann*·go·lo angle

anguria f ann·*gou*·rya pastèque

animale m a·ni·*ma*·lé animal

anno m *an*·no année

annoiato/a m/f an·no·*ya*·to/a blasé(e)

annuale an·nou·*a*·lé annuel(le)

annuncio m an·*nounn*·tcho annonce

antibiotici m pl ann·ti·*byo*·ti·tchi antibiotiques

antico/a m/f ann·*ti*·ko/a ancien(ne)

antinucleare ann·ti·nou·klé·*a*·ré antinucléaire

antisettico m ann·ti·*sèt*·ti·ko antiseptique

antistaminici m pl ann·ti·sta·*mi*·ni·tchi antihistaminiques

ape f a·*pé* abeille

aperto/a m/f a·*pèr*·to/a ouvert(e)

apparecchio acustico ap·pa·*rè*·kyo a·*kou*·sti·ko appareil auditif

appartamento m ap·par·ta·*mènn*·to appartement

appendice f ap·*pènn*·*di*·tché appendice

appuntamento m ap·pounn·ta·*mènn*·to rendez-vous

apribottiglie a·pri·bot·*ti*·lyé ouvre-bouteille(s)

aprire a·*pri*·ré ouvrir

apriscatole m a·pri·*ska*·to·lé ouvre-boîte(s)

arachidi f pl a·*ra*·ki·di cacahouètes • arachides

arancia f a·*rann*·tcha orange (fruit)

arancione a·rann·*tcho*·né orange (couleur)

arbitro m ar·bi·tro arbitre

archeologico/a m/f ar·ké·o·*lo*·dji·ko/a archéologique

architetto m ar·ki·*tèt*·to architecte

architettura f ar·ki·tét·*tou*·ra architecture

argento m ar·*djènn*·to argent

aria f a·*rya* air

  — **condizionata** konn·di·*tsyo*·na·ta air conditionné

aringa f a·*rinn*·ga hareng

armadietto m ar·ma·*dyè*·to armoire

  — **per i bagagli** pér i ba·*ga*·lyi casier à bagages

armadio m ar·*ma*·dyo armoire

arrabbiato/a m/f ar·ra·*bya*·to/a en colère

arrestare ar·ré·*sta*·ré arrêter

arrivare ar·ri·*va*·ré arriver

arrivo m pl ar·*ri*·vi arrivée (train ou avion)

arte f ar·té art

arti f pl **marziali** ar·ti mar·*tsya*·li arts martiaux

artista m et f ar·*ti*·sta artiste

ascensore m a·chènn·*so*·ré ascenseur

asciugamano m a·chou·ga·*ma*·no serviette

asciugare a·chou·*ga*·ré essuyer

ascoltare a·skol·*ta*·ré écouter

asilo m a·*zi*·lo école maternelle
— **nido** *ni*·do crèche

asma m *az*·ma asthme

asparagi m pl a·*spa*·ra·dji asperges

aspettare a·spét·*ta*·ré attendre

aspirina f a·spi·*ri*·na aspirine

assegno m as·*sè*·nyo chèque
— **di viaggio** di *vya*·djo traveller's chèque • chèque de voyage

assicurazione f as·si·kou·ra·*tsyo*·né assurance

assistenza f **sociale**
as·si·*stènn*·tsa so·*tcha*·lé aides sociales

assorbenti m pl **igienici** as·sor·*bènn*·ti i·*djè*·ni·tchi serviettes hygiéniques

atletica f a·*tlè*·ti·ka athlétisme

atrio m *a*·tri·o hall

attesa f at·*tè*·sa attente • **in lista d'attesa** inn *li*·sta da·*tè*·za sur la liste d'attente

attrezzatura f at·tré·tsa·*tou*·ra équipement

attualità f at·tou·a·li·*ta* actualité

autobus m *a*·ou·to·bou·se (auto)bus

autostop m a·ou·to·*stop* auto-stop

automatico/a m/f a·ou·to·*ma*·ti·ko/a automatique

automobilismo m a·ou·to·mo·bi·*liz*·mo sports automobiles

autonoleggio m a·ou·to·no·*lè*·djo location de voitures

autostrada f a·ou·to·*stra*·da autoroute

autunno m a·ou·*tou*·no automne

a volte a *vol*·té parfois

avaro/a m/f a·*va*·ro/a avare

avena f a·*vè*·na avoine

avere a·*vè*·ré avoir
— **bisogno** di bi·*zo*·nyo di avoir besoin de
— **fame** f *fa*·mé avoir faim
— **fretta** f *frèt*·ta être pressé(e)
— **mal di mare** mal di *ma*·ré avoir le mal de mer
— **sete** f *sè*·té avoir soif
— **sonno** m *son*·no avoir sommeil

avocado m a·vo·*ka*·do avocat (fruit)

avventura f av·vènn·*tou*·ra aventure

avvertire av·vér·*ti*·ré avertir

avvocato/a m/f av·vo·*ka*·to/a avocat(e)

azzurro/a m/f a·*dzou*·ro/a bleu(e) (clair)

B

baby-sitter m et f bé·bi·*sit*·tér baby-sitter

baciare ba·*tcha*·ré embrasser

bacio m *ba*·tcho baiser

bagaglio m ba·*ga*·lyo bagage
— **a mano** a *ma*·no bagage à main
— **consentito** konn·sènn·*ti*·to bagage autorisé
— **in eccedenza** inn é·tché·*dènn*·tsa excédent de bagages

bagnato/a m/f ba·*nya*·to/a mouillé(e) • trempé(e)

bagno m *ba*·nyo bain • salle de bain(s) • toilettes

balcone m bal·*ko*·né balcon

ballare bal·*la*·ré danser

balletto m bal·*lèt*·to ballet

ballo m *bal*·lo dance • bal

balsamo m **per i capelli**
bal·sa·mo pér i ka·*pè*·li après-shampooing

bambino/a m/f bamm·*bi*·no/a enfant

bambola f *bamm*·bo·la poupée

banca f *bann*·ka banque

Bancomat m *bann*·ko·mat distributeur (automatique) de billets • carte bancaire

bancone m bann·*ko*·né comptoir

banconota f bann·ko·*no*·ta billet de banque

bandiera f bann·*dyè*·ra drapeau

bar m bar café

barattolo m ba·*rat*·to·lo boîte • pot

barbabietola f bar·ba·*byè*·to·la betterave

barbiere m bar·*byè*·ré coiffeur (pour hommes)

barca f *bar*·ka barque

baseball m bè·zbol base-ball

basso/a m/f *has*·so/a bas(se) • petit(e)

batteria f bat·té·*ri*·a batterie

battesimo m bat·*tè*·zi·mo baptême

bebé m et f bé·*bé* bébé

bello/a m/f *bèl*·lo/a *beau/belle*

benessere m bé·*nès*·sé·ré *bien-être*

benvenuto m bènn·vé·*nou*·to *bienvenue*
 • **dare il benvenuto a** *da*·ré il bènn·vé·*nou*·to a *souhaiter la bienvenue à*

benzina f bènn·*dzi*·na *essence*

bere *bè*·ré *boire*

bevanda f bé·*vann*·da *boisson*

biancheria f *intima* byann·ké·*ri*·a *inn*·ti·ma *lingerie* • *sous-vêtements*

bianco/a m/f byann·ko/a *blanc/blanche*

bibbia f *bib*·bya *bible*

bibita f *bi*·bi·ta *soda*

biblioteca f bi·bli·o·*tè*·ka *bibliothèque*

bicchiere m bik·*kyè*·ré *verre*

bici (da corsa) *bi*·tchi (da *kor*·sa) *vélo (de course)*

bicicletta f bi·tchi·*klèt*·ta *bicyclette*

bidone m bi·*do*·né *bidon* • *arnaque*

biglietteria f bi·lyét·té·*ri*·a *billetterie*

biglietto m bi·*lyèt*·to *billet*
 — **di andata e ritorno** di ann·*da*·ta é ri·*tor*·no *billet aller-retour*
 — **di solo andata** di *so*·lo ann·*da*·ta *billet aller simple*

bilancio m bi·*lann*·tcho *budget*

biliardo m bi·*lyar*·do *billard*

bimbo/a m/f *bimm*·bo/a *enfant*

binario m bi·*na*·ryo *rail*

binocolo m bi·*no*·ko·lo *jumelles*

biondo/a m/f *byonn*·do/a *blond(e)*

birra f *bir*·ra *bière*
 — **chiara** *kya*·ra *bière blonde*

biscotto m bi·*skot*·to *biscuit*

bisogno m bi·zo·nyo *besoin* • **avere bisogno di** a·*vè*·ré bi·zo·nyo di *avoir besoin de*

bistecca f bi·*stèk*·ka *steak* • *bifteck*

bisticcio m bi·*sti*·tcho *dispute*

bloccato/a m/f blok·*ka*·to/a *bloqué(e)*

blu blou *bleu(e) (foncé)*

bocca f *bok*·ka *bouche*

boccaglio m bok·*ka*·lyo *embout*

bollo m *bol*·lo *timbre*
 — **di circolazione** di tchir·ko·la·*tsyo*·né *vignette (auto)*

bordo m *bor*·do *bord*

borraccia f bor·*ra*·tcha *gourde*

borsa f *bor*·sa *sac*

borsetta f bor·*sèt*·ta *sac (à main)*

bottiglia f bot·*ti*·lya *bouteille*

bottiglieria f bot·ti·lyé·*ri*·a *magasin de vins*

bottone m bot·*to*·né *bouton*

braccio m *bra*·tcho *bras* • **le braccia** pl *bra*·tchia

braille m braille *braille*

brillante m/f bril·*lann*·té *brillant(e)*

bronchite f bronn·*ki*·té *bronchite*

bruciare brou·*tcha*·ré *brûler*

brutto/a m/f *brout*·to/a *laid(e)*

buca f *bou*·ka *trou*
 — **delle lettere** *dèl*·lé *lèt*·té·ré *boîte aux lettres*

bucatura f bou·ka·*tou*·ra *crevaison*

buddista m et f boud·*di*·sta *bouddhiste*

bugiardo/a m/f bou·*djar*·do/a *menteur(euse)*

buono/a m/f *bwo*·no/a *bon(ne)*

burro m *bour*·ro *beurre*
 — **per le labbra** pér lé *lab*·bra *stick pour les lèvres*

bussola f *bous*·so·la *boussole*

busta f *bou*·sta *enveloppe*
 — **imbottita** *bou*·sta imm·bot·*ti*·ta *enveloppe rembourrée*

C

cabina f ka·*bi*·na *cabine*
 — **telefonica** té·lé·*fo*·ni·ka *cabine téléphonique*

cacao m ka·*ka*·o *cacao*

caccia f *ka*·tcha *chasse*

caffè m ka·*fè café*

calcio m *kal*·tcho *coup de pied* • *football*

calcolatrice f kal·ko·la·*tri*·tché *calculatrice*

caldo m *kal*·do *chaleur*

caldo/a m/f *kal*·do/a *chaud(e)*

calendario m ka·*lènn*·da·ryo *calendrier*

calze f pl *kal*·tsé *chaussettes* • *bas*

calzini m pl kal·*tsi*·ni *chaussettes*

cambiare kamm·*bya*·ré *changer*

cambio m *kamm*·byo *échange*
 — **valuta** f va·*lou*·ta *change*

camera f *ka*·mé·ra *chambre*
 — **d'aria** *da*·rya *chambre à air*

— da letto da *lèt*·to *chambre à coucher*

— doppia *dop*·pya *chambre double*

— singola *sinn*·go·la *chambre simple*

cameriere/a m/f ka·mé·*ryè*·ré/a *serveur(euse)*

camicia f ka·*mi*·tcha *chemise*

camion m *ka*·myonn *camion*

camminare kam·mi·*na*·ré *marcher*

camminata f kam·mi·*na*·ta *marche*

campagna f kamm·*pa*·nya *campagne*

campeggiare kamm·pé·*dja*·ré *camper*

campeggio m kamm·*pè*·djo *camping*

campionato m kamm·pyo·*na*·to *championnat*

campo m *kamm*·po *champ • domaine*

— da golf da golf *terrain de golf*

— da tennis da *tèn*·ni·se *terrain de tennis*

cancellare kann·tchél·*la*·ré *effacer*

cancello m kann·*tchèl*·lo *portail*

cancro m *kann*·kro *cancer*

candela f kann·*dè*·la *chandelle • bougie*

cane m *ka*·né *chien*

— guida *gwi*·da *chien d'aveugle*

canottaggio m ka·not·*ta*·djo *aviron*

canottiera f ka·not·*tyè*·ra *maillot de corps*

cantante m/f kann·*tann*·té *chanteur(euse)*

cantare kann·*ta*·ré *chanter*

cantina f kann·*ti*·na *cave • cave viticole*

canzone f kann·*tso*·né *chanson*

caparra f ka·*par*·ra *caution*

capire ka·*pi*·ré *comprendre*

capo m *ka*·po *chef*

Capodanno m *ka*·po·*da*·no *Jour de l'an*

cappello m kap·*pèl*·lo *chapeau*

cappotto m kap·*pot*·to *manteau*

capra f *ka*·pra *chèvre*

carabiniere m ka·ra·bi·*nyè*·ré *carabinier (l'équivalent des gendarmes)*

caramella f ka·ra·*mèl*·la *bonbon*

— alla menta *al*·la *mènn*·ta *à la menthe*

carcere m *kar*·tché·ré *prison*

carino/a m/f ka·*ri*·no/a *joli(e) • gentil(le)*

carne f *kar*·né *viande*

— tritata tri·*ta*·ta *viande hachée*

caro/a m/f *ka*·ro/a *cher/chère*

carota f ka·*ro*·ta *carotte*

carpentiere m kar·*pènn*·*tyè*·ré *charpentier*

carrello m ka·*rè*·lo *chariot*

carrozza f kar·*ro*·tsa *carrosse • wagon*

— ristorante ri·sto·*rann*·té *wagon-restaurant*

carta f *kar*·ta *papier • carte*

— d'identità di·dènn·ti·*ta* *carte d'identité*

— d'imbarco dimm·*bar*·ko *carte d'embarquement*

— di credito di krè·di·to *carte de crédit*

— igienica i·*djè*·ni·ka *papier toilette*

— telefonica té·lé·*fo*·ni·ka *carte téléphonique*

carte f pl *kar*·té *cartes*

cartolaio m kar·to·*la*·yo *papetier*

cartolina f kar·to·*li*·na *carte postale*

cartuccia f kar·*tou*·tcha *cartouche*

— di ricambio del gas di ri·*kamm*·byo dél gaz *cartouche camping-gaz*

casa f *ka*·za *maison*

casalingo/a m/f ka·za·*linn*·go/a *fait(e) maison*

cascata f ka·*ska*·ta *cascade*

casco m *ka*·sko *casque*

casinò m ka·zi·*no* *casino*

cassa f *kas*·sa *caisse*

cassaforte f kas·sa·*for*·té *coffre-fort*

cassetta f kas·*sè*·ta *cassette*

cassiere/a m/f kas·*syè*·ré/a *caissier(ère)*

castello m ka·*stè*·lo *chateau*

catena f ka·*tè*·na *chaîne*

— di montagne di mon·*ta*·nyé *chaîne de montagnes*

catene f pl **da neve** ka·*tè*·né da *nè*·vé *chaînes pour la neige*

cattivo/a m/f kat·*ti*·vo/a *méchant(e)*

cattolico/a m/f kat·*to*·li·ko/a *catholique*

cavalcare ka·val·*ka*·ré *faire du cheval*

cavallino m ka·val·*li*·no *poney*

cavallo m ka·*val*·lo *cheval •* **andare a cavallo** ann·*da*·ré a ka·*val*·lo *faire du cheval*

cavi m pl **con morsetti** *ka*·vi konn mor·*sèt*·ti *câbles de démarrage*

caviale m ka·*vya*·lé *caviar*

caviglia f ka·*vi*·lya *cheville*

cavo m *ka*·vo *câble*

cavoletti m pl **di Bruxelles** ka·vo·*lèt*·ti di brouk·*sèl* *choux de Bruxelles*

cavolfiore m ka·vol·fyo·ré *chou-fleur*
cavolo m *ka·vo·lo chou*
ceci m pl *tchè·tchi pois chiches*
celebrazione f tché·lé·bra·tsyo·né *célébration*
celibe m *tchè·li·bé célibataire (homme)*
cellulare m tchél·lou·*la·ré téléphone portable*
cena f *tchè·na dîner*
centesimo m tchènn·tè·zi·mo *centime*
centimetro m tchènn·*ti·mé·tro centimètre*
centro m *tchènn·tro centre*
  — commerciale kom·mér·*tcha·lé centre commercial*
  — storico *sto·ri·ko centre historique*
  — telefonico té·lé·*fo·ni·ko centre téléphonique*
cercare tchér·*ka·ré chercher*
cereali m pl tché·ré·*a·li céréales*
cerotto m tché·*rot·to sparadrap*
certificato m tchér·ti·fi·*ka·to certificat*
cestino m tché·*sti·no panier*
cetriolo m tché·tri·o·lo *concombre*
che (cosa) ké (*ko·za) quoi*
chi ki *qui*
chiamata f kya·*ma·ta appel téléphonique*
  • *coup de fil*
  — a carico del destinatario a *ka·ri·ko* dél dé·sti·na·*ta·ryo appel à la charge du destinataire*
chiaro/a m/f kya·ro/a *clair(e)*
chiave f kya·vé *clef*
chiesa f kyè·za *église*
chilo m *ki·lo kilo*
chilometro m ki·*lo·mé·tro kilomètre*
chitarra f ki·*tar·ra guitare*
chiudere *kyou·dé·ré fermer*
chiuso/a m/f *kyou·zo/a fermé(e)* • *clos(e)*
ciascuno/a m/f tcha·*skou·no/a chaque*
  • *chacun(e)*
cibo m *tchi·bo nourriture*
  — da bebè da bé·*bè nourriture pour bébé*
ciclismo m tchi·*kliz·mo cyclisme*
ciclista m et f tchi·*kli·sta cycliste*
ciclopista f tchi·klo·*pi·sta piste cyclable*
cidì m tchi·*di CD*
cieco/a m/f *tchè·ko/a aveugle*
cielo m *tchè·lo ciel*

cima f *tchi·ma cime*
cinema m *tchi·né·ma cinéma*
cinghia f della ventola
  *tchinn·*guya *dèl·la vènn·to·la courroie de ventilation*
cintura f di sicurezza
  *tchinn·*tou·ra di si·kou·rè·tsa *ceinture de sécurité*
cioccolato m tchok·ko·*la·to chocolat*
cipolla f tchi·*pol·la oignon*
circo m *tchir·ko cirque*
cisti f ovarica *tchi·*sti o·va·ri·ka *kyste ovarien*
cistite f tchi·*sti·té cystite*
città f tchit·*ta ville*
cittadinanza f tchit·ta·di·*nann·tsa nationalité*
ciucciotto m tchou·*tchot·to sucette*
  • *tétine*
classe f *klas·sé classe*
  — business *biz·*nèse *classe affaires*
  — turistica tou·*ri·sti·ka classe économique*
classico/a m/f *klas·si·ko/a classique*
cliente m et f kli·*ènn·té client*
coda f *ko·da queue*
codice m postale *ko·di·*tché po·*sta·lé code postal*
cognome m ko·*nyo·mé nom de famille*
coincidenza f ko·inn·tchi·*dènn·tsa coïncidence* • *correspondance (transport)*
collant f pl kol·*lannt collant*
colazione f ko·la·*tsyo·né petit-déjeuner*
collega m et f kol·*lè·ga collègue*
collegio m universitario
  kol·*lè·djo o·ni·vér·si·*ta·ryo résidence universitaire*
collina f kol·*li·na colline*
collirio m kol·*li·ryo collyre*
collo m *kol·lo cou*
colloquio m (selettivo) kol·*lo·kwi·o* (sé·lét·*ti·vo) *entretien (de sélection)*
colore m ko·*lo·ré couleur*
colpa f *kol·pa faute*
colpevole kol·*pè·vo·lé coupable*
coltello m kol·*tèl·lo couteau*
come *ko·mé comment*
cominciare ko·minn·*tcha·ré commencer*
  • *débuter*

commedia f kom·mè·dya *pièce de théâtre*
— **comica** ko·mi·ka *comédie*
commercio m kom·mèr·tcho *commerce*
commissione f kom·mi·syo·né *commission*
comodo/a m/f ko·mo·do/a *confortable*
compagno/a m/f komm·pa·nyo/a *compagnon/compagne*
compenso m komm·pènn·so *rémunération • récompense*
compleanno m komm·plé·a·no *anniversaire*
complesso m rock komm·plè·so rok *groupe de rock*
completo/a m/f komm·plè·to/a *complet(ète)*
comprare komm·pra·ré *acheter*
compreso/a m/f komm·prè·zo/a *compris(e) • inclus(e)*
computer m komm·pyou·teur *ordinateur*
— **portatile** m por·ta·ti·lé *(ordinateur) portable*
comunione f ko·mou·nyo·né *communion*
comunista m et f ko·mou·ni·sta *communiste*
con konn *avec*
concerto m konn·tchèr·to *concert*
condividere konn·di·vi·dé·ré *partager*
confermare konn·fér·ma·ré *confirmer*
confessione f konn·fés·syo·né *confession • aveux*
confine m konn·fi·né *frontière*
congelare konn·djé·la·ré *congeler*
congelato/a m/f konn·djé·la·to/a *congelé(e)*
coniglio m ko·ni·lyo *lapin*
conoscere ko·no·ché·ré *connaître*
conservatore/conservatrice m/f konn·sér·va·to·ré/konn·sér·va·tri·tché *conservateur(trice)*
consigliare konn·si·lya·ré *conseiller • recommander*
consolato m konn·so·la·to *consulat*
contanti m pl konn·tann·ti *espèces (argent) • liquide*
contare konn·ta·ré *compter*
conto m konn·to *addition*
— **in banca** inn bann·ka *compte bancaire*

contraccettivi m pl konn·tra·tchét·ti·vi *contraceptifs*
contratto m konn·trat·to *contrat*
controllare konn·trol·la·ré *contrôler*
controllore m konn·trol·lo·ré *contrôleur(euse)*
convalidare konn·va·li·da·ré *valider*
convento m konn·vènn·to *couvent*
coperta f ko·pèr·ta *couverture*
coperte f pl **e lenzuola** f pl ko·pèr·té é lènn·tswo·la *draps et couvertures*
coperto m ko·pèr·to *couvert (restaurant)*
Coppa f **del mondo** kop·pa dél monn·do *Coupe du monde*
coraggioso/a m/f ko·ra·djo·zo/a *courageux(euse)*
corda f kor·da *corde*
— **del bucato** dél bou·ka·to *corde à linge*
corpo m kor·po *corps*
corrente f kor·rènn·té *courant (électrique) • courant (d'une rivière)*
correre kor·ré·ré *courir*
corridoio m kor·ri·do·yo *couloir*
corrompere kor·romm·pé·ré *corrompre*
corrotto/a m/f kor·ro·to/a *corrompu(e)*
corsa f kor·sa *course*
corte f kor·té *cour (tribunal)*
corto/a m/f kor·to/a *court(e)*
cosa f ko·za *chose*
costa f ko·sta *côte*
costare ko·sta·ré *coûter*
costruire ko·strou·i·ré *construire*
costruttore/costruttrice m/f ko·strout·to·ré/ko·strout·tri·tché *constructeur(trice)*
costume m **da bagno** ko·stou·mé da ba·nyo *maillot de bain*
cotone m ko·to·né *coton*
cozza f ko·tsa *moule (mollusque)*
crema f krè·ma *crème*
— **da barba** da bar·ba *crème à raser*
— **solare** so·la·ré *crème solaire*
crescere krè·ché·ré *grandir • croître*
criminalità f kri·mi·na·li·ta *criminalité*
cristiano/a m/f kri·stya·no/a *chrétien(ne)*
croce f kro·tché *croix*
crudo/a m/f krou·do/a *cru(e)*
cucchiaino m kouk·kya·i·no *petite cuillère*

cucchiaio m kouk·*kya*·yo cuillère
cucciolo m *kou*·tcho·lo chiot • chaton
cucina f kou·*tchi*·na cuisine
cucinare kou·tchi·na·ré cuisiner
cucire kou·*tchi*·ré coudre
culla f *koul*·la berceau
cuoco/a m/f *kwo*·ko/a cuisinier(ère)
cuoio m *kwo*·yo cuir
cuore m *kwo*·ré cœur
curare kou·*ra*·ré soigner • s'occuper de
curriculum vitae m kour·*ri*·kou·loumm
vi·té CV
curry m *kour*·ri curry
cuscino m kou·*chi*·no coussin • oreiller

D

da da de • chez • par • depuis
da solo/a m/f da *so*·lo/a seul(e)
danno m *dan*·no dommage
dare *da*·ré donner
 — **il benvenuto a** il bènn·vé·*nou*·to a
 souhaiter la bienvenue à
 — **un calcio** ounn *kal*·tcho donner un
 coup de pied
data f *da*·ta date
 — **di arrivo** di ar·*ri*·vo date d'arrivée
 — **di nascita** di na·*chi*·ta
 date de naissance
 — **di partenza** di par·*tènn*·tsa date de
 départ
datore/datrice m/f **di lavoro**
 da·*to*·ré/da·*tri*·tché di la·*vo*·ro
 employeur(euse)
dea f *dè*·a déesse
debole *dè*·bo·lé faible
degustazione f **(dei vini)**
 dé·gou·sta·*tsyo*·né (deille *vi*·ni)
 dégustation (de vins)
delitto m dé·*lit*·to délit • crime
democrazia f dé·mo·kra·*tsi*·a
 démocratie
denaro m dé·*na*·ro argent
dente m *dènn*·té dent • **denti** pl *dènn*·ti
dentifricio m dènn·ti·*fri*·tcho (pâte)
 dentifrice
dentista m et f dènn·*ti*·sta dentiste
dentro *dènn*·tro dans • à l'intérieur • au
 fond de soi

deodorante m dé·o·do·*rann*·té déodorant
deposito m dé·*po*·zi·to dépôt
 — **bagagli** ba·*ga*·lyi consigne
derubare dé·rou·*ba*·ré voler
desiderare dé·si·dé·*ra*·ré désirer • souhaiter
destinazione f dé·sti·na·*tsyo*·né destination
destra *dè*·stra droite
detersivo m dé·tér·*si*·vo lessive • liquide
 vaisselle
di di de • en • que
 — **andata e ritorno** ann·*da*·ta é ri·*tor*·no
 aller-retour
 — **destra** *dè*·stra de droite
 — **fronte a** *fronn*·té a en face de
 — **meno** *mè*·no moins
 — **nuovo** *nwo*·vo encore
 — **più** *pyou* plus
 — **recente** ré·*tchènn*·té récemment
 — **seconda mano** sé·*konn*·da *ma*·no
 d'occasion
 — **sinistra** si·*ni*·stra de gauche
diabete m dya·*bè*·té diabète
diaframma m dya·*fram*·ma diaphragme
diapositiva m dya·po·zi·*ti*·va diapositive
diarrea f dyar·*rè*·a diarrhée
diesel m di·*zél* diesel
dieta f *dyè*·ta régime • diète
dietro *dyè*·tro derrière
difettoso/a m/f di·fét·*to*·zo/a
 défectueux(euse)
differente (da) dif·fé·*rènn*·té (da)
 différent(e) (de)
differenza f dif·fé·*rènn*·tsa différence
 — **di fuso orario** di fou·zo o·*ra*·ryo
 différence de fuseau horaire
difficile dif·*fi*·tchi·lé difficile
digitale di·dji·*ta*·lé numérique
dimensione f di·*mènn*·*syo*·né dimension
 • grandeur
dimenticare di·mènn·ti·*ka*·ré oublier
dio/dea m/f *di*·o/*dè*·a dieu/déesse
dipendente m/f di·*pènn*·*dènn*·té salarié(e)
 • adonné(e)
dipingere di·*pinn*·djé·ré peindre
dire di·ré dire
diretto/a m/f di·*rèt*·to/a direct(e)
direzione f di·ré·*tsyo*·né direction
diritti m pl **umani** dir·*ri*·ti ou·*ma*·ni
 droits de l'homme

diritto m dir·*ri*·to/a *droit(e)*
disabile m/f di·*za*·bi·lé *handicapé(e)*
dischetto m di·*skèt*·to *disquette*
discriminazione f di·skri·mi·na·tsyo·né *discrimination*
disinfettante m di·zinn·fét·*tann*·té *désinfectant*
disoccupato/a m/f di·zo·kou·*pa*·to/a *chômeur(euse)*
distributore m di·stri·bou·to·ré *pompe à essence*
— **automatico di biglietti** a·ou·to·*ma*·ti·ko di bi·*lyèt*·ti *distributeur automatique (de billets)*
disturbo m di·*stour*·bo *trouble*
dito m *di*·to *doigt*
— **del piede** dél pyè·dé *doigt de pied*
ditta f *dit*·ta *entreprise*
diversi/e m/f pl di·*vèr*·si/é *plusieurs*
diverso/a di·*vèr*·so/a *différent(e)*
divertente di·vér·*tènn*·té *amusant(e)*
divertimento m di·vér·ti·*mènn*·to *divertissement*
divertirsi di·vér·*tir*·si *s'amuser*
divorziato/a m/f di·vor·*tsya*·to/a *divorcé(e)*
divisa f di·*vi*·za *uniforme*
doccia f *do*·tcha *douche*
documenti m pl do·kou·*mènn*·ti *papiers*
documento m **d'identità** do·kou·*mènn*·to di·dènn·ti·*ta carte d'identité*
dogana f do·*ga*·na *douane*
dolce m *dol*·tché *gâteau • dessert*
dolce *dol*·tché *doux/douce • sucré(e)*
dolciumi m pl dol·*tchou*·mi *sucreries*
dollaro m *dol*·la·ro *dollar*
dolore m do·*lo*·ré *douleur*
dolori m pl **mestruali** do·*lo*·ri mé·strou·*a*·li *douleurs menstruelles*
doloroso/a m/f do·lo·ro·*zo*/a *douloureux(euse)*
domanda f do·*mann*·da *question*
domandare do·mann·*da*·ré *poser une question*
domani do·*ma*·ni *demain*
— **mattina** mat·*ti*·na *demain matin*
— **pomeriggio** po·mé·*ri*·djo *demain après-midi*

— **sera** sè·ra *demain soir*
donna f *don*·na *femme*
— **d'affari** daf·*fa*·ri *femme d'affaires*
dopo *do*·po *après*
dopobarba m do·po·*bar*·ba *après-rasage*
dopodomani do·po·do·*ma*·ni *après-demain*
doppio/a m/f *dop*·pyo/a *double*
dormire dor·*mi*·ré *dormir*
dose f do·zé *dose*
— **eccessiva** é·tchés·*si*·va *dose excessive*
dove do·vé *où*
dozzina f do·*dzi*·na *douzaine*
dramma m *dram*·ma *drame*
droga f *dro*·ga *drogue*
drogheria f dro·gué·*ri*·a *épicerie*
duomo m *dwo*·mo *cathédrale • dôme*
durante dou·*rann*·té *durant*
duro/a m/f *dou*·ro/a *dur(e)*

E

e é *et*
ebreo/a m/f é·*brè*·o/a *juif/juive*
ecografia f é·ko·gra·*fi*·a *échographie*
economico/a m/f é·ko·no·*mi*·ko/a *économique*
eczema m ék·*dzè*·ma *eczéma*
edicola f é·*di*·ko·la *kiosque (à journaux)*
edificio m é·di·*fi*·tcho *édifice*
egoista m/f é·go·*i*·sta *égoïste*
elenco m **telefonico** é·*lènn*·ko té·lé·*fo*·ni·ko *annuaire (téléphonique)*
elettricista m et f é·lét·tri·*tchi*·sta *électricien(ne)*
elettricità f é·lé·tri·tchi·*ta électricité*
elezioni f pl é·lé·*tsyo*·ni *élections*
email m *i*·meille *mail*
emergenza f é·mér·*djènn*·tsa *urgence*
emicrania f é·mi·*kra*·nya *migraine*
emotivo/a m/f é·mo·*ti*·vo/a *émotif(ive)*
energia f **(nucleare)** é·nér·*dji*·a (nou·klé·*a*·ré) *énergie (nucléaire)*
enorme é·*nor*·mé *énorme*
entrare ènn·*tra*·ré *entrer*
entrata f ènn·*tra*·ta *entrée*
entro (un'ora) ènn·tro (ounn·*o*·ra) *d'ici (une heure)*

epatite f é·pa·*ti*·té hépatite
epilessia f é·pi·lés·*si*·a épilepsie
erba f è*r*·ba herbe
erbe f pl è*r*·bé fines herbes
erborista m et f é*r*·bo·*ri*·sta herboriste
erotico/a m/f é·*ro*·ti·ko/a érotique
errore m é*r*·ro·ré erreur
esame m é·*za*·mé examen
escluso/a m/f é·*sklou*·zo/a exclu(e) • *non compris(e)*
escursione f é·skour·*syo*·né excursion
— **a piedi** a pyè·dé randonnée pédestre
escursionismo m é·skour·syo·*niz*·mo randonnée
— **a piedi** a pyè·dé randonnée pédestre
esecuzione f é·sé·kou·*tsyo*·né performance (artistique)
esempio m é·*zèmm*·pyo exemple
esperienza f é·spé·*ryènn*·tsa expérience
esperimenti m pl **nucleari** é·spé·ri·*mènn*·ti nou·klé·*a*·ri essais nucléaires
esposimetro m é·spo·*zi*·mé·tro posemètre
esposizione f é·spo·zi·*tsyo*·né exposition
espresso/a m/f é·*sprès*·so/a express
essere *ès*·sé·ré être
— **d'accordo** da·*kor*·do être d'accord
— **raffreddato/a** m/f raf·fréd·*da*·to/a être enrhumé(e)
est m é·ste est
estate f é·*sta*·té été
estetista m et f é·sté·*ti*·sta esthéticien(ne)
estero/a m/f è·*sté*·ro/a étranger(ère) •
all'estero al·*lè*·sté·ro à l'étranger
età f é·*ta* âge
etichetta f é·ti·*kèt*·ta étiquette
etto m é*t*·to 100 grammes
euro m é·*ou*·ro euro
europeo/a m/f é·ou·ro·*pè*·o/a européen(ne)
eutanasia f é·ou·ta·na·*zi*·a euthanasie

fabbrica f *fab*·bri·ka usine
faccia f *fa*·tcha visage
facile f *fa*·tchi·lé facile
fagioli m pl fa·*djo*·li haricots
fame f *fa*·mé faim • **avere fame** a·vè·ré *fa*·mé avoir faim
famiglia f fa·*mi*·lya famille

famoso/a m/f fa·*mo*·zo/a célèbre
fango m *fann*·go boue
fantastico/a m/f fann·*ta*·sti·ko/a fantastique
fantino m *fann*·ti·no jockey
fare *fa*·ré faire
— **il tifo** il *ti*·fo supporter
— **l'autostop** la·ou·to·stop faire de l'auto-stop
— **la barba** la *bar*·ba raser
— **male** *ma*·lé faire mal
— **una camminata** ou·na kam·mi·*na*·ta faire une promenade
— **una foto** ou·na *fo*·to prendre une photo
farfalla f far·*fal*·la papillon
faro m *fa*·ro phare
farina f fa·*ri*·na farine
farmacia f far·ma·*tchi*·a pharmacie
farmacista m et f far·ma·*tchi*·sta pharmacien(ne)
fascia f *fa*·cha bande • bandeau • tranche
fatto/a m/f *fat*·to/a fait(e)
— **a mano** a *ma*·no fait(e) à la main
fattoria f fat·to·*ri*·a ferme
fax m faks fax
fazzolettini m pl **di carta** fa·tso·lét·*ti*·ni di *kar*·ta mouchoirs en papier
fazzoletto m fa·tso·*lèt*·to mouchoir
febbre f *fèb*·bré fièvre
— **da fieno** da *fyè*·no rhume des foins
febbrile féb·*bri*·lé fiévreux(euse)
federa f *fè*·dé·ra housse (d'oreiller)
fegato m *fè*·ga·to foie
felice m/f fé·*li*·tché heureux(euse)
ferire fé·*ri*·ré blesser
ferita f fé·*ri*·ta blessure
ferito/a m/f fé·*ri*·to/a blessé(e)
fermare fér·*ma*·ré arrêter
fermarsi fér·*mar*·si s'arrêter • descendre (dans un hôtel)
fermata f fér·*ma*·ta arrêt
fermo in posta *fér*·mo *po*·sta poste restante
ferramenta f fér·ra·*mènn*·ta quincaillerie
ferro m *fèr*·ro fer
— **da stiro** da *sti*·ro fer à repasser
festa f *fè*·sta fête • congé
fetta f *fè*·ta tranche
fiammifero m fyam·*mi*·fé·ro allumette

fico m *fi·*ko figue
fidanzamento m
fi-dann-tsa-*mènn·*to fiançailles
fidanzato/a m/f fi-dann-*tsa·*to/a
fiancé(e) • petit(e) ami(e)
figlia f *fi·*lya fille
figlio m *fi·*lyo fils
film m *film* film
filo m *fi·*lo fil
    — dentario dènn-*ta·*ryo fil dentaire
fine f *fi·*né fin
fine settimana m *fi·*né sét-ti-*ma·*na
    week-end
finestra f fi-*nè·*stra fenêtre
finestrino m fi-né-*stri·*no
    fenêtre (de voiture, d'avion)
finire fi-*ni·*ré finir • terminer
finito/a m/f fi-*ni·*to fini(e)
finò a (giugno) *fi·*no a (djou-nyo) jusqu'au
    mois de (juin)
fiocchi m pl **di mais** *fyok·*ki di *ma·*i·se
    flocons de maïs
fioraio m et f fyo-*ra·*yo fleuriste
fiore m *fyo·*ré fleur
firma f *fir·*ma signature
fiume m *fyou·*mé fleuve
flash m flèche flash (d'appareil photo)
fluido m **idratante** flou·i·do i-dra-*tann·*té
    crème hydratante
foglia f *fo·*lya feuille
fondo m *fonn·*do fond
fondo/a m/f *fonn·*do/a creux/creuse
footing m *fou·*tinng jogging • footing
forbici f pl for-*bi·*tchi ciseaux
forchetta f for-*kè·*ta fourchette
foresta f fo-*rè·*sta forêt
forma f *for·*ma forme
formaggio m for-*ma·*djo fromage
    — fresco frè·sko fromage frais
formica f for-*mi·*ka fourmi
forno m *for·*no four
    — a microonde a *mi·*kro-*onn·*dé
    four à micro-ondes
forse *for·*sé peut-être
forte m/f for-*té* fort(e) • relevé(e)
fortuna f for-*tou·*na chance • fortune
fortunato/a m/f for-tou-*na·*to/a
    chanceux(euse)
forza f *for·*tsa force

forze f pl **armate** *for·*tsé ar-*ma·*té forces
    armées
foto f *fo·*to photo
fotografia f fo-to-gra-*fi·*a photographie
fotografo m fo-to-gra-fo photographe
fra fra entre
    — poco *po·*ko d'ici peu (de temps)
fragile *fra·*dji-lé fragile
fragola f *fra·*go-la fraise
francobollo m frann-ko-*bo·*lo timbre
fratello m fra-*tè·*lo frère
freccia f *frè·*tcha clignotant • flèche
freddo/a m/f *frèd·*do/a froid(e)
freno m *frè·*no frein
fresco/a m/f *frè·*sko/a frais/fraîche
fretta f *frèt·*ta hâte • **avere fretta** a-*vè·*ré
    *frèt·*ta être pressé(e)
friggere *fri·*djé-ré frire
frigo m *fri·*go frigo
frigobar m fri-go-*bar* minibar
frigorifero m fri-go-*ri·*fé-ro réfrigérateur
frizione f fri-*tsyo·*né embrayage
fronte m *fronn·*té front • **di fronte a** di
    *fronn·*té a en face de
frutta f *frout·*ta fruit • dessert
    — secca *sè·*ka fruit sec
fruttivendolo/a m/f
    frout-ti-*vènn·*do-lo/a marchand(e)
    de fruits et légumes
fumare fou-*ma·*ré fumer
fumato/a m/f fou-*ma·*to/a fumé(e) •
    défoncé(e)
funerale m fou-né-*ra·*lé enterrement
fungo m *founn·*go champignon
funivia f fou-ni-*vi·*a téléphérique
fuoco m *fwo·*ko feu
fuori *fwo·*ri dehors
furgone m four-*go·*né fourgon
fuso orario m fou-zo o-*ra·*ryo décalage
    horaire • **disturbi** m pl **da fuso orario**
    di-*stour·*bi da fou-zo o-ra-*ryo* troubles liés
    au décalage horaire
futuro m fou-*tou·*ro futur

G

gabinetto m **(pubblico)** ga-bi-*nèt·*to
    (*poub·*bli-ko) toilettes publiques
galleria f **d'arte** gal-lé-*ri·*a dar-té galerie d'art

Galles m *gal*·lé·se *pays de Galles*

gamba f *gamm*·ba *jambe*

gambero m *gamm*·bé·ro
écrevisse • homard

gara f *ga*·ra *compétition*

garage m ga·*ra*·je *garage*

gas m gaz *gaz*

gasolio m ga·zo·lyo *gazole*

gastroenterite f ga·stro·ènn·té·*ri*·té
gastroentérite

gattino m gat·*ti*·no *chaton*

gatto m *gat*·to *chat*

gay gueille *gay*

gelateria f djé·la·té·*ri*·a *glacier*

gelato m djé·*la*·to *glace*

geloso/a m/f djé·*lo*·zo/a *jaloux(ouse)*

gemelli/e m/f pl djé·*mèl*·li/é *jumeaux/
jumelles*

generale djé·né·*ra*·lé *général(e)*

gengiva f djènn·*dji*·va *gencive*

genitori m pl djé·ni·*to*·ri *parents*

gente f *djènn*·té *gens*

gentile djènn·*ti*·lé *gentil(le)*

germogli m pl **(di soia)** djér·*mo*·lyi (di
so·ya) *pousses de soja*

gettone m djét·*to*·né *jeton*

ghiaccio m *guya*·tcho *glace*

già dja *déjà*

giacca f *dja*·ka *veste*

giallo/a m/f *djal*·lo/a *jaune*

Giappone m djap·*po*·né *Japon*

giardinaggio m djar·di·*na*·djo *jardinage*

giardino m djar·*di*·no *jardin*
— **zoologico** dzo·o·*lo*·dji·ko *zoo*

ginecologo/a m/f dji·né·*ko*·lo·go/a
gynécologue

ginnastica f dji·*na*·sti·ka *gymnastique*

ginocchio m dji·*nok*·kyo *genou* • **le
ginocchia** f pl dji·*nok*·kya *genoux*

giocare djo·*ka*·ré *jouer*
— **a calcio** a *kal*·tcho *jouer au foot*

gioco m *djo*·ko *jeu*
— **elettronico** é·lét·*tro*·ni·ko *jeu vidéo*

gioiello m djo·*yèl*·lo *bijou*

giornale m djor·*na*·lé *journal*

giornalista m et f djor·na·*li*·sta *journaliste*

giorno m *djor*·no *jour* • **al giorno** al
djor·no *par jour*

giovane *djo*·va·né *jeune*

girare dji·*ra*·ré *tourner*

gita f *dji*·ta *excursion*

giù djou *en bas*

giubbotto m **di salvataggio**
djoub·*bot*·to di sal·va·*ta*·djo
gilet de sauvetage

giudice m djou·di·tché *juge*

giudò m djou·do *judo*

giusto/a m/f djou·sto/a *juste*

gola f *go*·la *gorge*

gomma f *gom*·ma *caoutchouc*
— **da masticare** da ma·sti·*ka*·ré
chewing-gum

gonfiore m gonn·*fyo*·ré *enflure*

gonna f *gon*·na *jupe*

governo m go·*vèr*·no *gouvernement*

grammo m pl *gram*·mo *gramme*

grande *grann*·dé *grand(e)*

grande magazzino m *grann*·dé
ma·ga·*dzi*·no *grand magasin*

grandinata f grann·di·*na*·ta *chute de grêle*

grandine f *grann*·di·né *grêle*

grasso/a m/f *gras*·so/a *gros(se)* • *gras(se)*

gratuito/a m/f gra·tou·*i*·to/a *gratuit(e)*

grigio/a m/f *gri*·djo/a *gris(e)*

grotta f *grot*·ta *grotte*

gruppo m *group*·po *groupe*
— **sanguigno** sann·*gwi*·nyo *groupe
sanguin*

guanti m *gwann*·ti *gants*

guardare gwar·*da*·ré *regarder*
— **le vetrine** lé vé·*tri*·né *faire du lèche-
vitrines*

guardaroba m gwar·da·*ro*·ba *penderie*

guastarsi gwa·*star*·si *s'abîmer*

guastato/a m/f gwa·*sta*·to/a *abîmé(e)*

guasto/a m/f *gwa*·sto/a *panne*

guerra f *gwèr*·ra *guerre*

guida f *gwi*·da *guide*
— **agli spettacoli** a·lyi spét·*ta*·ko·li
guide des spectacles
— **audio** *a*·ou·dyo *guide (audio)*
— **turistica** tou·*ri*·sti·ka *guide touristique*

guidare gwi·*da*·ré *conduire*

gustoso/a m/f gou·sto·zo/a
savoureux(euse)

H

halal a-*lal* halal

hashish *a*-chiche haschich

hockey m o-ki hockey
— **su ghiaccio** sou *guya*-tcho hockey sur glace

I

idiota m et f i-*dyo*-ta idiot(e)

idratante m i-dra-*tann*-té lait hydratant • crème hydratante

ieri *yè*-ri hier

illegale il-lé-*ga*-lé illégal(e)

imbarazzato/a m/f imm-ba-ra-*tsa*-to/a embarrassé(e)

imbrogliare imm-bro-*lya*-ré berner

immersione f im-mér-*syo*-né plongée • immersion
— **in apnea** inn ap-*nè*-a plongée en apnée
— **subacquea** sou-*ba*-kwé-a plongée sous-marine

immigrazione f im-mi-gra-*tsyo*-né immigration

imparare imm-pa-*ra*-ré apprendre

impermeabile m imm-pér-mé-*a*-bi-lé imperméable

impiegato/a m/f imm-pyé-*ga*-to/a employé(e)

importante imm-por-*tann*-té important(e)

impossibile imm-po-*si*-bi-lé impossible

in inn dans • en
— **bianco e nero** byann-ko é *nè*-ro en noir et blanc
— **buona salute** bwo-na sa-*lou*-té en bonne santé
— **fondo** fonn-do au fond • après tout
— **fretta** *frèt*-ta en vitesse
— **lista d'attesa** *li*-sta dat-*tè*-za sur la liste d'attente
— **omaggio** o-*ma*-djo en hommage
— **ritardo** ri-*tar*-do en retard
— **salita** sa-*li*-ta en montée • de côte
— **sciopero** m sho-pé-ro en grève
— **vendita** *vènn*-di-ta en vente

inalatore m i-na-la-*to*-ré inhalateur

---

incidente m inn-tchi-*dènn*-té incident • accident

incinta inn-*tchinn*-ta enceinte

incontrare inn-konn-*tra*-ré rencontrer

incrocio m inn-*kro*-tcho croisement

indicare inn-di-*ka*-ré indiquer

indigestione f inn-di-djé-*styo*-né indigestion

indirizzo m inn-di-*ri*-tso adresse

indossare inn-dos-*sa*-ré porter

induista m et f inn-dou-*i*-sta hindouiste

industria f inn-*dou*-stri-a industrie

infermiere/a m/f inn-fér-*myè*-ré/a infirmier(ère)

infezione f inn-fé-*tsyo*-né infection

infiammazione f inn-fyam-ma-*tsyo*-né inflammation

influenza f inn-flou-*ènn*-tsa grippe • influence

informatica f inn-for-*ma*-ti-ka informatique

informazioni f pl inn-for-ma-*tsyo*-ni informations • renseignements

infortunato/a m/f inn-for-tou-*na*-to/a blessé(e) • accidenté(e)

ingegnere m et f inn-djé-*nyè*-ré ingénieur(e)

Inghilterra f inn-guil-*tè*-ra Angleterre

inglese inn-*glè*-zé anglais(e)

ingorgo m inn-*gor*-go embouteillage

ingrediente m inn-gré-*dyènn*-té ingrédient

ingresso m inn-*grès*-so entrée

iniezione f i-*nyè*-tsyo-né injection

inizio m i-*ni*-tsyo début

innocente i-no-*tchènn*-té innocent(e)

inquinamento m inn-kwi-na-*mènn*-to pollution

insalata f inn-sa-*la*-ta salade

insegnante m et f inn-sé-*nyann*-té enseignant(e)

insetto m inn-*sèt*-to insecte

insieme inn-*syè*-mé ensemble

insolito/a m/f inn-so-li-to/a insolite

interessante inn-té-rés-*sann*-té intéressant(e)

internazionale inn-tér-na-tsyo-*na*-lé international(e)

Internet (cafe) m *inn*·tér·nète (faf·*fé*) *café Internet*
interprete m/f inn·tèr·pré·té *interprète*
interurbano/a m/f inn·tér·our·*ba*·no/a *interurbain(e)*
intervallo m inn·tér·*val*·lo *intervalle • entracte*
intervento m inn·tér·*vènn*·to *intervention • participation*
intossicazione f **alimentare** inn·tos·si·ka·*tsyo*·né a·li·mènn·*ta*·ré *intoxication alimentaire*
inverno m inn·*vèr*·no *hiver*
invitare inn·vi·*ta*·ré *inviter*
io *i*·o *moi • je*
isola f *i*·zo·la *île*
istruttore/istrutrice m/f i·strout·*to*·ré/ i·strout·*tri*·tché *instructeur(trice)*
istruzione f i·strou·*tsyo*·né *éducation*
itinerario m i·ti·né·*ra*·ryo *itinéraire*
— **escursionistico** é·skour·syo·*ni*·sti·ko *itinéraire de randonnée*
IVA f *i*·va *TVA*

jeans m pl djinn·se *jeans*

kiwi m *ki*·wi *kiwi*
kosher *ka*·chér *casher*

là la *là*
labbra f pl *lab*·bra *lèvres*
laboratorio m la·bo·ra·*to*·ryo *atelier*
ladro/a m/f *la*·dro/a *voleur(euse)*
laggiù m *la*·djou *là-bas*
lago m *la*·go *lac*
lamentarsi la·mènn·*tar*·si *se plaindre*
lamette f pl **(da barba)** la·*mèt*·té (da *bar*·ba) *lames de rasoir*
lampada f *lamm*·pa·da *lampe*
lampadina f lamm·pa·*di*·na *ampoule*
lampone m lamm·*po*·né *framboise*
lana f *la*·na *laine*

lardo m *lar*·do *lard*
largo/a m/f *lar*·go/a *large*
lasciare la·*cha*·ré *laisser*
lassativi m pl las·sa·*ti*·vi *laxatifs*
lato m *la*·to *côté*
latte m *lat*·té *lait*
— **di soia** di *so*·ya *lait de soja*
— **scremato** skré·*ma*·to *lait écrémé*
lattuga f lat·*tou*·ga *laitue*
lavaggio a secco la·*va*·djo a sè·ko *nettoyage à sec*
lavanderia la·vann·dé·*ri*·a *pressing*
— **a gettone** djét·*to*·né *laverie automatique*
lavare la·*va*·ré *laver*
lavarsi la·*var*·si *se laver*
lavatrice f la·va·*tri*·tché *machine à laver*
lavorare la·vo·*ra*·ré *travailler*
— **in proprio** inn *pro*·pri·o *travailler à son compte*
lavoratore/lavoratrice m/f la·vo·ra·*to*·ré/la·vo·ra·*tri*·tché *travailleur(euse)*
lavoro m la·*vo*·ro *travail*
legale lé·*ga*·lé *legal(e)*
legge f lè·djé *loi*
leggere lè·djé·ré *lire*
leggero/a m/f lé·djé·ro/a *léger/légère*
legna f **(da ardere)** lè·nya (da *ar*·dé·ré) *bois (à brûler)*
legno m lè·nyo *bois*
legume m lé·*gou*·mé *légume (sec)*
lei leille *elle*
Lei pol leille *vous (de politesse)*
lentamente lènn·ta·*mènn*·té *lentement*
lenti f pl **a contatto** *lènn*·ti a konn·*tat*·to *lentilles de contact*
lenticchia f lènn·*tik*·kya *lentille (légume)*
lento/a m/f lènn·to/a *lent(e)*
lenzuolo m lènn·*tswo*·lo *drap*
lesbica f lè·sbi·ka *lesbienne*
lettera f lèt·té·ra *lettre*
letto m lèt·to *lit •* **due letti** pl dou·é lèt·ti *lits jumeaux*
— **matrimoniale** ma·tri·mo·*nya*·lé *lit à deux places*
libero/a m/f *li*·bé·ro/a *libre • public/ publique • vacant(e)*

libreria f li·bré·ri·a librairie
libretto m li·brèt·to livret
— **di circolazione** di tchir·ko·la·tsyo·né carte grise
libro m li·bro livre
licenza f li·tchènn·tsa licence • permis
limetta f li·mèt·ta lime à ongles
limite m di velocità li·mi·té di vé·lo·tchi·ta limite de vitesse
limonata f li·mo·na·ta limonade • jus de citron
limone m li·mo·né citron
linea f li·né·a ligne
— **aerea** a·è·ré·a ligne aérienne
lingua f linn·gwa langue
lista f li·sta liste
— **d'attesa** dat·tè·za liste d'attente
lite f li·té dispute
litigare li·ti·ga·ré se disputer
litro m li·tro litre
livello m li·vèl·lo niveau
livido m li·vi·do bleu (ecchymose)
locale m lo·ka·lé bar • restaurant
locale lo·ka·lé local(e)
lontano/a m/f lonn·ta·no/a lointain(e)
loro lo·ro ils/elles • eux
Loro lo·ro vous pl pol
lozione f lo·tsyo·né lotion
— **abbronzante** a·bronn·dzann·té crème solaire
lubrificante m lou·bri·fi·kann·té lubrifiant
lucchetto m lou·kèt·to cadenas
luce f lou·tché lumière
lucertola f lou·tchèr·to·la lézard
lui louï il • lui
lumaca f lou·ma·ka escargot
luminoso/a m/f lou·mi·no·zo/a lumineux(euse)
luna f lou·na lune
— **di miele** di myè·lé lune de miel
— **piena** pyè·na pleine lune
lungo/a m/f lounn·go/a long/longue
lungomare f lounn·go·ma·ré bord de mer
luogo m lwo·go endroit • lieu
— **di nascita** di na·chi·ta lieu de naissance
lusso m lou·so luxe

ma ma mais
macchina f mak·ki·na voiture • machine
— **fotografica** fo·to·gra·fi·ka appareil photo
macelleria f ma·tchél·lé·ri·a boucherie
madre f ma·dré mère
maestro/a m/f ma·è·stro/a instituteur(trice) • moniteur(trice) (de ski)
maglietta f ma·lyèt·ta tee-shirt
magari ma·ga·ri peut-être • éventuellement
maglione m ma·lyo·né pull
magro/a m/f ma·gro/a maigre • sans viande
mai maille jamais
maiale m ma·ya·lé cochon • porc
maionese f ma·yo·nè·zé mayonnaise
mal m mal mal
— **di aereo** di a·è·ré·o mal des transports (en avion)
— **di denti** di dènn·ti mal aux dents
— **di macchina** di mak·ki·na mal des transports (en voiture)
— **di mare** di ma·ré mal de mer
— **di pancia** di pann·tcha mal de ventre
— **di testa** di tè·sta mal à la tête
malato/a m/f ma·la·to/a malade
malattia f ma·lat·ti·a maladie
— **venerea** vé·nè·ré·a maladie vénérienne
male m ma·lé mal
mamma f mam·ma maman
mammografia f mam·mo·gra·fi·a mammographie
manager m ma·na·djeur manager
mancare mann·ka·ré manquer • rater
mancia f mann·tcha pourboire
mandare mann·da·ré envoyer
mandarino m mann·da·ri·no mandarine
mandorla f mann·dor·la amande
mangiare mann·dja·ré manger
mango m mann·go mangue
manifestazione f ma·ni·fé·sta·tsyo·né manifestation
mano f ma·no main
manovale m et f ma·no·va·lé manœuvre
manuale ma·nou·a·lé manuel(le)
manubrio m ma·nou·bri·o guidon

manzo m *mann*·dzo *bœuf*

marciapiede m mar·tcha·*pyè*·dé *trottoir*

mare m *ma*·ré *mer* • **al mare** al *ma*·ré *à la mer*

marea f ma·*rè*·a *marée*

margarina f mar·ga·*ri*·na *margarine*

marijuana f ma·ri·*wa*·na *marijuana*

marito m ma·*ri*·to *mari*

marmellata f mar·mél·*la*·ta *confiture*
— **d'arance** da·*rann*·tché *confiture*
d'orange

marmo m *mar*·mo *marbre*

marrone m/f mar·ro·né *marron*

martello m mar·*tèl*·lo *marteau*

massaggio m mas·*sa*·djo *massage*

materasso m ma·té·*ra*·so *matelas*

matita f ma·*ti*·ta *crayon*

matrimonio m ma·tri·*mo*·nyo *mariage*

mattina f mat·*ti*·na *matin*

mazzuolo m ma·*tswo*·lo *maillet*

meccanico m et f mék·*ka*·ni·ko
mécanicien(ne)

medicina f mé·di·*tchi*·na *médicine*

medicinale m mé·di·tchi·*na*·lé *médicament*

medico m *mè*·di·ko *médecin*

meditazione f mé·di·ta·*tsyo*·né *méditation*

mela f *mè*·la *pomme*

melanzana f mé·lann·*dza*·na *aubergine*

melodia f mé·lo·*di*·a *mélodie*

melone m mé·*lo*·né *melon*

membro m *mèmm*·bro *membre*

mendicante m et f mènn·di·*kann*·té
mendiant(e)

meno *mè*·no *moins*

menù m mé·*nou menu*

meraviglioso/a m/f mé·ra·vi·*lyo*·zo/a
merveilleux(euse)

mercato m mér·*ka*·to *marché*

merletto m mér·*lèt*·to *dentelle*

mescolare mé·sko·*la*·ré *mélanger*

mese m *mè*·zé *mois*

messa f *mès*·sa *messe*

messaggio m més·*sa*·djo *message*

mestiere m mé·*styè*·ré *métier* • *profession*

mestruazione f mé·strou·a·*tsyo*·né
menstruation

metallo m mé·*tal*·lo *métal*

metro m *mè*·tro *mètre*

metropolitana f mé·tro·po·li·*ta*·na
métro(politain)

mettere *mèt*·té·ré *mettre*

mezzanotte f *mè*·dza *not*·té *minuit*

mezzi m pl **di comunicazione**
mè·dzi di ko·mou·ni·ka·*tsyo*·né
moyens de communication

mezzo m *mè*·dzo *moitié*

mezzogiorno m mé·dzo·*djor*·no *midi*

microonda f mi·kro·on·da *micro-ondes*

miele m *myè*·lé *miel*

migliore mi·*lyo*·ré *meilleur(e)*

millimetro m mil·*li·mè*·tro *millimètre*

minerale f mi·né·*ra*·lé *eau minérale*

minestra f mi·*nè*·stra *soupe* • *potage*

minibar m mi·ni·*bar mini-bar*

minuto m mi·*nou*·to *minute*

minuto/a m/f mi·*nou*·to/a *menu(e)*

mobile m mo·bi·lé *meuble*

moda f mo·da *mode*

modem m mo·dème *modem*

moderno/a m/f mo·*dèr*·no/a *moderne*

modulo m mo·dou·lo *formulaire*

moglie f mo·lyé *femme*

molestia f mo·*lè*·stya *harcèlement*

molto *mol*·to *très*

molto/a m/f *mol*·to/a *beaucoup de*

monastero m mo·na·stè·ro *monastère*

mondo m *monn*·do *monde*

monete f pl mo·*nè*·té *pièces*

mononucleosi m mo·no·nou·klé·o·zi
mononucléose

montagna f monn·*ta*·nya *montagne*

monumento m mo·nou·*mènn*·to
monument

morbillo m mor·*bil*·lo *rougeole*

morire mo·*ri*·ré *mourir*

morso m *mor*·so *morsure*

morto/a m/f *mor*·to/a *mort(e)*

mosca f *mo*·ska *mouche*

moschea f mo·*skè*·a *mosquée*

mostrare mo·*stra*·ré *montrer*

moto f *mo*·to *moto*

motore m mo·*to*·ré *moteur*

motoscafo m mo·to·*ska*·fo *hors-bord*

mouse m ma·*ousse souris (d'ordinateur)*

mucca f *mou*·ka *vache*

muesli m *mou*·sli *muesli*

mughetto m mou·*guèt*·to *muguet*

multa f *moul*·ta *amende*

muro m *mou*·ro *mur*

muscolo m *mou·*sko·lo *muscle*
museo m *mou·zè·o musée*
musica f *mou·*zi·ka *musique*
musicista m et f mou·zi·*tchi·*sta
musicien(ne)
— **di strada** di *stra·*da *de rue*
musulmano/a m/f mou·soul·*ma·*no/a
musulman(e)
muta f **di subacqueo** *mou·*ta di
sou·*ba·*kwé·o *combinaison de plongée*
muto/a m/f *mou·*to/a *muet(te)*

N

narrativa f nar·ra·*ti·*va *roman (genre)*
nascita f *na·*chi·ta *naissance*
naso m *na·*zo *nez*
Natale m na·*ta·*lé *Noël*
natura f na·*tou·*ra *nature*
nausea f *na·*ou·zé·a *nausée*
— **mattutina** mat·tou·*ti·*na *nausée
matinale*
nave f *na·*vé *bateau*
nazionale na·tsyo·*na·*lé *national(e)*
nazionalità f na·tsyo·na·li·*ta nationalité*
nebbioso/a m/f néb·*byo·*zo/a
brumeux(euse)
necessario/a m/f né·tchés·*sa·*ryo/a
nécessaire
negozio m né·*go·*tsyo *magasin*
— **da campeggio** da kamm·*pè·*djo
magasin d'articles de camping
— **di abbigliamento** di
ab·*bi·*lya·mènn·to *magasin de vêtements*
— **di articoli sportivi** di ar·*ti·*ko·li
spor·*ti·*vi *magasin d'articles de sport*
— **di giocattoli** di djo·*kat·*to·li *magasin
de jouets*
— **di scarpe** di *skar·*pé *de chaussures*
— **di souvenir** di *sou·*ve·nir *de souvenirs*
nero/a m/f *nè·*ro/a *noir(e)*
nessuno/a dei due m/f nés·*sou·*no/a
deille *dou·*é *aucun(e) des deux*
neve f *nè·*vé *neige*
nido m *ni·*do *nid • crèche*
niente *nyènn·*té *rien*
nipote m et f ni·*po·*té *petit-fils/petite-fille
• neveu/nièce*

no no *non*
noce f *no·*tché *noix • noyer*
nodulo m *no·*dou·lo *grosseur*
noi noï *nous*
noioso/a m/f *no·*yo·zo/a *ennuyeux(euse)*
noleggiare no·lé·*dja·*ré *louer*
nome m *no·*mé *nom*
non nonn *non • ne pas*
— **ancora** ann·*ko·*ra *pas encore*
— **fumatore** fou·ma·*to·*ré *non-fumeurs*
— **diretto/a** m/f di·*rèt·*to/a *pas direct(e)*
nonna f *non·*na *grand-mère*
nonno m *non·*no *grand-père*
nord m nordé *nord*
normale nor·*ma·*lé *normal(e)*
notizia f pl no·*ti·*tsya *nouvelle*
notte f *no·*té *nuit*
nubile f *nou·*bi·lé *célibataire (femme)*
numero m *nou·*mé·ro *numéro*
— **di camera** di *ka·*mé·ra *de chambre*
— **di targa** di *tar·*ga *d'immatriculation*
— **di telefono** di té·*lè·*fo·no *numéro de
téléphone*
nuotare nwo·*ta·*ré *nager*
nuoto m *nwo·*to *natation*
nuovo/a m/f *nwo·*vo/a *neuf/neuve • **di
nuovo** di *nwo·*vo *encore*
nuvola f *nou·*vo·la *nuage*
nuvoloso/a m/f nou·vo·*lo·*zo/a
nuageux(euse)

O

obiettivo m o·byét·*ti·*vo *objectif*
occhiali m pl ok·*kya·*li *lunettes*
— **da sci** da chi *de ski*
— **da sole** da *so·*lé *de soleil*
occhio m *o·*kyo *œil*
oceano m o·*tchè·*a·no *océan*
odore m o·*do·*ré *odeur*
oggetti m pl o·*djèt·*ti *objets*
— **d'artigianato** dar·ti·dja·*na·*to
produits artisanaux
— **di valore** di va·*lo·*ré *de valeur*
— **in ceramica** inn tché·*ra·*mi·ka *poterie*
oggi *o·*dji *aujourd'hui*
olio m *o·*lyo *huile*
— **d'oliva** do·*li·*va *d'olive*

oliva f o·*li*·va *olive*

ombra f *omm*·bra *ombre*

ombrello m omm·*brèl*·lo *parapluie*

omeopatia f o·mé·o·pa·*ti*·a
homéopathie

omaggio o·*ma*·djo *hommage*

omosessuale m et o·mo·sés·sou·*a*·lé
homosexuel(le)

onda f *onn*·da *vague*

opera f o·*pé*·ra *œuvre*
— **lirica** *li*·ri·ka *opéra*

operaio/a m/f o·pé·*ra*·yo/a *ouvrier(ère)*

operatore/operatrice m/f
o·pé·ra·to·ré/o·pé·ra·*tri*·tché
opérateur(trice)

opinione f o·pi·*nyo*·né *opinion*

oppure op·*pou*·ré *ou • sinon*

ora f o·ra *heure*

orario m o·ra·ryo *horaire*
— **di apertura** di a·pér·*tou*·ra *heures
d'ouverture*
— **ridotto** ri·*dot*·to *à temps partiel*

orchestra f or·*kè*·stra *orchestre*

ordinare or·di·na·ré *commander*

ordinario/a m/f or·di·*na*·ryo/a *ordinaire*

ordine m *or*·di·né *ordre*

orecchini m pl o·rék·*ki*·ni *boucles d'oreille*

orecchio m o·*rèk*·kyo *oreille •* **orecchia** pl
o·*rèk*·kya *oreilles*

originale m/f o·ri·dji·*na*·lé *original(e)*

oro m o·ro *or*

orologio m o·ro·*lo*·djo *montre • horloge*

orrendo/a m/f or·*rènn*·do/a *horrible*

ospedale m o·spé·*da*·lé *hôpital*

ospitalità f o·spi·ta·li·*ta* *hospitalité*

ossigeno m os·*si*·djé·no *oxygène*

osso m *os*·so *os*

ostello m **della gioventù** o·*stèl*·lo *dè*·la
djo·*vènn*·tou *auberge de jeunesse*

osteria f o·sté·*ri*·a *brasserie*

ostrica f o·stri·ka *huître*

ottimo/a m/f ot·ti·mo/a *excellent(e)
• magnifique*

ovest m o·*vés*te *ouest*

P

pacchetto m pak·*kèt*·to *paquet • colis
• offre groupée*

pace f *pa*·tché *paix*

padella f pa·*dèl*·la *poêle*

padre m *pa*·dré *père*

padrone/padrona m/f **di casa**
pa·*dro*·né/pa·*dro*·na di *ka*·za *propriétaire*

paese m pa·é·zé *pays • village*

Paesi Bassi m pl pa·é·zi *bas*·si *Pays-Bas*

pagamento m pa·ga·*mènn*·to *paiement*

pagare pa·*ga*·ré *payer*

pagina f *pa*·dji·na *page*

paio m *pa*·yo *paire*

palazzo m pa·*la*·tso *palais*

palcoscenico m pal·ko·*chè*·ni·ko *scène*

palestra f pa·*lè*·stra *gymnase • salle de gym*

palla f *pal*·la *balle*

pallacanestro f pal·la·ka·*nè*·stro *basket-ball*

pallamuro f pal·la·*mou*·ro *hand-ball*

pallavolo f pal·la·*vo*·lo *volley-ball*

pallone m pal·*lo*·né *ballon*

pancetta f pann·*tchè*·ta *lard*

pane m *pa*·né *pain*
— **di segala** di *sè*·ga·la *de seigle*
— **integrale** inn·té·*gra*·lé
pain complet
— **tostato** to·*sta*·to *pain grillé*

panetteria f pa·nét·té·*ri*·a *boulangerie*

panino m pa·*ni*·no *sandwich*

panna f *pa*·na *crème*

pannolino m pan·no·*li*·no
couche • serviette hygiénique

pantaloncini m pl pann·ta·lonn·*tchi*·ni *short*

pantaloni m pl pann·ta·*lo*·ni *pantalon*

papà m pa·*pa* *papa*

parabrezza m pa·ra·*brè*·dza *pare-brise*

parcheggio m par·*kè*·djo *parking*

parco m *par*·ko *parc*
— **nazionale** na·tsyo·*na*·lé
parc national
— **giochi** *djo*·ki *terrain de jeux*

parlamentare m et f par·la·*mènn*·*ta*·ré
parlementaire

parlamento m par·la·*mènn*·to *parlement*

parlare par·*la*·ré *parler*

parola f pa·*ro*·la *mot*

parrucchiere m par·rou·*kyè*·ré *salon de
coiffure*

parrucchiere/a m/f par·rou·*kyè*·ré/a
coiffeur(euse)

parte f *par*·té *partie • côté*

partenza f par·*tènn*·tsa départ • **data di partenza** da·ta di par·*tènn*·tsa date de départ
partire par·*ti*·ré partir
partita f par·*ti*·ta jeu • match
partito m par·*ti*·to parti (politique)
Pasqua f *pa*·skwa Pâques
passaggio m pas·*sa*·djo passage • passe (sport)
passaporto m pas·sa·*por*·to passeport
passatempo m pas·sa·*tèmm*·po passe-temps
passato m pas·*sa*·to passé
passeggero/a m/f pas·sé·*djè*·ro/a passager
passeggiata f pas·sé·*dja*·ta promenade
passo m pas·so col (montagne) • pas • passage (morceau)
pasta f *pa*·sta pâte • pâtes
pasticceria f pa·sti·tché·*ri*·a pâtisserie
pasto m *pa*·sto repas
 — **freddo** frè·do repas froid
patata f pa·*ta*·ta pomme de terre
paté m pa·té pâté
patente f **(di guida)** pa·*tènn*·té (di *gwi*·da) permis de conduire
pavimento m pa·vi·*mènn*·to sol
pazzo/a m/f *pa*·tso/a fou/folle
pecora f *pè*·ko·ra mouton • brebis
pedale m pé·*da*·lé pédale
pedone m/f pé·do·né piéton
pelle f *pèl*·lé peau
pellicola f pél·*li*·ko·la pellicule
pene m pè·né pénis
penicillina f pé·ni·tchil·*li*·na pénicilline
penna f **(a sfera)** *pèn*·na (a *sfè*·ra) stylo (à bille)
pensare *pènn*·*sa*·ré penser
pensionato/a m/f *pènn*·syo·*na*·to/a retraité(e)
pensione f *pènn*·syo·né pension (maison) • retraite
pentola f *pènn*·to·la casserole
pepe m pè·pé poivre
peperoncino m pé·pé·ronn·*tchi*·no piment
peperone m pé·pé·ro·né poivron
per pér pour • pendant • par
 — **esempio** é·*zèmm*·pyo par exemple
 — **sempre** *sèmm*·pré pour toujours
pera f *pè*·ra poire

percentuale f pér·tchènn·tou·*a*·lé pourcentage
perché pér·ké pourquoi • parce que
perdere *pèr*·dé·ré perdre
perdonare pér·do·na·ré pardonner
pericoloso/a m/f pé·ri·ko·*lo*·zo/a dangereux(euse)
permanente m/f pér·ma·*nènn*·té permanent(e)
permesso m pér·*mès*·so permission • permis
perso/a m/f *pèr*·so/a perdu(e)
persona f pér·so·na personne
personale m/f pér·so·na·lé personel(le)
pesante pé·*zann*·té lourd(e)
pesca f *pè*·ska pêche (fruit)
pesca f *pé*·ska pêche (activité)
pesce m pè·ché poisson • **pesci** pl pè·chi
pescheria f pé·ské·*ri*·a poissonnerie
peso m *pè*·zo poids
petizione f pé·ti·*tsyo*·né pétition
pettine m *pèt*·ti·né peigne
petto m *pèt*·to poitrine
pezzo m *pè*·tso pièce
 — **di antiquariato** di ann·ti·kwa·*rya*·to objet ancien
 — **d'artigianato** dar·ti·dja·*na*·to de fabrication artisanale
piacere pya·*tchè*·ré plaire
pianeta m pya·*nè*·ta planète
piano m *pya*·no étage
pianta f *pyann*·ta plan • plante
piatto m *pyat*·to assiette
 — **fondo** *fonn*·do assiette creuse
piatto/a m/f *pyat*·to/a plat(e)
piazza f *pya*·tsa place
picchetto m pik·*kè*·to piquet
piccolo/a m/f *pik*·ko·lo/a petit(e)
piccone m pik·ko·né pioche
piccozza f pik·*ko*·tsa piolet
picnic m *pik*·nik pique-nique
pidocchi m pl pi·*do*·ki poux
piede m *pyè*·dé pied
pieno/a m/f *pyè*·no/a plein(e)
pietra f *pyè*·tra pierre
pignatta f *pi*·nyat·ta marmite
pigro/a m/f *pi*·gro/a paresseux(euse)
pila f *pi*·la pile
pillola f *pil*·lo·la pilule

— anticoncezionale ann·ti·konn·tché·tsyo·*na*·lé *pilule contraceptive*

— del mattino dopo dél ma·*ti*·no do·po *pilule du lendemain*

ping-pong m pinng·*ponng tennis de table*

pinzette f pl pinn·*tsè*·té *pince à épiler*

pioggia m *pyo*·dja *pluie*

piombo m *pyomm*·bo *plomb*

piscina f pi·*chi*·na *piscine*

pisello m pi·*zè*·lo *petit pois*

pista f *pi*·sta *piste*

pistacchio m pi·*sta*·kyo *pistache • pistachier*

pittore/pittrice m/f pit·to·ré/pit·*tri*·tché *peintre*

pittura f pit·*tou*·ra *peinture*

più *pyou plus*

plastica f *pla*·sti·ka *plastique*

un po' ounn po *(un) peu*

poco/a m/f *po*·ko/a *peu*

poesia f po·é·*zi*·a *poésie*

politica f po·*li*·ti·ka *politique*

politico m po·*li*·ti·ko *politicien*

polizia f po·li·*tsi*·a *police (nationale)*

polline m *pol*·li·né *pollen*

pollo m *pol*·lo *poulet*

polmoni m pl pol·*mo*·ni *poumons*

polso m *pol*·so *poignet • pouls*

polvere f *pol*·vé·ré *poussière*

pomeriggio m po·mé·*ri*·djo *après-midi*

pomodoro m po·mo·*do*·ro *tomate*

pompa f pomm·*pa pompe*

pompelmo m pomm·*pèl*·mo *pamplemousse*

ponte m *ponn*·té *pont*

popolare po·po·*la*·ré *populaire*

porro m *por*·ro *poireau*

porta f *por*·ta *porte*

portacenere m por·ta·*tchè*·né·ré *cendrier*

portafoglio m por·ta·*fo*·lyo *portefeuille*

portare por·*ta*·ré *porter • conduire*

portatile por·*ta*·ti·lé *portable*

porto m *por*·to *port*

posate f pl po·*za*·té *couverts*

possibile pos·*si*·bi·lé *possible*

posta f *po*·sta *courrier*

— elettronica é·lét·*tro*·ni·ka *courrier électronique*

— ordinaria or·di·*na*·rya *courrier ordinaire*

— prioritaria pri·o·ri·*ta*·rya *courrier prioritaire*

— raccomandata f rak·ko·mann·*da*·ta *recommandé*

posteggio m **di tassì** po·*stè*·djo di ta·*si station de taxis*

posto m *po*·sto *place*

— di polizia di po·li·*tsi*·a *commissariat*

potabile po·*ta*·bi·lé *potable*

potere m po·*tè*·ré *pouvoir*

potere po·*tè*·ré *pouvoir*

povero/a m/f *po*·vé·ro/a *pauvre*

povertà f po·vér·*ta pauvreté*

pranzo m *prann*·dzo *repas*

praticare pra·ti·*ka*·ré *faire (du sport)*

— il surf il sourf *faire du surf*

prima colazione f *pri*·ma ko·la·*tsyo*·né *petit-déjeuner*

preferire pré·fé·*ri*·ré *préférer*

preferito/a m/f pré·fé·*ri*·to/a *préféré(e)*

pregare pré·*ga*·ré *prier*

preghiera f pré·*gyè*·ra *prière*

prendere *prènn*·dé·ré *prendre*

— in affitto inn af·*fi*·to *louer*

— in prestito inn *prè*·sti·to *emprunter*

prenotare pré·no·*ta*·ré *réserver*

prenotazione f pré·no·ta·*tsyo*·né *réservation*

preoccupato/a m/f pré·ok·kou·*pa*·to/a *inquiet(ète)*

preparare pré·pa·*ra*·ré *préparer*

preservativo m pré·zér·va·*ti*·vo *préservatif*

presidente m/f pré·zi·*dènn*·té *président*

pressione f prés·*syo*·né *pression*

— del sangue dél *sann*·gwé *tension artérielle*

presto m/f *prè*·sto *bientôt • tôt • vite*

prete m *prè*·té *prêtre*

prezioso/a m/f pré·*tsyo*·zo/a *précieux(euse)*

prezzemolo m pré·*tsè*·mo·lo *persil*

prezzo m *prè*·tso *prix*

— d'ingresso dinn·*grè*·so *prix du billet*

prigione f pri·*djo*·né *prison*

prigioniero/a m/f pri·djo·*nyè*·ro/a *prisonnier(ère)*

prima *pri*·ma *avant*

— **classe** f *kla·sé première classe*
— **colazione** f *ko·la·tsyo·né petit-déjeuner*
primavera f *pri·ma·vè·ra printemps*
primo ministro m/f *pri·mo mi·ni·stro premier ministre*
primo/a m/f *pri·mo/a premier(ère)*
principale prinn·tchi·*pa·lé principal(e)*
privato/a m/f *pri·va·to/a privé(e)*
problema m *pro·blè·ma problème*
— **cardiaco** kar·*di·a·ko problème cardiaque*
produrre pro·*dou·ré produire*
professore/professoressa m/f *pro·fés·so·ré/pro·fés·so·rès·sa professeur(e)*
profitto m *pro·fit·to profit*
profondo/a m/f *pro·fonn·do/a profond(e)*
profumo m *pro·fou·mo parfum*
programma m *pro·gram·ma programme*
proiettore m *pro·yét·to·ré projecteur*
promessa f *pro·mès·sa promesse*
pronto/a m/f *pronn·to/a prêt(e)*
pronto soccorso m *pronn·to sok·kor·so urgences*
proprietario/a m/f *pro·pri·é·ta·ryo/a propriétaire*
proroga f *pro·ro·ga prorogation • délai*
prosciutto m **(cotto)** *pro·chout·to (kot·to) jambon (cuit)*
prossimo/a m/f *pros·si·mo/a prochain(e)*
proteggere *pro·tè·djé·ré protéger*
protetto/a m/f *pro·tèt·to/a protégé(e)*
protestare *pro·tè·sta·ré protester*
provare *pro·va·ré essayer*
provviste f pl *prov·vi·sté réserves*
— **alimentari** a·li·mènn·*ta·ri provisions alimentaires*
prugna f *prou·nya prune*
prurito m *prou·ri·to démangeaison*
pub m *poub pub*
pugilato m *pou·dji·la·to boxe*
pulce f *poul·tché puce*
pulito/a m/f *pou·li·to/a propre*
pulizia f *pou·li·tsi·a nettoyage*
pullman m *poul·mann bus*
punteggio m *pounn·tè·djo score*
punto m *pounn·to point*
puntura f *pounn·tou·ra piqûre*
puro/a m/f *pou·ro/a pur(e)*

quaderno m *kwa·dèr·no cahier*
quadro m *kwa·dro tableau*
qualcosa *kwal·ko·za quelque chose*
qualcuno/a m/f *kwal·kou·no/a quelqu'un*
qualità f *kwa·li·ta qualité*
quando *kwann·do quand*
quantità f *kwann·ti·ta quantité*
quanto/a m/f *kwann·to/a combien*
quarantena f *kwa·rann·tè·na quarantaine*
quaresima f *kwa·rè·zi·ma carême*
quartiere m *kwar·tyè·ré quartier*
quarto m *kwar·to quart*
questo/a m/f *kwè·sto/a ce(t)/cette*
questura f *kwé·stou·ra préfecture de police*
qui *kwi ici*
quota f *kwo·ta altitude*

racchetta f *rak·kèt·ta raquette*
raccogliere *rak·ko·lyé·ré ramasser*
raccomandare *rak·ko·mann·da·ré conseiller*
raccomandata f *rak·ko·mann·da·ta recommandé*
raccontare *rak·konn·ta·ré raconter*
racconto m *ra·konn·to récit*
radiatore m *ra·dya·to·ré radiateur*
rafano m *ra·fa·no raifort*
raffreddore m *raf·fréd·do·ré rhume*
ragazza f *ra·ga·tsa fille • petite amie*
ragazzo m *ra·ga·tso garçon • petit ami*
ragione f *ra·djo·né raison*
ragno m *ra·nyo araignée*
rapido/a m/f *ra·pi·do/a rapide*
rapinare *ra·pi·na·ré braquer • voler*
rapporti m pl **protetti** *rap·por·ti pro·tèt·ti rapports protégés*
rapporto m *ra·por·to rapport*
raro/a m/f *ra·ro/a rare*
rasatura f *ra·za·tou·ra rasage*
rasoio m **(elettrico)** *ra·zo·yo (é·lè·tri·ko) rasoir (électrique)*
ravanello m *ra·va·nèl·lo radis*
razzismo m *ra·tsiz·mo racisme*

re m *ré* roi
realistico/a m/f *ré·a·li·sti·ko/a* réaliste
recente *ré·tchènn·té* récent(e)
recinzione m *ré·tchinn·tsyo·né* clôture
regalo m *ré·ga·lo* cadeau
    — di nozze *di no·tsé* cadeau de mariage
reggiseno m *ré·dji·sè·no* soutien-gorge
regina f *ré·dji·na* reine
regione f *ré·djo·né* région
regista m et f *ré·dji·sta* réalisateur(trice)
registrazione f *ré·dji·stra·tsyo·né*
    enregistrement
regolare *ré·go·la·ré* régulier(ère)
regole f pl *ré·go·lé* règles
religione f *ré·li·djo·né* religion
religioso/a m/f *ré·li·djo·zo/a* croyant(e)
reliquia f *ré·li·kwi·a* relique
remoto/a m/f *ré·mo·to/a* lointain(e)
respirare *ré·spi·ra·ré* respirer
resto m *rè·sto* monnaie
rete f *rè·té* réseau
ricco/a m/f *rik·ko/a* riche
ricetta f *ri·tchèt·ta* recette • ordonnance
    médicale
ricevere *ri·tchè·vé·ré* recevoir
ricevuta f *ri·tché·vou·ta* reçu
richiedere *ri·kyè·dé·ré* demander
riciclabile f *ri·tchi·kla·bi·lé* recyclable
riciclare *ri·tchi·kla·ré* recycler
ricordino m *ri·kor·di·no* souvenir
ridere *ri·dé·ré* rire
rifiutare *ri·fyou·ta·ré* refuser
rifugiato/a m/f *ri·fou·djya·to/a* réfugié(e)
rifiuti m pl *ri·fyou·ti* ordures
rilassarsi *ri·la·sar·si* se détendre
rimborso m *rimm·bor·so* remboursement
ringraziare *rinn·gra·tsya·ré* remercier
riparare *ri·pa·ra·ré* réparer
ripido/a m/f *ri·pi·do/a* raide
riposare *ri·po·za·ré* se reposer
riscaldamento m *ri·skal·da·mènn·to*
    chauffage
    — centrale *tchènn·tra·lé* chauffage
    central
rischio m *ri·skyo* risque
riscuotere un assegno *ri·skwo·té·ré ounn
a·sè·nyo* encaisser un chèque
riso m *ri·zo* riz
    — integrale *inn·té·gra·lé* riz intégral

risposta f *ri·spos·ta* réponse
ristorante m *ri·sto·rann·té* restaurant
ritardo m *ri·tar·do* retard
ritiro in bagagli *ri·ti·ro ba·ga·lyi* retrait
    des bagages
ritmo m *ri·tmo* rythme
ritornare *ri·tor·na·ré* retourner
ritorno m *ri·tor·no* retour
rivista f *ri·vi·sta* revue
roba f *ro·ba* choses • affaires
roccia f *ro·tcha* roche • escalade (sport)
    andare su roccia *ann da ré sou ro·tcha*
    faire de l'escalade
romantico/a m/f *ro·mann·ti·ko/a*
    romantique
romanzo m *ro·mann·dzo* roman
rompere *romm·pé·ré* casser
rosa m/f *ro·za* rose
rossetto m *ros·sè·to* rouge à lèvres
rosso/a m/f *ros·so/a* rouge
rotonda m *ro·tonn·da* rond-point
rotondo/a m/f *ro·tonn·do/a* rond(e)
rotto/a m/f *rot·to/a* cassé(e)
roulotte f *rou·lotte* caravane
rovine f pl *ro·vi·né* ruines
rubare *rou·ba·ré* voler
rubato/a m/f *rou·ba·to/a* volé(e)
rubinetto m *rou·bi·nèt·to* robinet
rugby m *roug·bi* rugby
rullino m *roul·li·no* pellicule photo
rumoroso/a m/f *rou·mo·ro·zo/a*
    bruyant(e)
ruota f *rwo·ta* roue
ruscello m *rou·chè·lo* ruisseau

S

sabato m *sa·ba·to* samedi
sabbia f *sab·bya* sable
sacchetto m *sak·kè·to* sachet
sacco m *sa·ko* sac
    — a pelo *a pè·lo* sac de couchage
sala f *sa·la* salle • salon
    — di transito *di trann·zi·to* salle de
    transit
    — d'aspetto *da·spè·to* salle d'attente
salame m *sa·la·mé* saucisson
salario m *sa·la·ryo* salaire
saldo m *sal·do* solde • **saldi** pl *sal·di* soldes

sale m *sa·*lé *sel*
salire sa·*li·*ré *monter*
— **su** su *monter dans (un avion, bateau)*
salmone m sal·*mo·*né *saumon*
salsa f *sal·*sa *sauce*
salsiccia f sal·*si·*tcha *saussice*
saltare sal·*ta·*ré *sauter*
salumeria f sa·lou·mé·*ri·*a *charcuterie*
salute f sa·*lou·*té *santé* · **in buona salute**
inn bwo·na sa·*lou·*té *en bonne santé*
salva slip m pl *sal·*va slip *serviette hygiénique*
san Silvestro m sann sil·*vè·*stro *Saint-Sylvestre*
sandali m pl sann·da·li *sandales*
sangue m sann·gwé *sang*
santo/a m/f *sann·*to/a *saint(e)*
santuario m sann·tou·*a·*ryo *sanctuaire*
sapere sa·*pè·*ré *savoir*
sapone m sa·*po·*né *savon*
sardina f pl sar·*di·*na *sardine*
sarto/a m/f *sar·*to/a *couturier(ère)*
sauna f *sa·*ou·na *sauna*
sbagliato/a m/f sba·*lya·*to/a *faux/fausse*
sbaglio f *sba·*lyo *erreur*
scacchi m pl *skak·*ki *échecs*
scala f **mobile** *ska·*la mo·bi·lé *escalator*
scalare ska·*la·*ré *escalader*
scale f pl *ska·*lé *escalier*
scanner m skan·*nér* *scanner*
scarpe f pl *skar·*pé *chaussures*
scarpette f pl skar·*pèt·*té *chaussures de foot*
scarponi m pl skar·*po·*ni *chaussures (de marche, de ski)*
scatola f *ska·*to·la *boîte*
scatoletta f ska·to·*lèt·*ta *boîte*
scheda f **telefonica** *skè·*da té·lé·fo·ni·ka *carte téléphonique*
scherma f *skèr·*ma *escrime*
scherzo m *skèr·*tso *plaisanterie*
schiena f *skyè·*na *dos*
sci m chi *ski*
— **acquatico** a·*kwa·*ti·ko *ski nautique*
sciare chi·*a·*ré *skier*
sciarpa f *char·*pa *écharpe*
scienza f *chènn·*tsa *science*
sciopero m *cho·*pé·ro *grève*
sciovia f cho·*vi·*a *remonte-pente*

sciroppo m chi·*rop·*po *sirop*
— **per la tosse** pér la *tos·*sé *sirop pour la toux*
scogliera f sko·*lyè·*ra *récifs*
scommessa f skom·*mès·*sa *pari*
scomodo/a m/f *sko·*mo·do/a *inconfortable*
sconosciuto/a m/f sko·no·*shou·*to/a *inconnu(e)*
sconto m *skonn·*to *ristourne*
scorie f pl sko·*ryé* *déchets*
— **radioattive** ra·dyo·a·ti·vé *déchets nucléaires*
— **tossiche** *tos·*si·ké *déchets toxiques*
scottatura f skot·ta·*tu·*ra *brûlure*
Scozia f *sko·*tsya *Écosse*
scrittore/scrittrice m/f skrit·*to·*ré/ skrit·*tri·*tché *écrivain(e)*
scrivere *skri·*vé·ré *écrire*
scultura f skoul·*tou·*ra *sculpture*
scuola f *skwo·*la *école*
— **superiore** sou·pé·*ryo·*ré *lycée*
scuro/a m/f *skou·*ro/a *sombre*
se sé *si*
seccato/a m/f sék·*ka·*to/a *irrité(e)* · *énervé(e)*
secchio m *sèk·*kyo *seau*
secco/a m/f *sèk·*ko/a *sec/sèche*
seconda classe f sé·*konn·*da kla·sé *deuxième classe* · *seconde*
(di) seconda mano m/f di sé·*konn·*da *ma·*no *d'occasion*
secondo m sé·*konn·*do *seconde*
secondo/a m/f sé·*konn·*do/a *second(e)*
sedere sé·*dè·*ré *s'asseoir*
sedia f *sè·*dya *chaise*
— **a rotelle** a ro·*tèl·*lé *fauteuil roulant*
sedile m sé·*di·*lé *siège*
seggiolino m sé·djo·*li·*no *siège enfant*
seggiovia f sé·djo·*vi·*a *télésiège*
segnale m sé·*nya·*lé *signal*
— **acustico** a·*kou·*sti·ko *tonalité*
segnare sé·*nya·*ré *marquer* · *noter*
segno m *sè·*nyo *signe*
segretario/a m/f sé·gré·*ta·*ryo/a *secrétaire*
seguire sé·*gwi·*ré *suivre*
sella f *sèl·*la *selle*
semaforo m sé·*ma·*fo·ro *feu (tricolore)*

semplice m/f *sèmm·pli·tché simple*
sempre *sèmm·pré toujours*
senape f *sè·na·pé moutarde*
seno m *sè·no sein*
sensuale m/f *sènn·sou·a·lé sensuel(le)*
sentiero m *sènn·tyè·ro sentier*
    — di montagna *di monn·ta·nya sentier de montagne*
sentimento m pl *sènn·ti·mènn·to sentiment*
sentire *sènn·ti·ré sentir • entendre*
senza *sènn·tsa sans*
    — piombo *pyomm·bo sans plomb*
senzatetto m et f *sènn·tsa·tèt·to sans-abri • sans domicile fixe*
separato/a m/f *sé·pa·ra·to/a séparé(e)*
sera f *sè·ra soir*
serie f **(televisiva)** *sè·ryé (té·lé·vi·si·va) série (télévisée)*
serio/a m/f *sè·ryo/a sérieux(euse)*
serpente m *sér·pènn·té serpent*
serratura f *sé·ra·tou·ra serrure*
servizi m pl **igienici** *sér·vi·tsi i·djè·ni·tchi toilettes*
servizio m *sér·vi·tsyo service*
    — militare *mi·li·ta·ré service militaire*
sessismo m *sés·síz·mo sexisme*
sesso m *sès·so sexe*
seta f *sè·ta soie*
sete f *sè·te soif*
settimana f *sét·ti·ma·na semaine*
    — santa *sann·ta semaine de Pâques*
sfogo m *sfo·go rougeurs*
    — da pannolino *da pan·no·li·no érythème fessier*
sfruttamento m *sfrout·ta·mènn·to exploitation*
shampoo m *chamm·pou shampooing*
sì *si oui*
sicuro/a m/f *si·kou·ro/a sûr(e)*
sidro m *si·dro cidre*
sieropositivo/a m/f *syé·ro·po·zi·ti·vo/a séropositif(ive)*
sigaretta f *si·ga·rèt·ta cigarette • **con filtro** konn fil·tro avec filtre*
sigaro m *sí·ga·ro cigare*
simile m/f *si·mi·lé semblable*
simpatico/a m/f *simm·pa·ti·ko/a sympathique*

sinagoga f *si·na·go·ga synagogue*
sindaco m *sinn·da·ko maire*
sinistra f *si·ni·stra gauche*
sintetico/a m/f *sinn·tè·ti·ko/a synthétique*
siringa f *si·rinn·ga seringue*
slitta f *slit·ta traîneau • luge*
soccorso m *sok·kor·so secours • aide*
socialista m et f *so·tcha·li·sta socialiste*
socio/a m/f *so·tcho/a membre*
soffice m/f *sof·fi·tché doux/douce • moelleux(euse)*
sognare *so·nya·ré rêver*
sogno m *so·nyo rêve*
soldato m *sol·da·to soldat*
soldi m pl *sol·di argent*
sole m *so·lé soleil*
soleggiato/a m/f *so·lé·dja·to/a ensoleillé(e)*
solo *so·lo seulement*
    — andata f *ann·da·ta aller simple*
sonnifero m *son·ni·fé·ro somnifère*
sonno m *son·no sommeil • **avere sonno** a·vè·ré son·no avoir sommeil*
sopra *so·pra sur • dessus*
soprannome m *so·pran·no·mé surnom*
sordo/a m/f *sor·do/a sourd(e)*
sorella f *so·rèl·la sœur*
sorpresa f *sor·prè·za surprise*
sorridere *so·ri·dé·ré sourire*
sostenitore/sostenitrice m/f *so·sté·ni·to·ré/so·sté·ni·tri·tché partisan(e) • fan*
sotto *sot·to sous*
sott'aceti m pl *sot·to·a·tchè·ti légumes marinés*
sottotitolo m *sot·to·ti·to·lo sous-titre*
spacciatore/spacciatrice m/f *spa·tcha·to·ré/spa·tcha·tri·tché dealer*
Spagna f *spa·nya Espagne*
spago m *spa·go ficelle*
spalla f *spal·la épaule*
spazio m *spa·tsyo espace*
spazzatura f *spa·tsa·tou·ra ordures*
spazzolino m **da denti** *spa·tso·li·no da dènn·ti brosse à dents*
specchio m *spè·kyo miroir*
speciale *spé·tcha·lé spécial(e)*
specialista m et f *spé·tcha·li·sta spécialiste*

specie f *spè*·tché *espèce*
— **in via di estinzione** inn *vi*·a di é·stinn·*tsyo*·né *espèce en voie de disparition*
— **protetta** pro·*tèt*·ta *espèce protégée*
spermicida f spér·mi·*tchi*·da *spermicide*
spesso *spès*·so *souvent*
spesso/a m/f *spès*·so/a *épais(se)*
spettacolo m spét·*ta*·ko·lo *spectacle • séance*
spiaggia f *spya*·dja *plage*
spiccioli m pl *spi*·tcho·li *monnaie de ce qui a été payé*
spina f *spi*·na *prise*
— **multipla** *moul*·ti·pla *prise multiple*
spinaci m pl spi·*na*·tchi *épinards*
spingere *spinn*·djé·ré *pousser*
spirale f spi·*ra*·lé *spirale*
spogliatoio m spo·lya·*to*·yo *vestiaire*
sporco/a m/f spor·ko/a *sale*
sport m sport *sport*
sportivo/a m/f spor·*ti*·vo/a *sportif(ive)*
sposalizio m spo·za·*li*·tsyo *mariage*
sposare spo·*za*·ré *épouser*
sposato/a m/f spo·*za*·to/a *marié(e)*
spremuta f spré·*mou*·ta *jus de fruit*
— **d'arancia** da·*rann*·tcha *jus d'orange (frais)*
spuntino m spounn·*ti*·no *en-cas*
squadra f *skwa*·dra *équipe*
stadio m *sta*·dyo *stade*
stagione f sta·*djo*·né *saison*
stampante f stamm·*pann*·té *imprimante*
stanco/a m/f *stann*·ko/a *fatigué(e)*
stanza f *stann*·tsa *chambre*
stasera sta·*sè*·ra *se soir*
Stati Uniti d'America m pl *sta*·ti ou·*ni*·ti da·*mè*·ri·ka *États-Unis d'Amérique*
stato m civile *sta*·to tchi·*vi*·lé *état civil*
statua f *sta*·tou·a *statue*
stazione f sta·*tsyo*·né *station*
— **d'autobus** *da*·ou·to·bous *gare routière*
— **della metropolitana** *dèl*·la mé·tro·po·li·*ta*·na *station de métro*

— **di servizio** di sér·*vi*·tsyo *station-service*
— **ferroviaria** fér·ro·*vya*·rya *gare ferroviaire*
stella f *stèl*·la *étoile*
stendersi *stènn*·dér·si *s'allonger*
sterlina f stér·*li*·na *livre sterling*
stesso/a m/f *stès*·so/a *même*
stile m *sti*·lé *style*
stipendio m sti·*pènn*·dyo *salaire*
stitichezza f sti·ti·*kè*·tsa *constipation*
stivale m sti·*va*·le *botte*
stoffa f *stof*·fa *étoffe*
stomaco m *sto*·ma·ko *estomac*
stordito/a m/f stor·*di*·to/a *étourdi(e)*
storia f *sto*·rya *histoire*
storico/a m/f *sto*·ri·ko/a *historique*
storta f *stor*·ta *entorse*
strada f *stra*·da *route • chemin • rue*
straniero/a m/f stra·*nyè*·ro/a *étranger(ère)*
strano/a m/f *stra*·no/a *étrange*
strato m **d'ozono** *stra*·to do·*dzo*·no *couche d'ozone*
stretto/a m/f *strèt*·to/a *étroit(e)*
studente/studentessa m/f stou·*dènn*·té/ stou·dènn·*tès*·sa *étudiant(e)*
stufa f *stou*·fa *poêle*
— **a gas** a gaz *poêle à gaz*
stupido/a m/f *stou*·pi·do/a *stupide*
stupro m *stou*·pro *viol*
stuzzicadenti m stou·tsi·ka·*dènn*·té *cure-dent*
su sou *sur • allez !*
succo m *souk*·ko *jus*
— **d'arancia** da·*rann*·tcha *jus d'orange (en bouteille)*
— **di frutta** di *frout*·ta *jus de fruit*
sud m soud *sud*
sugo m *sou*·go *sauce*
suocera f swo·*tché*·ra *belle-mère*
suocero m swo·*tché*·ro *beau-père*
suonare (la chitarra) swo·*na*·ré (la ki·*tar*·ra) *jouer (de la guitare)*
suora f *swo*·ra *sœur*
supermercato m sou·pér·mér·*ka*·to *supermarché*
superstizione f sou·pér·sti·*tsyo*·né *superstition*

surf m **da neve** sourf da *nè·*vé
  surf des neiges
surgelati m pl sour·djé·*la·*ti *surgelés*
sussidio m **di disoccupazione**
  sous·*si·*dyo di di·zok·kou·pa·*tsyo·*né
  allocations chômage
sveglia f svè·lya *réveil*
svegliarsi své·*lyar·*si *se réveiller*
Svizzera f svi·*tsè·*ra *Suisse*

T

tabaccheria f ta·bak·ké·*ri·*a *tabac*
  (magasin)
tabacco m ta·*bak·*ko *tabac (produit)*
tabellone m **segnapunti** ta·bél·*lo·*né
  sé·nya·*pounn·*ti *panneau d'affichage*
tacchino m tak·*ki·*no *dinde*
tachimetro m ta·*ki·*mé·tro *compteur de*
  vitesse • tachymètre
taglia f *ta·*lya *taille*
tagliare ta·*lya·*ré *couper*
tagliaunghie m ta·lya·*ounn·*guyé
  coupe-ongles
taglio m **di capelli** *ta·*lyo di ka·*pèl·*li
  coupe de cheveux
tamponi m pl tamm·*po·*ni *tampons*
tappa f *tap·*pa *étape • arrêt*
tappeto m tap·*pè·*to *tapis*
tappi m pl **per le orecchie** *tap·*pi pér lé
  o·*rèk·*kyé *bouchons d'oreille*
tappo m *tap·*po *bouchon*
tardi *tar·*di *tard*
targa f *tar·*ga *plaque d'immatriculation*
tariffa f **postale** ta·*rif·*fa po·*sta·*lé
  frais d'envoi
tasca f *ta·*ska *poche*
tassa f *tas·*sa *taxe*
tassi m tas·*si taxi*
tasso m **di cambio** *tas·*so di *kamm·*byo
  taux de change
tastiera f ta·*styè·*ra *clavier*
tavola f *ta·*vo·la *table*
  — **da surf** da sourf *planche de surf*
tazza f *ta·*tsa *tasse*
tè m tè *thé*
teatro m té·*a·*tro *théâtre*
  — **dell'opera** dél·*lo·*pé·ra
  opéra (bâtiment)

telecomando m té·lé·ko·*mann·*do
  télécommande
telefonare té·lé·fo·*na·*ré *téléphone*
telefonata f té·lé·fo·*na·*ta *coup de fil*
telefono m té·*lè·*fo·no *téléphone*
  — **cellulare** tchél·lou·*la·*ré *portable*
  — **diretto** di·*rèt·*to *ligne téléphonique*
  directe
  — **pubblico** *poub·*bli·ko *téléphone*
  public
telegramma m té·lé·*gram·*ma *télégramme*
telenovela f té·lé·no·vè·la *série télévisée*
teleobiettivo m té·lé·o·*byét·*ti·vo
  téléobjectif
telescopio m té·lé·*sko·*pyo *télescope*
televisione f té·lé·vi·zy·o·né *télévision*
temperatura f tèmm·pé·ra·*tou·*ra
  température
temperino m tèmm·pé·*ri·*no
  taille-crayon
tempio m *tèmm·*pyo *temple*
tempo m *tèmm·*po *temps*
  — **pieno** *pyè·*no *plein temps*
temporale m tèmm·po·*ra·*lé *orage*
tenda f *tènn·*da *tente*
tensione f **premestruale**
  tènn·*syo·*né pré·mé·*strou·*a·lé *douleurs*
  prémenstruelles
terra f *tèr·*ra *terre*
terremoto m tér·ré·*mo·*to *tremblement*
  de terre
terribile m/f tér·*ri·*bi·lé *terrible*
terzo/a m/f *tèr·*tso/a *troisième*
tessera f *tès·*sé·ra *carte*
test m **di gravidanza** tést di
  gra·vi·*dann·*tsa *test de grossesse*
testa f *tè·*sta *tête*
tiepido/a m/f tyè·*pi·*do/a *tiède*
tifoso/a m/f ti·fo·zo/a *supporter(trice)•*
  fare il tifo *fa·*ré il *ti·*fo *supporter*
timido/a m/f *ti·*mi·do/a *timide*
tipico/a m/f *ti·*pi·ko/a *typique*
tipo m *ti·*po *type*
tirare ti·*ra·*ré *pousser*
titolo m *ti·*to·lo *titre*
titoli m pl **di studio** *ti·*to·li di *stou·*dyo
  diplômes
toccare tok·*ka·*ré *toucher*
tofu m *to·*fou *tofu*

tomba f *tomm·ba tombe*

tonno m *ton·no thon*

topo m *to·po souris • rat*

torcia f elettrica *tor·tcha é·lèt·tri·ka torche électrique*

torre f *tor·ré tour*

torta f *tor·ta gâteau • tourte*

tossico/a m/f *tos·si·ko/a toxique*

tossicodipendenza f *tos·si·ko·di·pènn·dènn·tsa toxicomanie*

tossire *tos·si·ré tousser*

tostapane m *to·sta·pa·né grille-pain*

tovaglia f *to·va·lya nappe*

tovagliolo m *to·va·lyo·lo serviette de table*

tradurre *tra·dour·ré traduire*

traffico m *traf·fi·ko trafic*

traghetto m *tra·guèt·to bac*

tram m *tram tram*

tramezzino m *tra·mé·dzi·no sandwich*

tramonto m *tra·monn·to coucher du soleil*

tranquillo/a m/f *trann·kwil·lo/a tranquille*

trasporto m *tra·spor·to transport*

travestito m *tra·vé·sti·to travesti*

treno m *trè·no train*

triste *tri·sté triste*

troppo (caro/a) *trop·po ka·ro/a trop (cher/chère)*

troppo/a m/f *trop·po/a trop de • trop*

trovare *tro·va·ré trouver*

trucco m *trouk·ko maquillage*

tu *tou tu*

tubo m di scappamento *tou·bo di skap·pa·mènn·to tube d'échappement*

tuffi m pl *touf·fi plongeons*

turista m et f *too·ri·sta touriste*

tutti/e m/f *tout·ti/é tous/toutes*

tutto m *tout·to tout*

tutto/a m/f *tout·to/a tout(e)*

TV f *ti·vou TV*

U

ubriaco/a m/f *ou·bri·a·ko/a ivre*

uccello m *ou·tchèl·lo oiseau*

ufficio m *ouf·fi·tcho bureau*
  — del turismo *dél tou·riz·mo office du tourisme*
  — oggetti smarriti *o·djèt·ti smar·ri·ti*

bureau des objets perdus
  — postale *po·sta·lé bureau de poste*

ultimo/a m/f *oul·ti·mo/a dernier(ère)*

un po' *ounn po un (petit) peu*

una volta f *ou·na vol·ta autrefois*

università f *ou·ni·vèr·si·ta université*

universo m *ou·ni·vèr·so univers*

uomo m *wo·mo homme*
  — d'affari *daf·fa·ri homme d'affaires*

uovo m *wo·vo œuf*

urgente m/f *our·djènn·té urgent*

urlare *our·la·ré hurler*

usare *ou·za·ré utiliser*

usa e getta *ou·za é djèt·ta jetable*

uscire con *ou·chi·ré konn sortir avec*

uscita f *ou·chi·ta sortie*

utile *ou·ti·lé utile*

uva f pl *ou·va raisin*
  — passa *pa·sa raisins secs*

V

vacanza f *va·kann·tsa vacance*

vacanze f pl *va·kann·tsé vacances*

vaccinazione f *va·tchi·na·tsyo·né vaccination*

vagina f *va·dji·na vagin*

vagone m *va·go·né wagon*
  — letto *lèt·to wagon-lit*

valigetta f *va·li·djèt·ta kit*
  — del pronto soccorso *dél pronn·to so·kor·so kit d'urgence*

valigia f *va·li·dja valise*

valle f *val·lé vallée*

valore m *va·lo·ré valeur*

vanga f *vann·ga bêche*

vecchio/a m/f *vè·kyo/a vieux/vieille*

vedere *vé·dè·ré voir*

vedovo/a m/f *vé·do·vo/a veuf/veuve*

veduta f *vé·dou·ta panorama • vue*

vegetariano/a m/f *vé·djé·ta·rya·no/a végétarien(ne)*

velenoso/a m/f *vé·lé·no·zo/a vénéneux(euse)*

veloce *vé·lo·tché rapide*

velocità f *vé·lo·tchi·ta rapidité*

vendere *vènn·dé·ré vendre*

vendita f *vènn·di·ta vente*

venire vé·*ni*·ré *venir*

ventilatore m vènn·ti·la·*to*·ré
  ventilateur

vento m *vènn*·to *vent*

verde *vèr*·dé *vert(e)*

verdura f vér·*dou*·ra *légumes (verts)*

vero/a m/f vè·ro/a *vrai(e)*

vescica f vé·*chi*·ka *ampoule • cloque*

vetro m *vè*·tro *verre • vitre*

via f *vi*·a *via*
  — **aerea** a·è·ré·a *par avion*

viaggiare vya·*dja*·ré *voyager*

viaggio m *vya*·djo *voyage*
  — **d'affari** daf·*fa*·ri *voyage d'affaires*

viale m *vya*·lé *avenue*

vicino/a m/f vi·*tchi*·no/a *proche*

vicino (a) vi·*tchi*·no (a) *près (de)*

vicolo m *vi*·ko·lo *ruelle*

videocamera f vi·dé·o·*ka*·mé·ra
  caméra vidéo

videonastro m vi·dé·o·*na*·stro
  cassette vidéo

videoregistratore m
  vi·dé·o·ré·dji·stra·*to*·ré
  magnétoscope

vigna f *vi*·nya *vigne*

vigneto m vi·*nyè*·to *vignoble*

villaggio m vil·*la*·djo *village*

vincere *vinn*·tché·ré *vaincre*

vincitore/vincitrice m/f vinn·tchi·*to*·ré/
  vinn·tchi·*tri*·tché *gagnant(e)*

vino m *vi*·no *vin*
  — **bianco** *byann*·ko *vin blanc*
  — **rosso** *ros*·so *vin rouge*
  — **spumante** spou·*mann*·té *vin
  mousseux*

viola *vyo*·la *violet*

virus m *vi*·rous *virus*

visita f *vi*·zi·ta *visite (à un ami/médicale)*
  — **guidata** gwi·*da*·ta *visite guidée*

vista f *vi*·sta *vue*

visto m *vi*·sto *visa*

vita f *vi*·ta *vie*

vitamine f pl vi·ta·*mi*·né *vitamines*

vitello m vi·*tèl*·lo *veau*

vitto m *vit*·to *nourriture*

vivere *vi*·vé·ré *vivre*

vocabolarietto m vo·ka·bo·la·*ryèt*·to
  mini-dictionnaire

vocabolario m vo·ka·bo·*la*·ryo
  dictionnaire

voce f *vo*·tché *voix*

volare vo·*la*·ré *voler*

volere vo·*lè*·ré *vouloir*

volo m *vo*·lo *vol*

volta f *vol*·ta *fois • voûte • tour •* **due volte**
  dou·é vol·té deux fois

volume m vo·*lou*·mé *volume*

vomitare vo·mi·*ta*·ré *vomir*

votare vo·*ta*·ré *voter*

vuoto/a m/f *vwo*·to/a *vide*

yogurt m *yo*·gourt *yaourt*

zaino m *dza*·i·no *sac à dos*

zanzara f dzann·*dza*·ra *moustique*

zenzero m *dzènn*·dzé·ro *gingembre*

zia f *tsi*·a *tante*

zoom m *dzoumm zoom*

zucca f *tsouk*·ka *potiron*

zucchero m *tsouk*·ké·ro *sucre*

zucchini m pl tsouk·*ki*·ni *courgettes*

D

E

F

G

H

I

J

L

Pour voyag en V.O.

Et la collection
"Petite conversation en"
Allemand
Anglais
Espagnol
Italien

HÉBREU

PORTUGAIS
ET PORTUGAIS BRÉSILIEN

ESPAGNOL

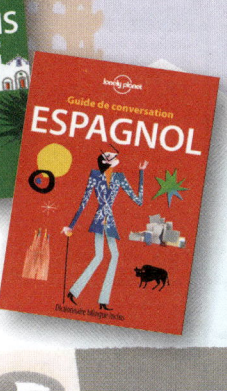

VIETNAMIEN

ANGLAIS

ALLEMAND

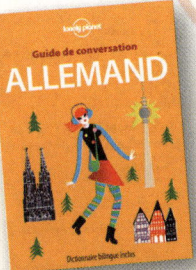

ITALIEN

CATALOGUE LONELY PLANET EN FRANÇAIS